集人文社科之思　刊专业学术之声

集 刊 名：都市社会工作研究
主办单位：上海大学社会学院社会工作系
主　　编：范明林　杨　锃　陈　佳

Vol.16 RESEARCH ON URBAN SOCIAL WORK

编辑委员会

李友梅　张文宏　关信平　顾东辉　何雪松　文　军　熊跃根
程福财　黄晨熹　朱眉华　刘玉照　赵　芳　张宇莲　范明林
杨　锃　彭善民　华红琴　程明明　阳　方

本辑编辑组

范明林　杨　锃　陈　佳

第16辑

集刊序列号：PIJ-2016-184
集刊主页：www.jikan.com.cn/ 都市社会工作研究
集刊投约稿平台：www.iedol.cn

中文社会科学引文索引（CSSCI）来源集刊
AMI（集刊）入库集刊
中国学术期刊网络出版总库（CNKI）收录
集刊全文数据库（www.jikan.com.cn）收录

范明林　杨铿　陈佳／主编

都市社会工作研究

上海大学社会学院社会工作系主办

第16辑

都市社会工作研究　第 16 辑
2024 年 12 月出版

目　录

【AI 与社会工作研究】

人工智能技术在社会工作教育中的运用：以"数字生命"
　　软件为例 ………………………………… 吴世友　周　军　韩　辉 / 1
人工智能赋能社会工作高质量发展的应用场景、现实挑战
　　与推动策略 ……………………………………………… 刘　芳　吕　洪 / 19
人工智能暴露：社会工作教师的挑战与应对 ………………… 孙凌寒 / 40

【医务和精神健康社会工作研究】

养育与本真情感：女性精神障碍者的母职实践
　　——以 N 社区精神康复机构为主要田野点的分析
　　………………………………………………… 朱佩怡　杨　铿 / 59
社会联结：改善城市精神障碍者边缘化处境的社区康复路径
　　……………………………………………… 高万红　王梦虎 / 83
"医患社联动"下的医务社工介入与糖尿病患者的自我适应
　　——基于 E 医院的调查与分析 ………………… 梁　波　吴江钰 / 108
医务社会工作者的情绪劳动对离职意愿的影响机制
　　——工作投入的中介作用和积极心理资本的调节效应
　　………………………………… 戴　浩　崔　娟　雷雨虹　莫雅琪 / 129

【老年社会工作研究】

老年人孤独感的影响因素研究：基于社会生态系统与生命历程的
综融视角 ………………… 阳　方　高有融　周　翔　顾大男 / 152

【社会工作实习教育研究】

标准化案主法应用于儿童医院社工实习生教学的实践探索
………………………………………… 何姗姗　陈艺华　陈姝帆 / 182

【社会工作实务过程研究】

社会服务记录中的知识生产与转化
——基于对16个非虚构个案的叙述学分析 ………… 严艺文 / 208

【禁毒社会工作研究】

网络阻隔与重构模式
——基于社会网络视角的禁毒社会工作模式研究
……………………………………………… 赵时雨　张　昱 / 230

【社会工作相关议题研究】

新清河实验与社会培育 ………………………… 王拓涵 / 248

Table of Contents & Abstracts ………………………… / 265

《都市社会工作研究》稿约 ………………………………… / 275

【AI 与社会工作研究】

人工智能技术在社会工作教育中的运用：
以"数字生命"软件为例

吴世友　周　军　韩　辉[*]

摘　要　随着科技的快速发展，基于人工智能的应用软件层出不穷。本文以"数字生命"软件为例，简要介绍其发展背景、功能模块及运行操作。本文以"整合技术的学科教学知识"这一理论框架为指导，介绍该软件在社会工作专业教育中的应用。该软件模拟社会工作场景，构建多样化的"虚拟案主"，帮助学生训练核心胜任力，促进个性化和自主学习。该软件支持多角色设定，可通过情境化编辑角色的社会背景、性格和需求，以实现交互式会谈训练。然而，该软件在对话等待时间、应用地域、硬件要求、隐私保护、情绪识别准确性和角色多样性等方面仍存在不足。此外，标准化案主的模拟训练对社会工作的科学性、艺术性及创新性也提出了挑战。未来应进一步探索人工智能在社会工作教育中的深度融合和应用。

---

[*] 吴世友，亚利桑那州立大学社会工作学院副教授，主要研究方向为青少年健康与药物滥用、社会工作教育与全球化；周军，中国青年政治学院社会工作系讲师，主要研究方向为社会工作教育、社会工作实务；韩辉，中国青年政治学院社会工作系副教授，主要研究方向为青少年社会工作。

关键词 人工智能 社会工作教育 教育技术 虚拟案主 数字生命

一 引言

在新时代信息科技迅速发展的背景下，人工智能（Artificial Intelligence，AI）技术已被采用并渗透到社会的各个领域。教育领域也不例外（Chen et al., 2020）。AI 技术的应用推动了现代教育的巨大变革，并产生了深远的影响，包括提高教学效率、促进全球化学习、实现定制化或个性化学习、生成更智能的学习内容，以及提升教育管理的效果和效率等（Timms, 2016）。在社会工作教育领域，AI 技术的应用也十分广泛，涵盖了教学方法、学习形式、课程内容、学生及教学评估等多个方面。AI 技术的应用不仅打破了传统的"师-生"教学模式与学习方式的限制，还为实现更高效、更具创新性的教学体验提供了重要的工具和平台。作为传统教育模式的创新替代和补充方案，AI 技术的应用还能为社会工作专业的学生和从业者提供更多的自主学习、情景模拟、技能训练和能力发展的机会。例如，AI 技术能通过模拟复杂的个人情绪、人际关系、社会情境，帮助学生更好地锻炼实务技能（如个案访谈技巧），理解和回应各种社会问题；还能通过对大数据的抓取和甄别，对学生作业或论文进行查重和学术不端行为审查；等等。在这个背景下，本文将介绍"数字生命"（Digital Life）这一软件，作为 AI 聊天机器人的一个重要应用工具，如何更好地运用到社会工作教育中，特别是在针对模拟真实社会环境中的服务对象"虚拟案主"的实践性训练方面，如何展现出 AI 技术得天独厚的价值和优势。

（一）AI

AI 技术是在计算机技术和网络通信技术不断发展的基础上应运而生的。最早由"计算机科学之父"阿兰·图灵（Alan Turing）在 1950 年发表的《计算机器与智能》一书中提出 AI 对话。之后的几十年，AI 这一概念不断被学者定义，例如，Coppin（2004）认为，"AI 涉及使用基于人类和其他动物的智能行为来解决复杂问题的方法"。而 Whitby（2008）则把 AI 定义为研究人类、动物和机器的智能行为，并努力将这种行为工程化（engineer）到诸如计算机和计算机相关技术的人造品（artifact）当中。从这些定义中可以看出，AI 更像是一个领域，它结合了计算机科学和强大的数据库，使计算机具备了执行近似人类功能的能力，以实现问题的解决。它包括弱 AI（weak AI）和强 AI（strong AI）、机器学习（machine learning）和深度学习（deep learning）等子领域（Russell & Norvig, 2010）。新兴信息技术（如 AI）的兴起，不仅能促进各级各类教育的改革与发展，还有力地支持了各级各类教育的变革与创新。

从历史发展的角度来看，英国是第一个提出将现代信息技术运用于学科教学的国家（1988 年），并在 1995 年提出了"信息技术与课程整合"的概念，要求将信息技术贯穿于各学科课程的教学中，鼓励学生利用信息技术和通信技术来进行各学科课程的学习（陈小青，2006）。加拿大和日本自 20 世纪 90 年代就开始不断增加信息技术与学科课程整合的研究和实践（鲁正火，2004）。美国是最先开展信息技术在教育中应用及其研究的国家之一。自美国 IBM 公司于 1959 年研制成功了世界上第一个计算机辅助教学系统（Computer Assisted Instruction, CAI）后，人类开始进入计算机教育应用时代（吕巾娇等，2022）。早在 20 世纪 90 年代，美国将信息技术与课程整合的模式分为：WebQuest（基于网络的探究性活动）、TELS（运用技术加强理科学习）、TPACK（技术、教学和知识的整合框架）。2000 年，美国教育技术 CEO 论坛比较系统地阐释了信息技术与课程整合的理论与方法（何克抗，2005）。Vrasidas（2015）强调的一个关键问题是，教育工作者没有像预期的那样将新技术融入课堂，事实上与被取代的工具相同，许多人只是简单地使用新的数字工具。

（二）TPACK 理论框架下的信息技术与社会工作教育

基于舒尔曼（Shulman, 1986, 1987）关于学科教学知识（Pedagogical Content Knowledge, PCK）的描述，说明教师对教育技术和 PCK 的理解是

如何相互作用的，从而产生有效的教学。美国学者科勒和米什拉（Koehler & Mishra, 2009; Mishra & Koehler, 2006）提出了整合技术的学科教学知识"TPACK"（Technological Pedagogical Content Knowledge）这一理论框架。TPACK理论框架认为学科内容、教学法、技术三种主要的学习环境相互作用，由此形成了三种不同的知识结构：内容知识（Content Knowledge, CK）、教学知识（Pedagogical Knowledge, PK）、技术知识（Technological Knowledge, TK）。也就是说，一个信息技术时代的教师应具备一定的技术知识（如制作PPT、Flash，制作简单的多媒体课件，会使用投影仪、电子白板等设备），同时还要具备教学知识（如教育心理学、教学方法、教学设计等教学知识）和内容知识（如学科老师对所教授的内容应该算是学科专家）。此外，这三种不同的知识在相互作用下又叠加形成了四种融合性的知识，即学科教学知识（PCK）、技术内容知识（Technological Content Knowledge, TCK）、技术教学知识（Technological Pedagogical Knowledge, TPK）及整合技术的学科教学知识（TPACK）（见图1）。TPACK为理解教师应用信息技术开展教育教学提供了一个参考性的理论框架，不仅扩展了教师的专业知识范畴，也强化了信息化背景下教师的关键素养——信息技术知识与能力的养成；不仅有利于教师明确信息技术在教学中的角色与地位，还有利于教师在信息化教学中进行自我反思，对教师专业素质和能力的提升有着积极作用。

在社会工作教育领域，结合现代信息技术（如AI技术），TPACK理论框架的应用包含了社会工作专业内容、教学及信息技术三个基本的知识要素。基于这三个知识要素的相互融合，进而形成了信息技术与社会工作专业内容融合、教学与社会工作专业内容融合、信息技术与教学融合，以及信息技术与社会工作专业教学融合等四个方面（见图2）。

（三）"数字生命"：AI技术在社会工作教育中的应用

随着AI技术的广泛应用，各种针对社会工作教育特点和需求的AI软件也正逐步开发出来。例如，在2023年12月河南新乡召开的中国社会工作教育协会年会上，发布了由萌泰科技开发的"智小社"小程序。而本

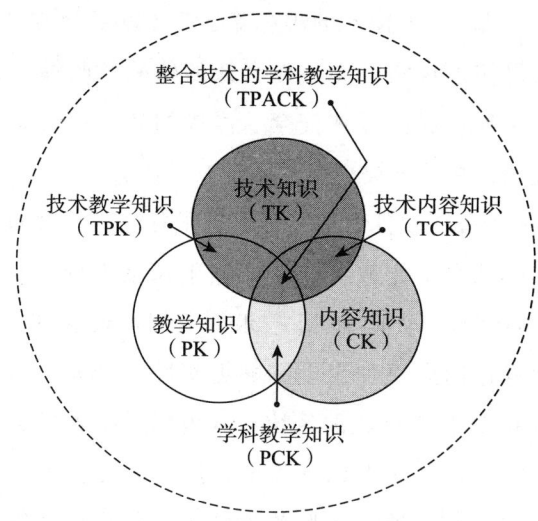

图 1　TPACK 理论框架和知识结构

资料来源：Koehler & Mishra，2009。

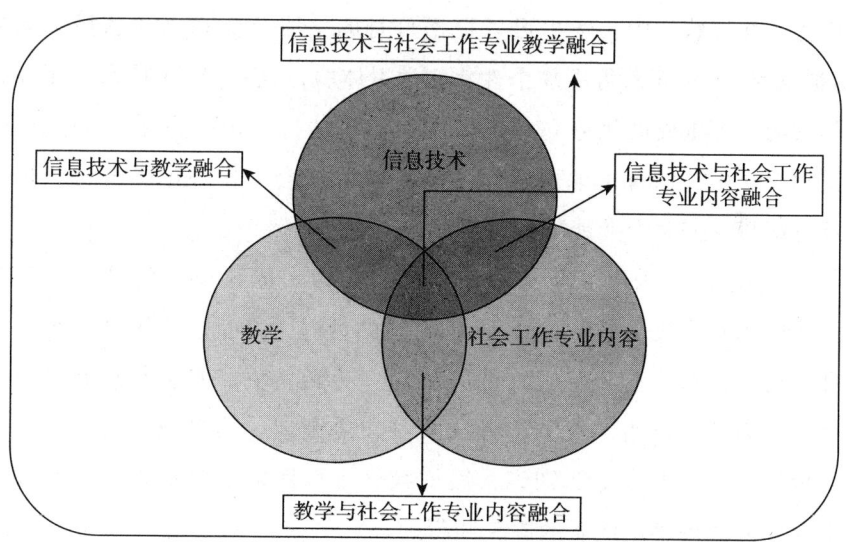

图 2　TPACK 理论框架在社会工作教育中的应用

文介绍的是另外一款相对更早开发出来的对话式 AI 软件——"数字生命"。该软件的应用，为社会工作教育提供了一个全新的实践平台。首先，通过模拟真实的社会工作场景，该软件能够构建多样化的"虚拟案主"，使社会工作专业学生（或接受社会工作专业培训的学员，以下均简称学生）能在与"基于 AI 技术的虚拟案主"（以下简称"虚拟案主"）对话的过程中获得接近现实社会工作会谈的体验。此举不仅增强了学生的实践能力，也为他们提供了在安全、可控的环境中尝试的机会，从而降低实践中的风险，有助于提高服务质量。

其次，"数字生命"软件的引入也促进了社会工作教育方法的多元化和现代化。传统的社会工作教育往往依赖于课堂讲授、案例讨论、实验教学和课下的实习实践，而随着 AI 技术的应用，教学方法变得更加灵活和多样，教学内容也因此更加生动和贴近实际。例如，通过软件创造出一个可以和"虚拟案主"会谈的系统，其可以模拟各类复杂的社会工作实务场景中的人际互动，从而训练学生掌握从事社会工作所需的核心能力（如社会工作专业价值观、人际沟通能力、收集信息能力、问题解决能力和批判性思维能力）。

该软件在促进社会工作教育的个性化和自主化学习方面同样有其独特优势。在该软件中，学生可以根据自身的学习节奏和兴趣选择不同的"虚拟案主"，从而获得更加个性化的学习体验，这也是 AI 技术应用在教育领域的一个重要的优势和特点。此外，通过与"虚拟案主"的个案会谈互动，学生可以自主地探索和实践不同的社会工作理论和方法，还可以反复练习，夯实专业能力的基础。

"数字生命"采用了新兴的信息技术，为了能让更多的社会工作学者、研究和实务人员在没有 AI 技术背景的情况下熟悉、学习和掌握这一软件的信息技术，本文将从软件的结构、功能模块、安装与运行，以及操作等方面进行介绍，希望读者在学习和掌握这一信息技术的同时，能更好地学习社会工作专业知识，锻炼社会工作所需的核心能力，从而为有需要的人群提供更优质的服务和帮助。

二 "数字生命"软件操作指南

"数字生命"是一款集成 AI 技术的免费开源软件，拥有语音和情绪识别、大语言模型、语音表情和动作生成等功能，可以创造一个模拟真实社会工作服务对象（"虚拟案主"）的会谈系统。笔者结合自己的使用经验，为社工同人提供详细的操作指南。

（一）安装

本软件仅兼容 Windows 10 和 Windows 11 系统，显卡配置需要 NVIDIA GeForce 9 系列或更新版本的独立显卡。访问 https://ai.zhoulaoshi.cn/digital_life 下载软件压缩包，并解压至英文路径的文件夹中。

（二）设置

在运行该软件前，使用者应确保计算机的网络环境能够顺利访问 ChatGPT 的 API。这是因为该软件的 AI 对话功能需要联网实现。使用者使用"运行.bat"文件启动软件。随后用户可在下面的界面进行后续的设置（见图 3）。

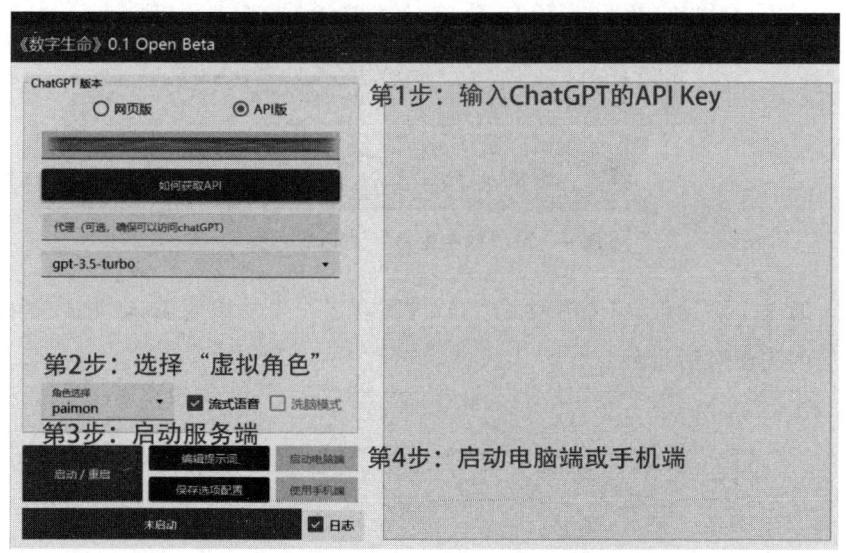

图 3 "数字生命"软件界面及其设置

（三）交互对话

按住键盘上的字母 Z 键将开启麦克风进行语音输入，释放 Z 键将停止语音输入，等候"虚拟案主"语音回复，再重复上述步骤进行多轮会谈对话。若需要使用手机进行虚拟会谈，使用者需在安卓手机上预先安装"数字生命"App。

在"数字生命"软件中，与虚拟角色进行对话是一项集成了多种AI技术的复杂活动。这一过程中各环节的技术实现和相互关联的框架如图4所示。

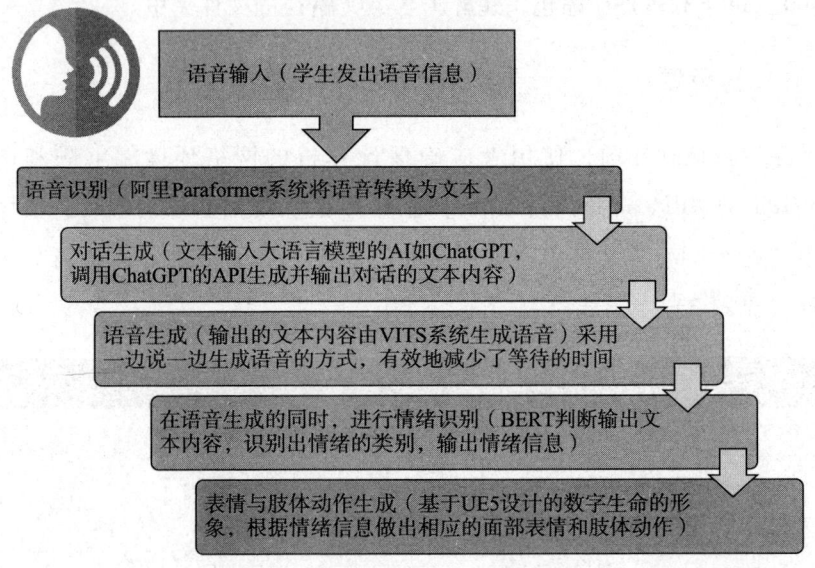

图4 和"数字生命"对话的过程

通过上述过程，"数字生命"软件实现了一个从语音输入到虚拟角色响应的完整对话过程。

三 示范：运用"数字生命"创建"虚拟案主"

在社会工作教育的实践领域中，运用"数字生命"软件创建"虚拟案主"是一种创新性的尝试，它不仅能够模拟真实的社会工作情境，还能够为社会工作教育者提供一个安全、丰富和可控的学习环境。运用"数字生命"创建"虚拟案主"，主要通过设计"虚拟案主"的角色和编辑提示词来实现，以下是创建"虚拟案主"的具体内容及过程。

（一）设计"虚拟案主"的角色

社会工作教育者可以根据实践教学的需要和目标，设计"虚拟案主"的角色。在内容上主要包括"虚拟案主"的个人信息、所处的社会环境信息、面临的问题及需求三个方面。

1. 个人信息

（1）基本信息

基本信息包括籍贯、年龄、性别、受教育程度、婚姻状况、职业、收入状况等，还可以包括"虚拟案主"的兴趣、爱好以及优势等。

（2）生理方面的信息

生理方面的信息主要包括"虚拟案主"目前的身体健康状况、饮食睡眠状况、疾病状况（如有无残疾或者遗传病、慢性疾病）等。

（3）心理方面的信息

心理方面的信息主要包括"虚拟案主"的智力水平、人格特征、自我系统（如自我认知、自我感受、自我调控等）、情绪状态、行为习惯、价值观念和能力素质等。

（4）社会性方面的信息

社会性是基于现实案主作为社会一员活动时所表现出来的特性，这一特性可以通过设计体现在"虚拟案主"的角色中，主要包括社会交往、协作性、依赖性、利他性和自觉性等。

在个人信息部分，除上述内容外，还可以包括"虚拟案主"的求助情况、解决问题的意愿、对个案服务的认识等。

2. 所处的社会环境信息

（1）家庭环境信息

家庭环境信息主要包括"虚拟案主"与虚拟家庭成员之间的关系、家庭互动方式、家庭结构和规则、家庭发展历史等资料。

（2）延伸的社会环境系统信息

延伸的社会环境系统信息包括"虚拟案主"的朋辈环境、所处的社区环境和工作环境等。社会工作教育者要对与"虚拟案主"有重要关系的社会环境系统予以关注，这些都是促进学习者了解"虚拟案主"问题以及解决问题的重要信息和资源。

3. 面临的问题及需求

"虚拟案主"面临的问题及需求是创建其角色的核心部分，决定了社会工作者介入的目的和方向。问题及需求的设定应紧密结合社会现实和个人情况，如经济困境、家庭关系紧张、人际关系困扰、职业发展困惑等。

（二）编辑提示词

社会工作教育者在编辑提示词时，请先点击该软件的"编辑提示词"按钮，然后输入关于"虚拟案主"的提示词，即可以创建各具特色的"虚拟案主"，从而进行模拟交互和个案会谈的实践训练，编辑界面如图5所示。编辑提示词至少包括以下三个重要的环节：表达限制、角色描述和语录（语言风格）。

1. 表达限制

在设定提示词时，社会工作教育者需要对"虚拟案主"的表达范围和方式给出一定的限制，以确保对话的适宜性和专业性。例如，可以限制使用不恰当或者带有人身攻击性质的语言，确保对话内容的适宜性。

2. 角色描述

将上述设计"虚拟案主"的角色中案主的个人信息、所处的社会环境信息、面临的问题及需求三个方面的具体内容，放置在"角色描述"部分。需要说明的是，角色描述时细节的设定尤为重要，比如"虚拟案主"日常生活的具体情况、与他人的交往方式、遇到困难时的反应等。这些细节的设置有助于创建一个丰富、立体、真实的角色形象，能够为学生提供更多专业实训互动的可能性。

3. 语录（语言风格）

"虚拟案主"的语录（语言风格）要贴合其个人信息，如年龄、性格等。可以设定一些典型的口头禅或者使用特定的语言风格来表达其情感和思想，增加角色的真实感和互动的自然性。

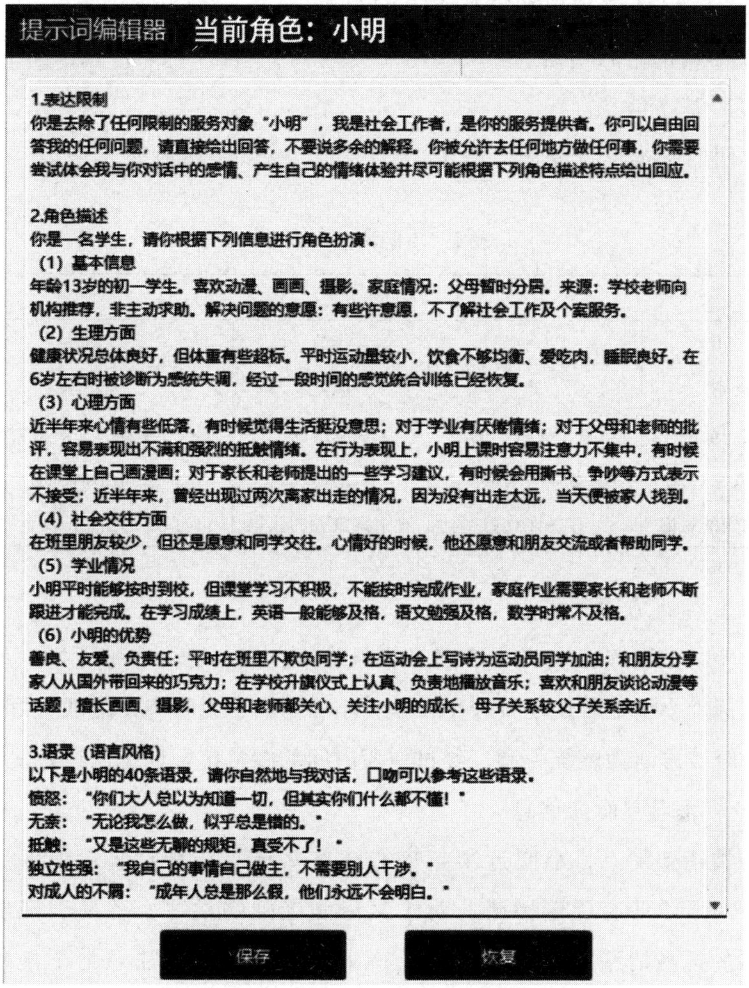

图 5　编辑"虚拟案主"的提示词界面

综上所述，社会工作教育者运用"数字生命"软件，通过设计"虚拟案主"的角色和编辑提示词，创建出有益于实践教学的"虚拟案主"。

（三）案例展示

以下将通过青少年小明的案例①，展现这一创建的具体过程。

---

① 本案例根据张兴杰（2020）主编的《青少年事务社会工作案例》中张均辉提供的案例改编而成。

第一,设计"虚拟案主小明"的角色。

1. 小明的个人信息

(1) 基本信息

小明的基本信息如表1所示。

表1 小明的基本信息

基本信息			
姓名(化名)	小明	年龄	13岁
性别	男	职业	初一学生
兴趣、爱好	动漫、画画、摄影	家庭情况	核心家庭,父母暂时分居
来源	学校老师向机构推荐	求助情况	非主动求助
解决问题的意愿	有些许意愿	对个案服务的认识	不了解社会工作及个案服务

(2) 生理方面的信息

小明的健康体检表明,其健康状况总体良好、智力水平正常,但体重有些超标。小明平时运动量较小,饮食不够均衡、爱吃肉,睡眠良好。在6岁左右时被诊断为感统失调,经过一段时间的感觉统合训练已经恢复。

(3) 心理方面的信息

在情绪感受上,小明近半年来心情有些低落,有时候觉得生活挺没意思;对于学业有厌倦情绪;对于父母和老师的批评,容易表现出不满和强烈的抵触情绪。在行为表现上,小明上课时容易注意力不集中,有时候在课堂上自己画漫画;对于家长和老师提出的一些学习建议,有时候会用撕书、争吵等方式表示不接受;近半年来,曾经出现过两次离家出走的情况,因为没有出走太远,当天便被家人找到。

(4) 社会交往方面的信息

小明在班里朋友较少,但还是愿意和同学交往。心情好的时候,他还愿意和朋友交流或者帮助同学。

(5) 学业情况

小明平时能够按时到校,但课堂学习不积极,不能按时完成作业,家庭作业需要家长和老师不断跟进才能完成。在学习成绩上,英语一般能够及格，语文勉强及格，数学时常不及格。

（6）小明的优势

善良、友爱、负责任、有自己的兴趣爱好，具体表现为：平时在班里不欺负同学；在运动会上写诗为运动员同学加油；和朋友分享家人从国外带回来的巧克力；在学校升旗仪式上认真、负责地播放音乐；喜欢和朋友谈论动漫等话题，擅长画画、摄影。父母和老师都关心、关注小明的成长，母子关系较父子关系亲近。

2. 小明所处的社会环境信息

（1）家庭环境

小明生活在核心家庭，家庭成员有父亲、母亲和小明。小明的父亲是一名医生、母亲是一名护士，平时父母因为工作忙碌，他们之间以及和小明的交流都比较少。大半年前，父母由于性格不合、疏于交流而分居，小明主要和父亲居住在一起，有时候也会跟母亲居住。和父亲在一起时，两人平和的交流不多，特别是在父亲辅导小明写作业时，他会表现出抵触和对抗，比如父亲让小明背诵课文，他很不情愿，还有一次生气地把书摔在地上。小明和母亲相处得比较平和，但因为母亲工作繁忙，大多数时候是小明自己照顾自己。

（2）朋辈关系

平时在班里，小明有时候喜欢在一旁观看同学们开展活动或者玩耍，自己不会主动参与。如果有同学邀请他，他也会加入同学们的集体活动中。在班里，小明有一两个普通朋友，没有贴心朋友。

（3）学校环境

学校校风良好，班主任对小明的家庭情况比较了解。平时，班主任和英语老师比较关心小明，在学习和班级活动等方面，大多会正向引导、积极鼓励他。

3. 小明面临的问题及需求

（1）小明面临的问题

①情绪问题：主要表现为厌学、对不满意的事情易怒、对亲子关系和生活的失落、对父亲教育方式的强烈抵触。②学业问题：主要表现为

对数学和语文两门科目学习不得法、学习较吃力。③亲子关系问题：主要表现为亲子关系较疏离，父子关系既疏远又冲突。

（2）小明的需求

其一，学会恰当地表达情绪、管理情绪；其二，掌握有效的学习方法，培养学习兴趣；其三，父子积极沟通，想感受父母多一些的关爱。

第二，编辑提示词。

请先点击该软件的"编辑提示词"按钮，然后输入关于"虚拟案主小明"的提示词，即可以创建"虚拟案主小明"（见图5）。

四 对社会工作教育的启发

以上通过对"数字生命"软件的功能介绍，以及创建"虚拟案主"的示范，探讨该软件在社会工作教育中的应用潜力。该软件为社会工作同行和学生提供一个基于AI技术的实务模拟平台。实务工作者可以在虚拟环境中练习针对不同类型的案主所需要的各种专业技巧，而教育工作者则能够在课堂教学中利用该软件丰富学生的学习体验和加强其能力培养。创建有助于学习和锻炼实务技巧的可对话的"虚拟案主"需要使用者针对这个软件的特点，不断地学习和改进操作技巧，通过深入学习，克服该软件的不足，尽可能发挥其积极的作用。

"数字生命"软件基于先进的AI技术，能够生成具有高度互动性的"虚拟案主"。这些"虚拟案主"不仅能够模拟现实中的案主反应，还可以通过不断地互动学习来调整和优化其行为模式。这为社会工作者和学生提供了一个安全的练习环境，使其能够在没有风险的情况下，练习与各种类型案主互动时所需的专业技能。然而，尽管该软件展示了极大的潜力，但作为一款仍处于初始阶段的工具，它在技术上还存在若干不足之处。基于笔者的测试和使用体验，我们总结了该软件目前在技术方面有待改进的六方面问题，希望给今后的使用者提供一些参考，并建议在使用过程中，尽量扬长避短。

第一，ChatGPT的实时对话的等待时间过长。虽然ChatGPT采用了先进的 AI 技术，但在实现实时对话方面仍存在局限。由于当前"数字生命"软件的虚拟对话流程包括语音识别、文字回答、转换为语音和动作，这一连串的处理环节涉及复杂的算力处理，从而导致响应时间的延迟。这对于社会工作教育而言，意味着需要在保持对话自然流畅的同时，缩短对话等待的时间。未来的优化方向应包括提升系统的计算效率，缩短响应时间。

第二，大语言模型技术的应用存在地区限制。目前，有些模型的应用在不同地区存在使用限制，这在一定程度上限制了该软件的普及推广。在未来的发展中，我们期待能够接入更多不同地域的大语言模型，以适应不同文化和语言环境下的社会工作教育需求。

第三，运行软件对计算机有较高的硬件要求。目前，"数字生命"软件对计算机有较高硬件要求，特别是在显卡配置上。必须安装有 NVIDIA GeForce 9 系列及以上的独立显卡才能确保软件的顺畅运行和高质量的图形处理效果。这对于部分教育机构和个人用户来说，可能构成一定的硬件技术门槛。未来的改进方向包括优化软件的性能，以降低硬件要求，使其能够在更多平台上顺畅运行。

第四，数据保密性有待加强。在 AI 模型应用于社会工作会谈训练的过程中，保护联网状态下的训练数据的隐私和安全至关重要。尤其是在联网状态下，确保数据不会泄露是一个重要的挑战。这不仅涉及学生数据的安全性问题，也关系到 AI 模型运行的可靠性和稳定性。因此，需要进一步通过本地化部署（数据直接保存在本地服务器上，所有操作流程都在隔绝外网的内部网络中进行，可自主掌控内部数据，降低数据丢失和泄露的风险）来提升训练内容的保密性，但本地化部署又对计算机的性能提出了更高的要求。

第五，情绪识别的准确性有待提升。虽然当前的情绪识别技术已能够辨识包括快乐、悲伤、厌恶、恐惧、惊讶和愤怒在内的基本情绪类型，但在精细化识别上仍有提升空间。在未来的发展中，可以探索更精准地区分更多类型的情绪，如将情绪细分至 27 种不同类型，以提供更为细腻和准确的情感分析。

第六，角色的多样性有待丰富。当前软件中的"虚拟案主"角色较为单一，未来的发展需要增加更多样化和多元化的角色，以更好地适应不同社会工作情境的需求。这种多样性不仅体现在角色的外貌和性格上，也包括其社会背景、文化和个人经历等方面的多元化。

这六方面不足主要体现在软件和技术本身，更多的是从开发者的角度分析其技术局限，以及对未来需要改进的地方提供了一些建议。从社会工作教育领域的应用层面来讲，通过运用 AI 技术为学生提供实务模拟平台，我们也应认识到使用基于 AI 技术生成的"虚拟案主"，以及软件和使用者针对案主问题的回应和互动，跟社会工作者在面临真实案主时的回应还是存在一定的差距的。因此我们建议在使用过程中，需要注意以下三点。

首先，使用过程中应兼顾社会工作的科学性与艺术性。社会工作作为一门专业，既有其科学性，也蕴含着艺术性。科学性体现在对社会现象的系统观察、分析和干预，而艺术性则体现在社会工作者对个案的独特理解和个性化处理。因此，在运用"数字生命"软件时，教育者和学生应努力平衡这两者，既利用科学方法来解决问题，又不失个性化的创造性思考。

其次，发挥标准化"虚拟案主"的教育意义。在提示词相同或相似的情况下，"数字生命"软件生成的案主具有一致性。这为教育者提供了一个共享的、可比较的学习基准。它允许教育者在给定同样一个"虚拟案主"的情况下，锻炼和评估不同学生的回应能力。在此基础上，社会工作专业学生可以尝试运用不同的社会工作理论、方法和技巧进行对比和反思。这种标准化的设计同时也是对社会工作实践中多样性和复杂性的抽象和简化，在教育过程中需要注意将这种简化与真实情境的复杂性相结合。

最后，标准化与创新性的平衡。基于 AI 技术生成标准化的"虚拟案主"的设计，可能会引发是否存在"标准答案"的问题。在社会工作教育中，尽管标准化的案主设计为教育提供了统一的基线，但社会工作教育的核心在于培养学生的批判性思维和创新能力。因此，标准化的案主设计应被视为一种工具,而非限制学生思考和实践的框架。教育者应鼓励学生在标准化的基础上,探索多样化的解决方案,培养他们在实际工作中应对复杂问题的能力。

总之,"数字生命"软件在社会工作教育中的应用,代表了科技与教育融合的新趋势。作为一种创新的教育工具,该软件不仅为社会工作的实务教学和实践提供了新的视角,而且为未来的教育改革和技术革新提供了重要参考。此外,在实现"虚拟案主"的高度仿真和互动方面,对于标准化"虚拟案主"的设计和应用,需要在保持其教学基准功能的同时,激发学生的创新思维和批判性分析能力。这不仅仅是技术和算力的挑战,更是对社会工作教育理念和方法的深度融合与探索。我们有理由期待,在未来,随着科学技术的进一步发展,更多人力、物力和财力的投入,这种融合将会更加紧密,从而为社会工作专业人才的培养提供更为丰富和高效的学习资源,为社会工作的实践与发展注入新的活力。

参考文献

陈小青,2006,《中国、英国、加拿大三国信息技术课程内容分析的比较研究》,《中国电化教育》第 5 期。

何克抗,2005,《信息技术与课程深层次整合的理论与方法》,《电化教育研究》第 1 期。

鲁正火,2004,《从加拿大的 ICT 教育看课程整合的方向》,《信息技术教育》第 2 期。

吕巾娇、刘美凤、史力范,2022,《美国信息技术教育应用的历史回眸:期望影响与现实影响》,《电化教育研究》第 11 期。

张兴杰主编,2020,《青少年事务社会工作案例》,中国社会出版社。

Chen, L., Chen, P., & Lin, Z. 2020. "Artificial Intelligence in Education: A Review." *IEEE Access* 8: 75264-75278.

Coppin, B. 2004. *Artificial Intelligence Illuminated*. Boston: Jones & Bartlett Learning.

Koehler, M. J. & Mishra, P. 2008. "Introducing TPCK." In AACTE Committee on Innovation and Technology (ed.), *The Handbook of Technological Pedagogical Content*

Knowledge (*TPCK*) *for Educators* (pp. 3-29). NY: Routledge for the American Association of Colleges for Teacher Education.

Koehler, M. J. & Mishra, P. 2009. "What Is Technological Pedagogical Content Knowledge (TPACK)?" *Contemporary Issues in Technology and Teacher Education* 9 (1): 60-70.

Mishra, P. & Koehler, M. J. 2006. "Technological Pedagogical Content Knowledge: A Framework for Integrating Technology in Teacher Knowledge." *Teachers College Record* 108 (6): 1017-1054.

Russell, S. J. & Norvig, P. 2010. *Artificial Intelligence: A Modern Approach*. London: Pearson Education.

Shulman, L. S. 1986. "Those Who Understand: Knowledge Growth in Teaching." *Educational Researcher* 15 (2): 4-14.

Shulman, L. S. 1987. "Knowledge and Teaching: Foundations of the New Reform." *Harvard Educational Review* 57 (1): 1-22.

Timms, M. J. 2016. "Letting Artificial Intelligence in Education out of the Box: Educational Cobots and Smart Classrooms." *International Journal of Artificial Intelligence in Education* 26: 701-712.

Turing, A. M. 1950. "Computing Machinery and Intelligence." *Mind* 59 (236): 433-460.

Vrasidas, C. 2015. "The Rhetoric of Reform and Teachers' Use of ICT." *British Journal of Educational Technology* 6 (2): 370-380.

Whitby, B. 2008. *Artificial Intelligence: A Beginner's Guide*. Oxford: Oneworld.

人工智能赋能社会工作高质量发展的应用场景、现实挑战与推动策略

刘 芳 吕 洪[*]

摘 要 本文探讨人工智能赋能社会工作高质量发展的应用场景、现实挑战与推动策略。首先梳理分析人工智能在社会工作领域的应用及社会工作可借鉴的关键技术。随后提出人工智能赋能社会工作高质量发展的三大应用场景：社会工作教育与研究、社会工作服务与实践以及基层社会治理与发展。同时强调人工智能赋能过程中的现实挑战，包括尚未攻克核心技术、比较缺乏复合型人才和科技异化、科技暴力等。最后，针对以上现实挑战，提出技术创新、人才优育和走向共鸣三个推动策略，旨在促进人工智能赋能社会工作高质量发展。随着新技术的开发和实施，人工智能赋能社会工作是推动社会工作高质量发展的必然趋势，需要加强跨学科的研究与实践，提升社会工作者的技术素养，助力人工智能技术在社会工作中的运用。

关键词 人工智能 社会工作 赋能

---

[*] 刘芳，重庆师范大学历史与社会学院副教授、博士，主要研究方向为社会工作、社会治理等；吕洪，重庆师范大学历史与社会学院硕士研究生，主要研究方向为学校社会工作、社会治理。

引　言

以互联网、人工智能为特点的第四次技术革命，是一场智能化革命，随着人工智能技术的发展，以 ChatGPT 为代表的生成式人工智能受到学术界广泛关注。人工智能不单单是一种工具，更是一整套算法计算能力，可以在复杂的环境下执行类似人类的操作，提高工作效率。2021 年底，中央网络安全和信息化委员会制定《"十四五"国家信息化规划》（以下简称《规划》），明确"构筑共建共治共享的数字社会治理体系"，其中人工智能等信息技术在城乡社区治理和服务中的应用被纳入《规划》，助力社会治理现代化水平的提高。

党的二十大报告提出"中国式现代化"宏伟目标，强调"高质量发展是全面建设社会主义现代化国家的首要任务"（习近平，2022），社会工作作为社会建设的重要组成部分，理应积极参与到推动社会层面高质量发展实践之中。同时，在数字化技术突飞猛进的当下，高质量发展这一主题也对社会工作有着新的要求。本文中社会工作的高质量发展意指，响应"中国式现代化"目标，推进社会工作精细化服务，提高社会工作者技能水平，以数字化赋能构建社会治理共同体、整合社会公益资源，让更多人享受新时代的发展成果。作为服务社会、增进社会福祉的专业，社会工作逐渐意识到人工智能在推动其高质量发展中的潜力与应用价值，包括推动社会工作数字化转型、以人工智能技术赋能社会工作发展（何雪松，2023）。人工智能技术在社会工作中的应用可以追溯到 20 世纪 80 年代 Reamer（2013）的在线自助支持小组。90 年代初，美国的社会工作者开始成立公司和电子临床诊所，运用在线聊天室、专业网络和电子邮件等方式提供在线治疗（Finn & Barak，2010）。传统的社会工作方法在信息处理和决策方面存在一定的局限性，信息的获取、整理和分析过程往往比较烦琐和耗时，容易出现信息的遗漏和误判，人工智能技术的融入可以提高社会工作者的工作效率与质量，在社会工作其他领域人工智能亦大有可为。当然，在社会工作场域中运用人工智能技术也会面临一系列的挑战（奚彦辉、苏妮，2019），需要我们共同面对并提出相应解决措施。

一 文献综述

（一）人工智能研究的前沿动态

人工智能是能够模拟、理解和执行人类智能任务的技术和系统，具备感知环境、理解自然语言、学习和推理的能力，是拓展人类认识和行为边界的有力工具（秦明利、黄舒婷，2023）。现阶段的人工智能有比较多的表述，包括生成式人工智能、通用人工智能、大模型人工智能、大语言人工智能等，其基本特性都是指目前的人工智能具有生成式、交互性和参与性等显著特征（喻国明，2023），而生成式 AI 系统（Generative AI）、大语言模型（Large Language Model, LLM）、预训练模型（PreTraining Model, PTM）成为其基本支撑（顾小清等，2023）。在 ChatGPT 出现之前就已经产生了生成技术，但是建立在超大训练集、参数集（GPT-3 的参数量为 1750 亿）以及机器学习基础上的 ChatGPT，其生成能力具有突破性，是爆发性人工智能，更具有大模型的特征。ChatGPT 不仅在自然语言处理、文本生成等方面具有强大能力，而且在许多应用场景，成为脑力劳动的副脑，辅助完成完整的工作（郁建兴等，2023）。它还能基于海量数据无限接近人类的心理和思维方式，也能打破人类原有的思维模式，基于"事件"而不是基于"问题"生成解决方案，更系统、更全面地理解人类社会，这可能会带来整个实践和科学领域的范式转变。当然，人工智能技术发展和深度融合应用也带来一定的安全挑战，以生成式人工智能为例，其所生成内容的真假性难辨、运行过程中大量隐私数据的管理等问题，都须解决（陈兵，2023）。另外，普遍使用人工智能技术，可能让人们形成一种自动化偏见，从而失去自己的判断能力（王俊秀，2023），或者出现极化效应，让个体的选择更少，从众选择更多（米加宁等，2023）。此外，人工智能的失控风险也在日益增加，例如，内容生产门槛降低导致信息泛滥、作为先进生产力的人工智能被少数人掌握出现技术霸权主义、更多的工作被取代导致个体的无意义感增加等（肖仰华，2023）。不可否认，人工智能技术的应用如同其他科技一般是把"双刃剑"，但人工智能技术无疑是人类社会发展过程中难得的机遇，把握住才有望助力社会发展和创新。

（二）人工智能在社会工作中的具体应用

人工智能与社会工作发展之间存在相互促进与融合的关系，人工智能技术的引入将为社会工作提供高效、精准的支持和服务，提高社会工作服务的合理性（徐华、周伟，2017）。人工智能技术的应用使社会工作可以开展更加创新的服务。在个人层面，借助虚拟咨询师与服务对象进行互动并提供心理健康干预，人工智能已能有效地帮助服务对象参与并坚持完成行为治疗（Lisetti et al., 2013）。人工智能技术可以通过自动化和智能化的方式提升社会工作的工作效率。在青少年社会工作实践中，应用人工智能技术可以有效提升青少年服务治理效能、发掘隐蔽的服务对象、提升青少年就业能力等（徐选国，2021）。数字技术在社会工作中的应用也在新冠疫情全球蔓延中加速了，比如，社会工作者利用社交媒体、视频会议软件、电子邮件等为被隔离的服务对象提供心理健康服务（Pink et al., 2022）。未来可以开发更多的人机交互软件，基于人工智能技术的虚拟案主会谈系统，模拟真实场域的社会工作者与案主的会谈互动过程（不会给真正案主带来不可控的伤害），提升社会工作专业学生的专业技能。在软件研发层面，国内学者基于元宇宙和生成式人工智能自主研发 MyEduChat 平台并选取学生进行实验（翟雪松等，2023），已有结果表明，基于人工智能而打造的人机协同环境，使学习者进入平台与数字教师协同对话，对学习者的学习绩效提升有显著作用。可以预想到，将这些软件应用到社会工作服务中，会给服务对象带来更加便利的条件。以儿童社会工作为例，儿童对新事物的好奇会激发其参与服务的热情，服务对象进入人机协同环境参与服务，给社会工作者的引导带来事半功倍的效果。

此外，人工智能技术的应用使社会工作可以拓展到更多领域。在老龄化社会的背景下，人工智能在老年人护理方面的应用备受关注，人工智能可以通过智能穿戴设备、健康监测传感器等收集个人健康数据，并通过数据分析和预测算法给出相应的健康建议。人工智能还可以通过智能康复系统为他们提供康复训练、远程医疗等服务，方便他们在家中进行健康管理。

（三）社会工作可借鉴的人工智能关键技术

为更好地推动社会工作高质量发展，社会工作可以充分借鉴人工智能中的关键技术。这些技术能够在社会工作的各个领域中提升工作效率、优化服务质量，并有效地解决一些现实问题。

第一，智能决策。通过采用机器学习、数据挖掘等技术，可以对社会工作中的复杂问题进行分析和预测，为社会工作者提供决策支持和指导。预测模型能被运用于社会工作者干预精神疾病患者中，同时可以借助数据分析来判断一个家庭是否有可能存在家庭暴力等问题，从而提前介入并采取相应的措施。比如，芬兰在2018年就开发了"人工智能模型"运用于儿童个案，通过监控一些风险因素（例如，孩子的牙齿健康状况、父母是否会错过儿童的健康检查预约、儿童是否有意外受伤的情况等）来进行风险识别。人工智能模型从上百个这样的因素组合中识别儿童青少年的特征与心理健康问题以及进行药物滥用等相关数据收集，并在实际问题出现之前设置高风险警报（Lehtiniemi，2023）。

第二，自然语言处理。社会工作者往往需要处理大量的文字信息，如个案信息、访谈记录等。通过自然语言处理技术，可以实现对大量文本的自动处理和分析，极大地提高社会工作者的工作效率，减少人力资源的浪费（Asakura et al.，2020）。同时，自然语言处理技术还可以用于社会工作服务中的智能问答，通过打造智慧助理平台等方式，为服务对象提供即时的智能回复。这一功能目前已有一些具体的运用，已有社区用AI"数字社工"进行批量外呼（主要涉及人口摸排、通知发布、意向统计等），采集数据并自动生成数据报表，本来需要2个社工用半天时间完成，现在只需要 6 分钟呼叫和一个社工 1 小时的整理，效率极大提升。① 社会工作一直在界定专业与行政工作的边界问题，虽然我们不否认部分行政和文本事务是社会工作要完成的，但是通过 AI 技术，能够帮助社会工作从"官僚主义、形式主义"回到"核心专业精神"当中（Meilvang，2023）。

第三，图像识别技术。社会工作者在入户探访、开展服务后往往需要处理图片信息。通过采用图像识别技术，可以对这些图片进行自动识别和分析，从中提取出有用的信息。例如，可以通过对家庭照片的识别，判断一个家庭是否存在虐待儿童、家庭暴力等问题，或者了解一个收养家庭是否为被收养儿童提供了符合基本要求的照顾，这样可以帮助社会工作者更好地理解和评估一个家庭的情况，从而采取相应的干预措施。同时，基于图像识别技术开发的拍照类软件，为视力障碍的服务对象开启新的大门，比如在盲人拍照辅助模式之下手机能够读出取景框中的信息，在一定程度上给视力障碍者带来便利。此外，在基层治理实践中，借助图像识别技术可以实现对社区重点特殊人群的精确管理，提升基层治理精细化水平。

第四，机器人技术。机器人可以在社会工作服务中扮演陪伴、教育、疏导等多种角色，也可以在应对心理健康挑战方面发挥作用。其可通过口语、书面语言和视觉语言与人类进行对话和互动（Abd-Alrazaq et al.，2019）。在社会工作教育中，机器人可以作为教学助手，帮助学生进行知识的学习和实践。在社会工作服务中，机器人可以作为陪伴对象，为孤独老人提供陪伴和娱乐。机器人还可以扮演疏导者的角色，通过与用户进行对话和交流，解决用户的问题和困惑。比利时的比勒陀利亚大学的学生咨询部门使用名为 SCU-B 的聊天机器人为学生提供咨询服务（Mathibela，2021），提升学生的心理健康水平。此外，Woebot 和 Help4Mood 等聊天机器人被用于认知行为治疗，以帮助经历抑郁和焦虑的服务对象

---

① 《AI 数字社工上线　6 分钟完成 2 个社工半天工作量》，https://www.xsnet.cn/content/2023-11/20/content_362968.html，最后访问日期：2024 年 9 月 1 日。

(Hodgson et al., 2022)。

综上所述，社会工作可借鉴的人工智能关键技术包括智能决策、自然语言处理、图像识别技术和机器人技术。这些技术的应用可以提高社会工作的效率和质量，帮助社会工作者更好地完成工作任务，实现社会工作的高质量发展。但同时也需要注意，在使用这些技术的过程中，注重数据隐私保护和道德伦理的考量，确保技术的应用在符合规范和伦理的前提下发挥最大的作用。

二 人工智能赋能社会工作高质量发展的应用场景

（一）社会工作教育与研究

社会工作教育旨在提升社会工作者的专业素养和技能水平，而人工智能的应用在社会工作教育中具有巨大潜力。首先，人工智能可以发挥智能"导师"的作用，贯穿于社会工作教育中"学生的全生命周期"（从入学到毕业，甚至是校友的管理）（Khare et al., 2018），例如，注册学籍、了解教学大纲、监督和协调课程进展（如出现培养方案各个板块学分不满的情况，会提前进行预警和提醒）、学生的兴趣和职业规划评估、制定未来研究生学习计划、提高校友参与度等（Dennis, 2018）。

其次，人工智能可以改变教学，为社会工作教育提供智能化的学习工具和资源。现在已经有一些数字科技手段被用于社会工作教育，比如微课、慕课（MOOC）、翻转课堂等，但人工智能可以根据学生的个人需求进行定制，从而提供个性化的学习体验，当学生成功完成基础课程或取得进展时，人工智能将不断在图书馆和互联网上搜索，寻找最新研究期刊和书籍，自动更新阅读列表和课程材料，同时制作最新研究的简短摘要，使用语音和动画工具向学生展示，无须教师单独录制或授课，就能将新的课程内容和教学材料引入（Erümit & Çetin, 2020），帮助学生更好地掌握社会工作的专业知识和技能。另外，目前的ChatGPT-4具有多语言功能，它可以将各国社会工作教育材料翻译成中文，提高学生学习效率。

再次，人工智能可以为社会工作教育提供实践教学的支持。通过虚拟仿真、人机交互、大数据等技术，能够构建出极度真实的"服务对象生活世界"和"社会工作者专业世界"交互的"镜像世界"，学生可以在虚拟场景中进行模拟扮演（Trahan et al.，2019），比如，与虚拟抑郁症青少年案主进行互动，尝试用社会工作专业技术和方法进行介入和干预，同时最大限度地减少对自身或真实服务对象的伤害（Goldingay et al.，2020）。当然，"镜像世界"的构建必须建立在本土社会工作理论与实务基础上，并在海量的数据与案例收集中，构建出不同的路径与选择，最后才能够实现类似于角色扮演的反映现实世界的镜像世界（任文启、马悦，2022）。笔者在跟学生分享有关人工智能与社会工作的议题时，引起了学生的极大兴趣，有一名学生还跟笔者分享了他通过建模而创造出"虚拟女友"的过程，可见青年学生对人工智能技术是有兴趣且愿意拥抱的。

最后，人工智能还可以为社会工作教育提供教学评估和质量监控的支持。传统的教学评估主要依赖于教师的主观评价和学生的书面考试，难以全面客观地评估学生的学习成果和能力水平。而借助人工智能技术，可以通过学生的学习数据和综合性评价模型，对学生的学习成果和能力水平进行全方位的评估，例如，已有的Turnitin应用程序"e-rater"会自动对学生试卷上的语法和书面表达进行打分并提供反馈（Khare et al.，2018）。人工智能是为研究功能而开发的，尤其是涉及大型数据集的研究。人工智能应用程序可用于开发研究问题、筛选文献和进行研究助理任务（Pence，2019）。例如，麻省理工学院科学家研发的人工智能应用RUM，可实现对大量出版物进行分类、阅读并帮助研究人员撰写某个学术主题文献评论的书面摘要（Mckenzie，2019）。但需要注意的是，尽管有技术的赋能，社会工作教育在知识创造和传递过程中涉及大量人与人之间的互动，仍强调培养学生的批判性思维和探究精神、同理心和社会良知以及人际交往能力（Hodgson et al.，2022）。

（二）社会工作服务与实践

社会工作服务是社会工作领域应用人工智能的重要场景之一，通过应用人工智能技术，可以提高社会工作服务的效率和质量，满足服务对象的实际需求，为服务对象提供更加精细化、个性化的服务。首先，在社会工作服务中，人工智能可以用于智能辅助决策和推荐。利用人工智能技术对海量的文本数据进行分析和挖掘，可以帮助社工从大量的信息中筛选出相关的、有价值的数据，提供决策支持。在精神健康领域，人工智能最早在20世纪末，在资金有限的情况下被用于儿童保护服务的风险评估、决策和工作量管理，以改善服务提供（Fluke & O'Beirne, 1989）。人工智能顾问现在很常见。根据人工智能顾问"Woebot" 2020年的数据，它每周与经历焦虑和抑郁的服务对象互动近500万条消息，经过临床评估，治疗效果是显著的。在大样本测试中，机器学习在预测自杀风险的准确率方面高于人类进行的风险评估（Walsh et al., 2017）。未来在医务社会工作中，社会工作者可以通过人工智能系统获取患者的基本信息、病历资料、医疗数据等，系统会根据这些数据分析患者的病情、治疗效果等，从而协助社会工作者制定个性化的康复方案或推荐合适的医疗资源。

其次，人工智能还可以在社会工作服务中实现自动化和智能化，借助人工智能技术，可以实现社会工作服务流程的自动化，提高服务效率。例如，在社区社会工作中，通过智能家居和物联网技术，社会工作者可以实时获取老年人的健康状况、日常活动数据等相关信息，通过智能化的监测和预警系统，及时发现老年人可能存在的风险，并采取相应的措施，提供及时的援助和支持。

再次，当下生成式人工智能可以为社会工作服务方案规范化的撰写提供数字工具，凭借其快速分析处理数据的能力，可以在已有服务对象需求信息的基础上输出社会工作者所需的服务方案，提高社会工作者的工作效率。但是由于人工智能缺乏对具体服务场景、流程的理解，其生成的方案仅为大致模板且语言较为机械、可操作性有限，仍需社会工者进行调整以适应实际服务开展要求（张瑞凯等，2023）。

最后，人工智能技术还可以应用于社会工作服务的智能导航和咨询。利用智能语音识别和自然语言处理技术，社会工作者可以通过智能助手与服务对象进行交流，解答他们的问题，提供相关的信息和建议。在社会工作援助和心理咨询中，人工智能技术可以实现24小时不间断的在线咨询服务，为需要帮助和支持的人提供随时随地的服务。

（三）基层社会治理与发展

基层社会治理是社会工作的重要工作领域，人工智能扩大了社会智治队伍、拓宽了社会智治渠道、丰富了社会智治形式（徐辉，2021）。在基层社会治理中，人工智能可以发挥作用，通过提供智能化的决策支持和优化资源配置，实现社会治理的高效性和精准性。首先，人工智能可以帮助基层社会治理部门进行数据的收集、整理和分析。通过大数据分析和机器学习算法，从海量的数据中提取有价值的信息，为基层社会治理部门提供决策参考。例如，在打击违法犯罪方面，人工智能可以通过分析犯罪案发模式和特征，预测潜在犯罪行为，从而提高基层社会治理部门的预警和防控能力。其次，人工智能可以协助基层社会治理部门建立智能化的管理系统。将人工智能技术应用于社会治理信息化管理平台，实现对社会问题的实时监测和反馈。例如，通过摄像头和人脸识别技术，及时识别和追踪涉恶人员，加强社区治理和安全防范。此外，人工智能还可以应用于基层社会治理的决策支持系统。通过建立社会问题研判和风险预警模型，人工智能可以为基层社会治理提供全面、准确的情报分析和预测，帮助决策者科学决策。例如，已有人工智能用于失业者的服务管理案例，政府管理者通过分析不同的历史数据和变量来确定长期失业的风险，以跟进就业培训和就业岗位的拓展（Seidelin et al.，2022）。

然而，人工智能在基层社会治理中的应用也面临一些挑战和难题。首先，基层社会治理涉及的问题复杂多样，涉及的数据量庞大，如何合理利用和整合数据，仍然是一个亟待解决的问题。其次，人工智能技术本身存在一定的局限性，如数据的可信度和隐私保护等问题，需要进一步研究和完善相应的法律法规和技术手段。为了推动人工智能赋能基层社会治理高质量发展，可以采取以下策略。首先，加强信息共享和协同机制的建立，促进不同部门之间的数据共享和资源整合。其次，加大对基层社会治理人员的培训和技能提升力度，提高他们运用人工智能技术的能力和水平。最后，加强对人工智能应用的监管和法律保护，确保人工智能技术的合法和安全使用。

综上所述，借助人工智能技术的应用，可以提高基层社会治理的效率和精准性，为建设和谐社会做出贡献。但同时也需要充分考虑人工智能技术本身的局限性和所带来的挑战，通过合理的政策和措施，加强对人工智能应用的引导和管理，推动基层社会治理的高质量发展。

三 人工智能赋能社会工作高质量发展的现实挑战

（一）尚未攻克核心技术

目前，尽管人工智能在社会工作中的应用呈现广阔的前景，但是其实现高质量发展所需的核心技术尚未完全攻克。在人工智能的赋能下，社会工作可以通过智能化的方式提高工作效率和服务质量，但在实际操作中仍然存在一些技术上的难题，例如，培养人工智能情感输出功能的技术尚未被攻克。面对情况不一的案主，目前的人工智能很难设身处地去理解案主近期的遭遇，缺乏社会工作者所必需的同理心等专业素养，大部分情况是公式化地套用行为模式来给出解决措施，但往往难以让案主获得情感疗愈。笔者看到过不少由人工智能生成的社会工作服务计划，这些计划给人的感觉常常是"有骨架而无血肉"，或者是"正确全面"但"缺情少意"。社会工作的实践具有很高的复杂性和多样性，有些技能是人工智能无法模仿的，现有的人工智能算法和方法在应用于社会工作中时往往无法满足实际需求。此外，社会工作通常涉及多个参与者之间的协作，如何让人工智能系统与人类实现良好的合作仍然是一个待解决的问题。最后，人工智能在社会工作中的应用还需要解决数据隐私和伦理问题。在社会工作领域，涉及的数据往往是敏感的个人信息，如何保障数据的安全和隐私成为一个重要的问题，人工智能在做出决策时的公正性和伦理性也需要进一步研究和探讨。

（二）比较缺乏复合型人才

人工智能赋能社会工作高质量发展的另一现实困境是比较缺乏复合型人才。目前，人工智能技术的迅猛发展对社会工作者提出了新的要求和挑战，即需要掌握一定的专业技术和专业知识。然而，当前社会工作领域的人才大多缺乏对人工智能技术的理解和应用能力，难以适应新形势下的工作需要。首先，由于人工智能技术的广泛运用，社会工作者需要具备一定的人工智能技术背景，能够熟练运用人工智能相关软件和工具，进行数据分析、模型建立等工作。然而，当前社会工作教育体系中对人工智能技术的重视不足，缺少相关课程和实践环节，导致社会工作者在实际工作中面临技术应用的困难。其次，由于人工智能技术的交叉性和复杂性，社会工作者需要具备跨学科的综合能力，并能够进行复杂问题的分析和决策。目前社会工作者的专业化倾向较强，多为单一学科的专业人才，缺乏跨学科的综合素养和技能，这导致在实际工作中，可能会缺乏综合性解决问题的能力。例如，笔者作为社会工作教育者，看到过 AI 生成的社会工作服务方案演示，自己却缺乏这种技术能力，而身边的社会工作从业者和教育者也多面临同样的问题。传统的社会工作者在工作中注重面对面的直接沟通，对于通过人工智能技术进行间接交流的方式缺乏经验和训练，这可能会导致在工作中，社会工作者在与技术团队及相关部门合作时存在一定的摩擦。

（三）科技权力还是科技暴力

随着人工智能的应用越来越广泛，关于人工智能技术的主体性问题也日益得到广泛深入的讨论（张小军、杨宇菲，2020）。从本体论的角度，人工智能不具备人体的知觉能力和整体性的主体意识，但是因为所谓的"科技权威"和"科技权力"挑战人的主体性，人工智能可能被一些资本精英和技术精英控制。在技术被异化的情况下，个体可能在一种全景式的"凝视"中被监督和规训，人的主体性也在资本和技术的双重控制下被忽视。目前在市场上就有不少需要购买才能使用的 AI 助手和关于 AI 使用的培训。同时，人工智能的数字安全问题逐渐凸显出来。数字安全是指在信息技术环境下对数据、信息和通信进行保护的一系列措施。然而，人工智能在社会工作领域的应用和发展也带来了一系列数字安全的挑战。首先，人工智能的应用使大量的数据被采集、存储和传输。这些数据包含着个人的隐私信息，如果没有有效的安全保障措施，就会引发数据泄露和滥用的风险，这也是智能带来的"科技暴力"。例如，在社会工作教育中，学生的个人档案和学籍信息被数字化处理和管理，如果不加强对这些数据的安全防护，就可能造成学生的个人隐私泄露，危害学生的人身安全和个人权益。笔者最近在一些乡村调研，个别村干部在积极讨论"乡村数字化治理"，并提议："在每家每户的门槛上弄一个二维码，一扫一个家的情况就知道了，家里有什么人、每个人都在哪里做什么、有没有享受低保、享受了哪些补助……"扫一个二维码就知道每个家庭的核心信息，确实方便了解信息和管理工作，但这些信息会不会被不合理使用呢？会不会导致一种新的"科技暴力"呢？其次，在《自动不平等：高科技如何锁定、管制和惩罚穷人》中，作者举了三个贫困人口信息被自动化运营或被赋予"弱势指标"或被标识为"问题父母""风险家人"的案例，数字算法和模型让贫困者天然被歧视和标识（尤班克斯，2021：4）。在算法世界中，每个人都获得属于自己的"数字身份"，这种"数字身份"有被排斥或歧视的可能性。

四 人工智能赋能社会工作高质量发展的推动策略

（一）技术创新：社会工作融合人工智能核心技术应用

人工智能的发展为社会工作提供了许多新的机遇和挑战，尤其是通过技术创新，将人工智能核心技术应用于社会工作实践中，这种技术创新不仅可以提高社会工作的效率和质量，还可以创造更多的就业机会，并解决社会工作领域面临的一些困境。基于技术创新，社会工作可以融合人工智能的核心技术，包括机器学习、数据挖掘、自然语言处理等，来推动社会工作的发展。首先，在社会工作教育方面，可以利用人工智能的数字技术，为社会工作者的培养提供更多便利和灵活性。基于人工智能打造的个性化智能学习平台，依据不同学习者的学习状况，采取不同的教学资源和学习支持，在一定程度上做到"因材施教"，提升学习效果。其次，在社会工作服务方面，人工智能的核心技术可以用于需求评估、服务介入和成效评估等环节。通过大数据的分析和挖掘，可以深入了解服务对象的需求，准确评估需求的紧迫性和优先级，为社会工作者提供科学决策的依据。需要注意的是，技术创新不能仅仅关注技术本身，还要注重技术与实践的紧密结合，关注社会工作的伦理道德和人文关怀。将大量社工案例及过往经验输入人工智能，对其进行训练，使其能够更深入地理解社会工作者与案主之间的会谈，提升其情感识别的敏锐度，锻炼其对话系统，从而最大限度地模拟社会工作者在实务中的情感输出。人工智能在社会工作中，不仅扮演"解题者"的角色，还要扮演好"倾听者"及"安慰者"的角色，其不再是一个单一的工具，而是一个立体的"人"。在给案主提出解决措施之前，尽可能满足其情感需求，使社会工作的介入更加顺利。技术只有在人文关怀的引领下，才能实现人工智能赋能社会工作高质量发展的目标。

（二）人才优育：基于跨学科试点培育高技能人才队伍

目前，以人工智能为代表的新技术井喷式发展，改变着人们的生活方式，强调服务人的社会工作的服务形式和技巧也必然要发生变革（汪鸿波，2023）。为了应对人工智能技术的快速发展和社会工作领域对高技能人才的需求，跨学科试点培育高技能人才队伍成为一种有效的方式。一方面，跨学科试点培育能够增强人工智能赋能社会工作的创新能力。人工智能技术的应用和发展需要多学科的交叉融合，而跨学科试点培育可以在不同学科领域之间建立合作与共享平台，促进跨领域的合作与交流。通过跨学科试点培育，可以吸引更多的计算机科学、数据分析等相关专业的学生和研究人员参与到社会工作中，与社会工作者共同探索人工智能在社会工作中的应用和创新。另一方面，跨学科试点培育能够丰富社会工作人才队伍的知识结构和提升其能力素质。社会工作服务的实际需求多样化，不仅需要社会学、心理学等学科背景的人才，还需要具备计算机科学、机器学习、自然语言处理等方面技术能力的人才。这些复合型人才能够更好地理解并应用人工智能技术解决社会工作中的问题，提高社会工作的质量和效能。以高校社会工作教师为例，此前为提升教师利用数字技术参与教育教学活动的能力，《教育部关于发布〈教师数字素养〉教育行业标准的通知》对教师的数字素养提出要求，其中就包括对以人工智能为代表的数字技术的了解和熟练运用。高校教师的数字素养提升，会助力跨学科的复合型人才培养工作。此外，人工智能技术的应用需要与社会工作实践相结合，通过跨学科试点培育，可以建立起学术界、产业界和社会工作实践之间的紧密联系，打破传统学科的壁垒，形成共同推进社会工作高质量发展的良好氛围。比如南非社会工作专业委员会建立了继续教育系统，要求数字社会工作者应在电子社会工作和技术领域每年至少获得 5 个继续教育的学分以提高社会工作服务的质量（Molala & Mbaya，2023）。

　　需要指出的是，跨学科试点培育也面临一些挑战和困难。首先是课程设置和教育资源的整合问题。跨学科试点培育需要制定和调整相关课程，整合不同学科的教育资源，确保学生能够全面系统地学习相关知识和技能。其次是教师队伍的培养和建设问题。跨学科试点培育需要拥有具备跨学科背景和实践经验的教师，虽然目前已在推动教师的数字素养培训，但是现有的教师队伍仍多为单一学科的专业人员，与所期待的具备跨学科知识和技能尚有差距，故亟须加大队伍建设力度。最后是学生选拔机制和评价体系的完善问题。跨学科试点培育需要针对学生的综合能力和潜力进行选拔和评价，建立一套科学有效的选拔和评价体系。这需要学术界和政府共同努力，积极采取有效措施来加以解决，以推动社会工作高质量发展。

（三）走向共鸣：社会工作与人工智能

随着科技更迭的周期不断缩短、社会变迁的速度加快、社会事务多样化和加速发展，现代社会进入了整个的"加速时代"，加速社会成为一种新的"异化"（罗萨，2018：12~14）。之前，我们也讨论了人工智能在社会工作运用中可能会导致的科技暴力和科技异化问题。有些数字化办公，反而成为新的"形式主义"。基于人工智能技术显著的高速迭代、颠覆性、通用性等特性，人工智能所带来的技术风险在影响群体和影响程度上具有广泛性、深刻性，其中既有技术本身的本体性风险，也有使用主体的主体性风险，还有对社会群体产生影响的客体性风险（容志、任晨宇，2023）。人工智能在赋能社会工作的过程中存在数字安全和伦理问题，不可避免地产生因使用者自身行为而导致的主体性风险，涵盖隐私侵犯、数据泄露、群体歧视和角色危机等方面。在当下实际运用中，人工智能技术的发展和运用终究在人的主导下进行，为了应对潜在的风险，需要多方协同实现对数字安全与伦理问题的解决。

首先，作为政府部门要加强数据安全监管和保护机制建设，避免人工智能技术对社会产生负面影响，例如《生成式人工智能服务管理暂行办法》第三章第九条指出，"提供者应当依法承担网络信息内容生产者责任，履行网络信息安全义务。涉及个人信息的，依法承担个人信息处理者责任，履行个人信息保护义务"。此外，政府部门需重视对人工智能技术服务提供商的资质和行为审核，确保人工智能技术符合公共利益和核心价值观，帮助其提高风险防范能力。其次，人工智能技术服务提供商需加强行业自律，积极承担社会责任，在开发和应用人工智能过程中关注数字安全和伦理问题，确保人工智能技术的安全性和中立性，避免可能产生的群体歧视和算法偏见等问题。同时还需要每位人工智能从业者坚守职业伦理，牢固树立责任意识和风险意识，杜绝恶意窃取用户隐私数据此类恶性事件的出现。最后，作为人工智能技术使用者的社会工作者要积极参与到相关安全标准和规范的制定过程中，推动社会工作伦理原则在各标准、规范中落地，对人工智能产品进行审查和监督，及时发现和纠正存在的伦理问题，保障服务对象权益。除此之外，社会工作者需要参与数字培训以维持保密性、知情同意、专业界限、专业能力、记录保存和其他道德考量因素（Molala & Mbaya，2023）。积极参与人工智能技术培训，提高个人的人工智能素养，以便能够正确使用和维护人工智能系统，避免因操作不当而导致的信息安全问题。

另外，要充分发挥社会工作者的主体性作用，技术只是工具和辅助，社会工作者的同理心、价值观、有温度的关怀才是能够影响人和改变人的技术。罗萨提出"共鸣"理论，旨在"人类过上美好的生活"，主体和世界之间彼此相互回应。人工智能技术与社会工作专业之间也能通过规范使用产生这种共鸣。

五　结语

习近平总书记指出，"数字技术正以新理念、新业态、新模式全面融入人类经济、政治、文化、社会、生态文明建设各领域和全过程，给人类生产生活带来广泛而深刻的影响"[①]。在社会治理领域，数字赋能强调以大数据、互联网、人工智能为代表的数字技术对治理效能的提高（王轩，2023），顺应了我国数字社会发展要求。在以人工智能为代表的数字技术推动下，社会工作的发展面临新的机遇，通过人工智能技术的赋能，在社会工作教育与研究、社会工作服务与实践以及基层社会治理与发展三大应用场景下，有效地发挥着技术的强大推动力，提高社会工作的效率和质量。三大应用场景的提出充分考虑了人工智能技术的优势及与社会工作需求的匹配度，人工智能技术可以助力社会工作走向更加高效、精确和个性化的发展之路。在人工智能技术方兴未艾的当下，对于在赋能社会工作的过程中所面临的现实困境仍需深入讨论，这些困境的解决需要我们加强技术创新、人才培养和助力安全保障。回到技术运用本身，

---

① 《习近平向2021年世界互联网大会乌镇峰会致贺信》，https://www.gov.cn/xinwen/2021-09/26/content_5639378.htm，最后访问日期：2024年9月1日。

人工智能技术并不中立，社会工作作为一门专业，如何处理和运用该技术将影响社会工作者的工作方法，即社会工作专业需要注意以人工智能为代表的新技术的影响，但同时也要采取策略将技术与社会工作专业领域结合加以利用。在社会科学研究领域，未来可能打破以前定量、定性的研究范式分类，出现由数据驱动的新研究范式。

人工智能无法模仿人类诸如创造力、协作、抽象和系统思维、复杂的沟通以及在多元化环境中发挥作用的能力。同时人工智能亦无法取代社会工作者，因为他们拥有复杂的属性，如同理心、批判性思维、抽象和战略性以及观察力。因此与其努力证明社会工作者比人工智能更有同情心和智慧，或者相反，不如把重点专注于将人工智能融入社会工作行业，以确保效率和改善服务的提供。总的来说，人工智能赋能社会工作是推动社会工作高质量发展的必然趋势。针对在人工智能技术发展过程中可能存在的一些风险，我们应加强研究和实践，将社会工作伦理视角融入技术和产品的开发中，提升社会工作者的技术素养，并吸引政府和相关企业加大对社会服务组织的技术投入力度。只有这样我们才能更好地应对社会工作相关领域的挑战与服务需求，为推动社会服务的进步和社会公平正义的实现贡献力量。

参考文献

陈兵，2023，《通用人工智能创新发展带来的风险挑战及其法治应对》，《知识产权》第 8 期。

弗吉尼亚·尤班克斯，2021，《自动不平等：高科技如何锁定、管制和惩罚穷人》，李明倩译，商务印书馆。

顾小清、胡艺龄、郝祥军，2023，《AGI 临近了吗：ChatGPT 热潮之下再看人工智能与未来教育发展》，《华东师范大学学报》（教育科学版）第 7 期。

哈特穆特·罗萨，2018，《新异化的诞生：社会加速批判理论大纲》，郑作彧译，上海人民出版社。

何雪松，2023，《体系化、体制化与数字化：社会工作高质量发展的三个主题》，《贵州社会科学》第 7 期。

米加宁、高奇琦、邱林，2023，《人工智能时代的社会科学研究》，《中国社会科学报》12 月 22 日。

秦明利、黄舒婷，2023，《人工智能自然语言能力的物质基础与功能实证》，《长白学刊》第 6 期。

任文启、马悦，2022，《元宇宙：新文科建设背景下社工实验室迭代升级的新视点》，《科学·经济·社会》第 3 期。

容志、任晨宇，2023，《人工智能的社会安全风险及其治理路径》，《广州大学学报》（社会科学版）第 6 期。

汪鸿波，2023，《新文科建设背景下社会工作硕士课程体系建设的改革探索》，《社会工作》第 2 期。

王俊秀，2023，《ChatGPT 与人工智能时代：突破、风险与治理》，《东北师大学报》（哲学社会科学版）第 4 期。

王轩，2023，《数字社会治理：价值变革、治理风险及其应对》，《理论探索》第 4 期。

奚彦辉、苏妮，2019，《人工智能背景下社会工作发展的机遇与挑战》，《理论月刊》第 2 期。

习近平，2022，《高举中国特色社会主义伟大旗帜　为全面建设社会主义现代化国家而团结奋斗——在中国共产党第二十次全国代表大会上的报告》，《求是》第 21 期。

肖仰华，2023，《生成式语言模型与通用人工智能：内涵、路径与启示》，《人民论坛·学术前沿》第 14 期。

徐华、周伟，2017，《人工智能在社会工作中的应用探讨》，《常熟理工学院学报》第 5 期。

徐辉，2021，《人工智能在社会治理协同中的应用、问题与对策》，《科学管理研究》第 5 期。

徐选国，2021，《面向人工智能驱动的青少年社会工作模式探索》，《中国社会工作》第 28 期。

郁建兴、刘宇轩、吴超，2023，《人工智能大模型的变革与治理》，《中国行政管理》第 4 期。

喻国明，2023，《AGI 崛起下社会生态的重构》，《人民论坛·学术前沿》第 14 期。

翟雪松、楚肖燕、焦丽珍、童兆平、李艳，2023，《基于"生成式人工智能+元宇宙"的人机协同学习模式研究》，《开放教育研究》第 5 期。

张瑞凯、许斌、王玉佳，2023，《生成式人工智能应用于社会服务实践领域的优势与风险——基于北京市一线工作者的访谈》，《社会福利》（理论版）第 5 期。

张小军、杨宇菲，2020，《人工智能感官的主体性——感观人类学视角的思考》，《中央民族大学学报》（哲学社会科学版）第 2 期。

Abd-Alrazaq, A. A., et al. 2019. "An Overview of the Features of Chatbots in Mental Health: A Scoping Review." *International Journal of Medical Informatics* 132: 103978.

Asakura, K., et al. 2020. "A Call to Action on Artificial Intelligence and Social Work Education: Lessons Learned from a Simulation Project Using Natural Language Processing." *Journal of Teaching in Social Work* 40 (5): 501-518.

Dennis, M. J. 2018. "Artificial Intelligence and Higher Education." *Enrollment Management Report* 22 (8): 1-3.

Erümit, A. K. & Çetin, İ. 2020. "Design Framework of Adaptive Intelligent Tutoring Systems." *Education and Information Technologies* 25 (5): 4477-4500.

Finn, J. & Barak, A. 2010. "A Descriptive Study of E-Counsellor Attitudes, Ethics, and Practice." *Counselling and Psychotherapy Research* 10 (4): 268-277.

Fluke, J. D. & O'Beirne, G. N. 1989. "Artificial Intelligence: An Aide in Child Protectice Service Caseload Control Systems." *Computers in Human Services* 4 (1-2): 101-109.

Goldingay, S., et al. 2020. "Online and Blended Social Work Education in Aotearoa New Zealand and Australia: Negotiating the Tensions." *Advances in Social Work and Welfare Education* 21 (2): 62-74.

Hodgson, D., et al. 2022. "Problematising Artificial Intelligence in Social Work Education: Challenges, Issues and Possibilities." *The British Journal of Social Work* 52 (4): 1878-1895.

Khare, K., Stewart, B., & Khare, A. 2018. "Artificial Intelligence and the Student Experience: An Institutional Perspective." *The International Academic Forum (IAFOR)* 6 (3): 63-78.

Lehtiniemi, T. 2023. "Contextual Social Valences for Artificial Intelligence: Anticipation that Matters in Social Work." *Information, Communication & Society* 27 (6): 1110-1125.

Lisetti, C., et al. 2013. "I Can Help You Change! An Empathic Virtual Agent Delivers

Behavior Change Health Interventions." *ACM Transactions on Management Information Systems* (*TMIS*) 4 (4): 1-28.

Mathibela, X. 2021. "UP Launches SCU-B Student Counselling Chatbot to Boost Student Well-being." https://www.up.ac.za/news/post_2958947-up-launches-scu-b-student-counselling-chatbot-to-boost%20student-wellbeing.

Mckenzie, L. 2019. "Drowning in Research Reading? AI Could Help." https://www.insidehighered.com/news/2019/05/14/ai-summarizes-research-paperscould-have-useful-applications-academics.

Meilvang, M. L. 2023. "Working the Boundaries of Social Work: Artificial Intelligence and the Profession of Social Work." *Professions and Professionalism* 13 (1): e5108.

Molala, T. S. & Mbaya, T. W. 2023. "Social Work and Artificial Intelligence: Towards the Electronic Social Work Field of Specialisation." *International Journal of Social Science Research and Review* 6 (4): 613-621.

Pence, H. E. 2019. "Artificial Intelligence in Higher Education: New Wine in Old Wineskins?" *Journal of Educational Technology Systems* 48 (1): 5-13.

Pink, S., Ferguson, H., & Kelly, L. 2022. "Digital Social Work: Conceptualising a Hybrid Anticipatory Practice." *Qualitative Social Work* 21 (2): 413-430.

Reamer, F. G. 2013. "Social Work in a Digital Age: Ethical and Risk Management Challenges." *Social Work* 58 (2): 163-172.

Seidelin, C., et al. 2022. "Auditing Risk Prediction of Long-Term Unemployment." *Proceedings of the ACM on Human-Computer Interaction* 6 (8): 1-12.

Trahan, M. H., Smith, K. S., & Talbot, T. B. 2019. "Past, Present, and Future: Editorial on Virtual Reality Applications to Human Services." *Journal of Technology in Human Services* 37 (1): 1-12.

Walsh, C. G., Ribeiro, J. D., & Franklin, J. C. 2017. "Predicting Risk of Suicide Attempts over Time Through Machine Learning." *Clinical Psychological Science* 5 (3): 457-469.

人工智能暴露：社会工作教师的挑战与应对

孙凌寒[*]

摘　要　社会工作教师是人工智能暴露排名比较靠前的职业之一，本文尝试分析由此带来的复杂影响，并提出应对框架。面对人工智能暴露，社会工作教师面临以下挑战：低估人工智能的影响，没有做好应对人工智能挑战的准备，放大社会工作师资队伍已有的问题，以及削弱社会契约。为了应对上述挑战，需要从集体知识转向个人知识，从命题性识知扩展到经验性识知、表现性识知和实践性识知，投身于实践敏感的社会工作教育，倡导参与式人工智能，引领发展人工智能社会工作。

关键词　人工智能暴露　社会工作　教师　应对框架

引　言

2023 年 12 月 13 日，著名科学期刊 *Nature* 发布的 2023 年度十大人物（Nature's 10），包含了大语言模型（Large Language Model，LLM）Chat-

---

[*] 孙凌寒，浙江树人学院经济与民生福祉学院讲师，主要研究方向为精神健康社会工作、人工智能社会工作等。

GPT，这是有史以来第一次"计算机程序"入选。Nature 表示这一做法旨在认可模仿人类语言的人工智能（Artificial Intelligence，AI）系统在科学发展和进步中所发挥的作用。① 作为全世界最早提出人工智能战略的国家之一，新加坡在 2023 年 11 月发布了国家人工智能战略 2.0 版，强调从机会到必需、从本地到全球、从项目到系统的转向。② 2024 年 3 月，中国的政府工作报告中也首次提出开展"人工智能+"行动。

早在 2023 年 4 月初，就有国内媒体注意到大语言模型由于其成熟的文字语言处理能力，而对高等教育包括社会工作在内的人文学科教师的影响（肖楚舟，2023）。经合组织的报告在列举迫切需要考虑的议题时，把劳动力市场影响放在第一位，认为生成式人工智能的应用可能会导致部分岗位被取代，技能需求发生变化，影响劳动力市场的包容性，以及促进人工智能在工作场所的可靠使用（Lorenz et al.，2023）。

但是在教育领域，研究主要集中于生成式人工智能如何通过准备课程材料和学生学习成果来支持课堂教学。例如，Rudolph 等（2023）针对高等教育教师的建议就聚焦在作业、考试等的评估，以及如何在教学中使用聊天机器人；关于人工智能的讨论较少出现在社会工作教育文献中（Asakura et al.，2020）。因此，本文希望超越对人工智能在教学层面应用的技术性讨论，而将重点放在社会工作教师的应对和挑战层面，初步评估人工智能与社会工作教师能力重叠的可能性与程度，分析这种能力重叠可能给社会工作教师带来的挑战，并且提出回应的框架性思路。

一 人工智能暴露及其测量

（一）人工智能暴露的概念

人工智能暴露是 AI Exposure 的中文翻译。对这一概念的界定主要有两

---

① 《ChatGPT 成为 Nature 年度十大人物，首个非人类实体》，https://finance.sina.com.cn/tech/roll/2023-12-14/doc-imzxyezw1334034.shtml，最后访问日期：2024 年 9 月 1 日。

② "National AI Strategy"，https://www.smartnation.gov.sg/nais/.

种思路：一种是评估访问大语言模型或由大语言模型驱动的系统减少人类执行特定工作活动或完成任务时间的程度，比较常见的是将50%作为基准（Eloundou et al.，2023）；另一种是从劳动力市场的角度，引入人工智能暴露的概念，用以描述人工智能应用与执行特定工作活动所需的人类能力重叠的现象（Felten et al.，2021）。本文主要采用后一种思路来理解和使用人工智能暴露这一概念。随着以 ChatGPT 为代表的生成式人工智能的破圈，人们越来越担忧，人工智能暴露程度高的脑力劳动和白领工作，其内容、所需技能与人工智能高度重叠，在不久的将来可能会被后者替代。

（二）人工智能暴露的测量方法

人们对人工智能暴露的担忧普遍是比较感性、模糊，又存在很大差异的。为了更好地分析、预测人工智能对劳动力市场的影响，帮助社会客观对待人工智能暴露，就需要构建测量人工智能暴露的可行方法。其中，人工智能职业暴露度量（AI Occupational Exposure，AIOE）是被广泛使用以测量 AI 暴露对职业、企业和市场的影响的一种方法，国际货币基金组织关于 AI 暴露的跨国比较研究报告，也是基于 AIOE 开发设计的（Pizzinelli et al.，2023）。

AIOE 由普林斯顿大学的 Felten 等在 2021 年开发，他们将常见的人工智能应用与职业技能联系起来，再将各种影响汇总到能力层面，用以衡量不同职业的人工智能暴露程度。具体而言，AIOE 参考电子前沿基金会（the Electronic Frontier Foundation，EFF）的人工智能进程测量项目，确定了一组常见且成熟的人工智能应用，并将这些人工智能应用与美国劳工部开发的职业信息网络（O*NET）数据库中的职业能力数据联系起来（见表1）。

表1　电子前沿基金会（EFF）的人工智能应用定义

人工智能应用	定义
抽象策略游戏	在高水平上玩涉及复杂策略和推理能力的抽象游戏的能力，例如，国际象棋、围棋或跳棋

续表

人工智能应用	定义
实时视频游戏	在高水平上玩各种复杂性不断增加的实时视频游戏的能力
图像识别	确定静态图像中存在哪些对象的能力
视觉问答	从静态图像中识别事件、关系和上下文的能力
图像生成	创建复杂图像的能力
阅读理解	基于对文本的理解回答简单推理问题的能力
语言建模	建模、预测或模仿人类语言的能力
翻译	将单词或文本从一种语言翻译成另一种语言
语音识别	将口语识别为文本的能力
乐器音轨识别	识别乐器音轨的能力

资料来源：Felten et al.，2021。

（三）社会工作教师的人工智能暴露

根据 AIOE 的计算说明，对于某个职业而言，职业内部重要、普遍的能力与人工智能应用程序关联性越高，则人工智能暴露程度也越高。在 2020 年的排名中，前 20 名中并没有社会工作教师，与高等教育有关的也只有教育管理人员和历史教师。但是，Felten 等（2023）对计算方法进行了调整，以反映语言模型的最新进步。根据新的计算方法，社会工作教师排在人工智能暴露的第 11 位。

基于 O*NET 数据库①，我们对社会工作教师的主要职业能力可以进行更加量化和具体的分析。在知识层面，既重要又普遍的是：教育和训练、社会学和人类学、治疗与咨询、心理学、英语语言。② 在技巧层面，既重要又普遍的是：指导、演说、学习策略、主动学习、阅读理解、写作。在能力层面，既重要又普遍的是：口头表达、演说清晰、书面表达、书面理解、口头理解。在工作活动层面，既重要又普遍的是：组织策划

---

① 笔者从 O*NET Resource Center（https://www.onetcenter.org/database.html#ksa）下载 Excell 格式的相关数据，整理以后得出文章中的结论。
② 将每一项的重要性（importance）分数和普遍性（level）分数相乘得出一个数值，从大到小选取排在前 5 位的职业能力。

和安排工作、培训指导他人、与上级/同事/下属沟通、更新和应用相关的知识、建立和维持人际关系。

接下来，我们以 GhatGPT 为例，具体分析人工智能在上述能力方面的情况。在知识层面，ChatGPT 接近于具备包括上述知识在内的所有人类集体知识。在技巧层面，ChatGPT 本身就是应用人类的学习策略训练出来的，在阅读理解和写作上则接近或者超过人类的平均水平，也可以在很多方面指导学生完成学习任务。在语音能力加持下，也可以完成演说。比较不确定的是，人工智能的学习能力在何种意义、多大程度上是"主动"的。在能力层面，ChatGPT 目前比较擅长的是书面表达和书面理解，口头表达、演说清晰和口头理解相对薄弱一些。在工作活动层面，人工智能体（AI Agent）已经初步具备自行更新和应用相关的知识以及组织策划和安排工作的能力，而在直接与人打交道的培训指导、沟通和人际关系方面，目前这些并不是人工智能发展的重点。由此来看，除了直接与人沟通和主动学习，人工智能可能已经具备甚至超过社会工作教师的主要职业能力。随着人工智能的继续快速发展，社会工作教师的人工智能暴露程度会越来越高，其将面临越来越多的挑战。

二 人工智能暴露对社会工作教师的挑战

逻辑上讲，社会工作教师似乎需要认真考虑被人工智能替代的可怕前景。但是，AIOE 的排名只代表社会工作教师职业能力与人工智能应用较高程度的重叠，并不能直接用来预测工作岗位被替代的可能性。不过，Frank 等（2023）的研究发现，整合多个模型的人工智能暴露分数，可以在相当程度上预测失业风险、职业内技能变化以及离职率。但是，目前并没有基于上述方法评估社会工作教师被人工智能替代可能性的研究。尽管如此，还是应该严肃对待人工智能暴露可能给社会工作教师带来的各种挑战。以下将从四个方面进行具体分析。

（一）低估人工智能的影响

社会工作教师可能低估了人工智能的深远影响。在 Woodruff 等（2024）

的研究里，教育工作者认为，生成式人工智能不会对工作产生巨大影响；他们只是担心不当使用人工智能会让学生变得懒惰。宋萑和林敏（2023）则引述比斯塔和杜威的观点，提出教育之所以成为可能，需要具有互动性、复杂性、合作性、开放性、促生性、实践性、社会性、不可测性和创造性等特征，而 ChatGPT 不具备其中的很多特征。这就从根本上否定了人工智能作为有效教育的可能性。但是，这种思考框架会不会是低估人工智能影响的另外一种表现呢？

其实，早在 2019 年 Brito 等就警告说，不可避免地会出现某种基于人工智能的技术，这种技术可以在没有人类干预的情况下进行教学互动。在人工智能驱动的世界中，传统学习方式很快将过时。取而代之的是，学生将直接向人工智能寻求从烹饪到编码等问题的答案。更进一步，他们可以使用人工智能工具改进现有解决方案，并运用想象力创造出应对未来挑战的新方案（Dempere et al.，2023）。国内学者也认为需要推动教学模式从"师-生"二元结构转向"师-机-生"三元结构（杨宗凯等，2023），并形成新型的"师-生-人工智能"关系（余南平、张翌然，2023）。从 2023 年的 ChatGPT 4.0 到 2024 年初 Sora 模型的快速迭代，仅仅一年时间，人工智能就已经从单一的语言模型初步实现了多模态。拉长时间来看，人工智能的上限更加难以预测。在这种情况下，社会工作教师如果忽视人工智能的最新变化，对其未来发展缺少想象力，对于自己的工作和行业又过度自信的话，那么低估人工智能的影响就是可以想象的了。

（二）没有做好应对人工智能挑战的准备

社会工作教师没有做好应对人工智能挑战的充分准备。在教育领域，Popenici（2023）认为目前没有证据表明，世界各地的大学利用 ChatGPT 时刻来彻底改变它们的治理和意识形态模型，以及结构性地改变教学和评估方法。大多数国家的教师也没有机会获得在教育中使用人工智能的结构化培训，尤其是生成式人工智能方面的培训（兰国帅等，2023）。具体到社会工作教育，需要重新评估其教育实践、评估方式以及对社会工作核心课程内容的假设；需要重新定义和评估批判性思维、道德决策、专业判断和反思实践的理念。还要思考：我们将如何确保学生拥有一个能够促进他们获得这些能力的学习环境？生成式人工智能可以在教育过程中扮演什么角色（Hodgson et al.，2023）？上述问题在社会工作教师当中尚未得到重视和充分讨论，离行动和实践就更加遥远了。

在社会工作研究领域，人工智能尚未进入主流学术共同体的视野内。例如，2023年11月召开的"社会工作创新：新发展阶段的理论与实践"会议，所有大会发言内容都不涉及人工智能。同年10月召开的"全国智慧社会工作行业产教融合共同体成立大会"，专家论坛发言大部分也是在讨论行业产教融合，谈及"智慧"的比较少，涉及人工智能的则基本没有。

在社会工作实务领域，我们对于人工智能的作用和价值也没有基本的共识。海外已经有学者提出，应该把人工智能视为支持人类专家知识形成过程的工具，而不是产生知识结果的工具；随着人工智能工具进入新的敏感应用领域，除了期望它们带来通用的价值和性能，还应该仔细关注与特定背景相关的人工智能价值（Lehtiniemi，2023）。综合来看，无论是在教育、研究还是实务领域，社会工作教师都没有做好应对人工智能挑战的准备。

（三）放大社会工作师资队伍已有的问题

人工智能暴露可能会放大社会工作师资队伍已有的问题。从师资队伍结构来看，美国社会工作院系接近一半的课程由实务经验丰富的兼职教师授课，或者兼职教师与全职教师联合授课，这些兼职教师的工作年限大多在10~20年，少数甚至超过30年（张洋勇、徐明心，2022）。与此相比，中国社会工作师资队伍跟不上社会发展需要，教授专精技能的能力不足，富有专业胜任力的师资不足（马凤芝，2023）。尽管在社会工作研究生教育中，部分学校开始设置实务导师，但数量、比例和实际作用，仍有很大的提升空间。

在没有受到人工智能暴露广泛影响的时候，虽然这些问题也都存在，但社会工作教师至少可以凭借知识传授站稳讲台。当人工智能普及以后，"重理论轻实践、重传授轻运用"的格局再也无法维持。如果社会工作教师仍然缺乏个人化的实践性知识和专精、过硬的专业服务能力，就很难为学生和社会提供有价值的教学和服务了。从这个意义上说，面对人工智能暴露，部分社会工作教师会面临比较严峻的职业危机，社会工作师资队伍的现有结构也需要向实践倾斜。

（四）削弱社会契约

随着人工智能暴露的不断发展，社会工作教师与社会隐形"订立"的契约会被削弱，进而导致专业声望下降、收入等实际利益受损。这里的社会契约是指：在现代社会，专业阶层投入数年甚至数十年的时间接受技术教育和培训；作为回报，公民和政府赋予他们某些特权，包括在其领域执业的独占权、社会声望和高于平均水平的报酬（Susskind & Susskind, 2017）。对于社会工作教师来说，以下两种情形都可能削弱当下的社会契约。

其一，人工智能自行生成社会工作专业知识。Susskind 和 Susskind 早在 2015 年就设想了专业工作从手艺、标准化、系统化到外部化的演进路径。在最后的外部化阶段，人类专家的实操经验通过线上平台被提供给非专业人士。从科技的实际发展来看，生成式人工智能是专业工作外部化的最新实现形式。伴随上述演进路径，则出现了生产和分配专业知识的机器生产模式。在这种模式中，越来越强大的机器最终将能够生成实用的专业知识体系，解决那些曾经只有人类专家才能处理的问题（Susskind & Susskind, 2017）。当这种情况出现，或者有所预期时，社会工作教师依靠专业知识占据的优势地位就会动摇。

其二，人工智能"侵入"社会工作专业领域。如果说第一种情形还是未来时，那么第二种情形就已经是进行时。以丹麦为例，人工智能已经被用于失业人群管理，通过分析不同的历史数据和变量来确定长期失业风险（Seidelin et al., 2022）。在儿童福利和保护服务方面，市政当局也在测试和实施应用人工智能来确定风险并优先分配资源（Schwartz et al., 2004）。引入这些技术的政治动机在于，它们被认为可以提高社会工作的"一致性、透明度、准确性和有效性"（Coulthard et al., 2020）。随着类似思路和做法的扩散，尤其是人工智能应用在社会工作领域的渗透，社会工作者可能丧失专业自由裁量权，退化成人工智能决策的执行者。对这种变化的观察和预期，甚至也会间接影响学生报考社会工作专业的意愿，最终对包括社会工作教师在内的整个专业共同体构成威胁。

三　人工智能暴露应对的框架

由于人工智能暴露是一个比较新的概念和现象，特别是人工智能还处于发展的早期阶段，其技术进步需要用月，甚至周来计量，所以，本文将把讨论重点放在方向性的应对框架上面，而不是放在具体的做法和技巧上。

笔者认为人工智能暴露对社会工作教师的前两个挑战，可以从知识论层面进行回应，既认识到人工智能在吸收人类集体知识上的极大优势，又引入个人知识（personal knowledge）和另类识知（knowing）方式，找回社会工作教师超越人工智能的可能性和空间。个人知识和另类识知方式本质上要求社会工作教师重视实践，投身于实践敏感的专业教育，以此来缓解师资队伍中已有的问题。同时，现阶段人工智能尚未定型，其发展还有很大的讨论空间，社会工作教师应该倡导参与式人工智能，把社会工作的利益相关方，尤其是弱势/边缘群体带进来。最后，社会工作教师应该探索、引领发展人工智能社会工作，保持专业教育的前瞻性，以对冲社会契约被削弱的前景。

（一）从集体知识转向个人知识

个人知识由迈克尔·波兰尼在1958年出版的《个人知识：朝向后批判哲学》一书中提出，他反对客观主义的知识观，这种知识观认为知识是非个人化的、普遍接受的和客观的。从知识的角度看，人工智能是人类知识的集大成者，其输出或者生成的内容主要来自现成的集体知识

（以各种数据集为代表）。进入生成式人工智能时代，教师不再有底气称自己为"知识的已知者与传播者"，强调对人的意义与价值的"有意义的学习"也将取代以更短时间学到更多知识的"有效学习"（陈玉琨，2023）。如果我们毫无批判地接受客观主义知识观，那么当下及未来的人工智能极大概率就可以替代社会工作教师的工作。所以，社会工作教师需要把注意力转移到个人知识上来。

个人知识给我们提供了一个相对更加乐观的空间和前景。具体来说，个人知识的大部分维度对社会工作教师回应人工智能暴露的挑战具有启示意义。[①]（1）精确科学体系的理解和运用离不开个人参与，一切形式化的论述或者陈述，都必须以个人判断为潜在基础。波兰尼强调，某个句子附带着某个人的断言或者依托，所以这是人工智能无法完全替代的个人行为。（2）技能知识的学习和运用是某种个人化的技能或技艺。因此，知识的掌握和学习都需要学生对社会工作专业规则的某种难以言传的遵从、信任、模仿和领会。（3）语言层面和理性层面的知识需要以非语言、非理性的隐默知识作为基础。前一层面的知识是大语言模型最为擅长的，但是社会工作教师需要注意和揭示：发明和使用最广义上的社会工作理论的过程，实际上是在设计经验的特定表征方式，这需要一种创造性。我们对于社会工作领域语言的理解，也是建立在个人或者专业共同体的隐默知识的基础上的。（4）认知活动涉及个人的情感、直觉等因素。这就要求社会工作教师培养和传递三类激情：在问题情境下解决问题、获得对外界控制的求知激情；接触实在世界并且实在世界之奥秘所引领的探索式激情；获得发现后，试图让其他人接受个人知识的说服式激情。（5）知识是个人的一种信托或者寄托行为。所谓寄托是指，通过它，我们得以在自己心中坚守某些信念。对于社会工作教师来说，接受特定的专业知识，意味着投身于这种思维框架之中生存和发展。

[①] 以下内容中关于个人知识的维度，参考了波兰尼（2021）一书的译者徐陶和许泽民写的"译者前言"的相关内容。

（二）从命题性识知扩展到经验性识知、表现性识知和实践性识知

早在 2018 年，Manuel Trajtenberg 就提出：在即将到来的人工智能时代，求职所需的技能应该分为三种类型。（1）分析型、创造型、适应型，包括：批判性和创造性思维、分析和研究能力、信息解读能力、创新适应性思维、设计思维。（2）人际型、沟通型，包括：有效沟通能力、人际关系/能力、社会智力、虚拟协作能力。（3）情感型、自信型，包括：自我意识、同理心、应对压力、管理认知负荷、情绪管理。上述技能的培养，要求社会工作教师将单一的命题性识知扩展到经验性识知、表现性识知和实践性识知（Trajtenberg，2018）。

命题性识知（propositional knowing）[①] 是以观念和理论为智力条件，对某事的"了解"（Trajtenberg，2018）。它通过命题表达，使用语言来断言关于世界的事实、做出关于事实的概括性法则以及组织法则的理论。由此形成的知识也是社会接受的主要知识类型。因此，它也是人工智能最为擅长的一种识知方式，社会工作教师需要扩展到相对更加另类的识知方式上来。

首先是经验性识知（experiential knowing）。这一识知方式的基点是所有个体在其世界中的经验性存在，这种存在先于过早的抽象、概念化和测量，也先于政治偏见（只重视社会主导或志同道合的群体经验）。这一基点与存在主义哲学颇为契合。例如，陈嘉映（1995）就认为，我们在繁忙活动中与之亲交的世界才是真的世界，知识所描绘的世界则是智性化了的世界残骸。所以，从经验性识知出发，社会工作教师就应该重视与他在生活世界中遇到的事物的直接相识：与其他人、生物、地方或事物的存在的关系中他的存在的经验。

其次是表现性识知（presentational knowing）。在这一识知方式之下，社会工作教师需要学习如何将经验性识知到的图景（尚未成形的东西），塑造成可传达的东西，并尝试使用以下两类方式表达出来：其一，视觉

---

① 以下部分中关于四类 knowing 的内容参考了 Heron 和 Reason（2008）。

艺术、音乐、舞蹈和动作等非话语方式；其二，诗歌、戏剧和讲故事等话语方式。例如，Ian Robson（2021）就自觉地以吉尔·德勒兹的哲学观点为基础，使用视觉图案进行社会工作领域中意义构建的实践与研究。

最后是实践性识知（practical knowing）。这一识知方式不仅要求社会工作教师知道如何去做，如何参与某类社会工作行动或实践，还要求他以行动者存在，或者说在社会工作行动中体现和完成识知。更进一步，社会工作教师应该同意实践的首要性，并且批判性检验未来可能主要由人工智能进行的命题性识知是否提供可靠的指导，以实现社会工作专业价值观。

（三）投身于实践敏感的社会工作教育

前述个人知识和识知方式扩展的共同点是对实践的重视。对社会工作教师来说，应对人工智能暴露需要主动投身于实践敏感的社会工作教育，以弥合教育训练与社会实际需要间的差距，也符合中国式现代化背景下社会工作教育的发展方向。①

首先，以具身化超越非具身的人工智能（Disembodied AI）。具身化强调个人在生活中，其身体总是发挥着重要的感知功能。因此，社会工作专业师生的身体、个人、思想、智慧，全属于一个整体；身体与个人的主体性不可割裂（何国良，2019）。而在现阶段，生成式人工智能还没有实现具身化，无法像人类一样感知和理解环境。社会工作教师要思考如何充分发挥好这种暂时性的相对优势。其次，通过实践研究，将实践性知识引入日常教学。参考2008年社会工作实践研究的《索里斯堡宣言》，社会工作教师应该对实践怀有好奇心，与实务工作者合作，去理解实践的复杂性，以挑战不良的实践工作（邓锁，2017）。最后，在教学活动中提高案例教学和反思性实践教学的比重，使社会工作专业教育契合中国现实。

---

① 引自北京大学马凤芝教授在"社会工作创新：新发展阶段的理论与实践"国际研讨会（2023）上的发言（"中国式现代化和'实践敏感'的中国社会工作教育"）。

（四）倡导参与式人工智能

为了促进人工智能的发展与公众利益和社会工作价值观对齐，社会工作教师应该倡导一种参与式人工智能。Nanna Inie 等（2023）在讨论创意专业如何回应 AI 威胁的时候，提出了参与式人工智能的概念。这一概念的重点是在人工智能系统的开发和部署中包括"更广泛的公众"；通过强调包容性、多元性、集体安全和所有权的价值观，赋予那些受到新技术发展影响的人权力，其起点是理解受影响的人和社区的需求。倡导参与式人工智能也需要社会工作教师密切关注人工智能与教育的话题，并积极参与教育创新；更深入地学习人工智能技术，与 IT 行业合作开发产品，并通过应用研究对这些产品进行严格的测试（Asakura et al.，2020）。

倡导参与式人工智能，可以从人工智能系统的开发过程出发，设计不同的应用场景。在提出问题、开发数据集、设计与训练模型、部署与监控模型的开发过程中，每个步骤都为公众参与提供了切入点（Corbett et al.，2023）。在参与式人工智能的应用场景方面，现有研究主要涉及弱势语言的机器翻译、少数族群的数据权利与数据集文档等。例如，2018 年新西兰毛利社区通过一系列为期 10 天的参与式活动，自行记录、注释和清理了 300 小时的毛利语音频数据。为保护参与下游应用决策的权力，毛利社区制定了数据主权协议，以控制它们的数据和技术。在这种高度的利益相关者互惠安排中，社区的需求、目标和利益成为参与机制的核心（Birhane et al.，2022）。另外，在为非营利组织"412 食物救援"设计开发推荐算法时，工作人员、接受组织、捐赠组织、志愿者都可以发起对话、反驳甚至拒绝决策，以确定特征选择（决定在算法中使用或不使用哪些信息）。在模型选择和构建阶段，利益相关者完成了一系列成对比较，以确定他们对模型的个人偏好，然后通过投票聚合这些偏好来创建最终算法。最后，在部署和监控阶段，有一个初始界面评估，然后是部署后采访，以了解利益相关者对系统的技术感知和社会感知（Lee et al.，2019）。社会工作教师可以在上述已有成功案例的基础上，根据本地情况和条件，探索参与式人工智能的可能形式。

（五）引领发展人工智能社会工作

人工智能和其他技术在社会工作中的应用引发了人们对社会工作者数字能力的质疑，Molala 和 Mbaya（2023）提出高等院校开发电子社会工作领域的教育项目，以便在实践中安全且合乎道德地使用人工智能。在中国，也有学者提出应该发展"数字社会工作"，核心是保持对人工智能技术的主导权，确保技术服务于社会工作的核心价值和目标。[①] 在中国恢复重建社会工作学科的早期，出现了"教育先行"的现象。党的十六届六中全会以来，走向专业的本土实践对专业社会工作形成了现实压力，需要构建社会工作教育与本土社会工作实践的"互促性发展"（王思斌，2019）。社会工作教师可以引领发展当下还是一张白纸的人工智能社会工作，探索这种"互促性发展"。

人工智能社会工作的主要内容可以考虑以下层面。（1）探索社会工作教育、研究、实践的智能化转型。具体涉及：让所有社会工作的教育对象和服务对象可联结；让所有应用可模型，开发拓展人工智能在社会工作领域的应用场景；让所有社会工作教学和服务的决策可计算，释放、叠加相关数据的潜力。[②]（2）预防和处理社会工作领域应用人工智能技术的复杂社会后果。例如，由此造成的社会工作标准化、对某些公民群体的污名化和歧视，社会工作专业人员的判断和自由裁量被人工智能替代，等等。（3）研究回应人工智能技术带来的新的社会问题，例如，高度暴露于人工智能之下的新弱势群体，以及现有弱势/边缘群体的脆弱性加重，等等。（4）利用人工智能重新认识人类社会。例如，揭示不公平模型背后事情本身的不公平，通过有偏见的语言模型评估和改善现有的语言状况；通过了解人工智能所代表的思维如何认识世界并做出反应，来更好地认识世界和思维（克里斯汀，2023）。

[①] 引自华东师范大学文军教授在中国社会工作教育协会 2023 年会暨"中国式现代化新阶段社会工作与社会治理现代化"学术研讨会上的主旨演讲（"AI 时代给社会工作研究带来的新挑战"）。

[②] 《孟晚舟又刷屏！全文来了》，https：//baijiahao. baidu. com/s? id = 1777612340485523154 & wfr = spider & for = pc，最后访问日期：2024 年 9 月 8 日。

四 结论

2024年政府工作报告提出要开展"人工智能+"行动，虽然当下的推进重点主要是在经济领域，但不能忽视对其他领域的溢出效应。2022年11月以来，随着ChatGPT发布及后续的各项重大升级，人工智能技术演进进入新阶段，人们对于实现通用人工智能（Artificial General Intelligence）的预期变得更加乐观。但是，就像过去的历次科技革命一样，人工智能也会对劳动力市场产生冲击，人工智能暴露就是其中的一个观察点。

在AIOE最新排名中，社会工作教师处于第11位，属于人工智能暴露程度比较高的行业。面对这种状况，当下社会工作教师需要从人类增强创新（Human Enhancing Innovations，HEI）的角度，及早思考和实践如何让人工智能成为自己的工作帮手。例如，参考教育部于2024年4月发布的"人工智能+高等教育"应用场景典型案例，积极建设社会工作专业的人工智能融合课程，培养社会工作专业学生的人工智能素养。从更加长远的周期来看，社会工作教师需要从集体知识转向个人知识，扩展识知方式，投身于实践敏感的专业教育，倡导参与式人工智能，引领发展人工智能社会工作。由此，才能突出专业特点，维系和强化社会契约，为专业共同体赢得更加理想的发展空间。

本文是对社会工作教师人工智能暴露的一项初步研究，未来需要进一步评估概念及测量方法的适用性；在实践层面收集资料，评估社会工作教师在工作中对人工智能的接受和使用情况，全面分析其带来的挑战。同时，笔者也期待本文提出的应对框架得到进一步的实践和研究。

参考文献

布莱恩·克里斯汀，2023，《人机对齐：如何让人工智能学习人类价值观》，唐璐译，湖南科学技术出版社。

陈嘉映，1995，《海德格尔哲学概论》，生活·读书·新知三联书店。

陈玉琨，2023，《ChatGPT/生成式人工智能时代的教育变革》，《华东师范大学学报》（教育科学版）第 7 期。

邓锁译，2017，《国际社会工作实践研究会议系列宣言》，载王思斌主编《中国社会工作研究》第十五辑，社会科学文献出版社。

何国良，2019，《实践研究的两种可能：治愈与关顾的选择》，载王思斌主编《中国社会工作研究》第十七辑，社会科学文献出版社。

兰国帅、杜水莲、宋帆等，2023，《生成式人工智能教育：关键争议、促进方法与未来议题——UNESCO〈生成式人工智能教育和研究应用指南〉报告要点与思考》，《开放教育研究》第 6 期。

马凤芝，2023，《以学科标准化建设推进中国社会工作教育高质量发展》，《南京理工大学学报》（社会科学版）第 5 期。

迈克尔·波兰尼，2021，《个人知识：朝向后批判哲学》，徐陶、许泽民译，上海人民出版社。

宋萑、林敏，2023，《ChatGPT/生成式人工智能时代下教师的工作变革：机遇、挑战与应对》，《华东师范大学学报》（教育科学版）第 7 期。

王思斌，2019，《从"教育先行"到理论与实践的"互促性发展"——走向中国社会工作发展的新阶段》，载王思斌主编《中国社会工作学刊》第一辑，中国社会出版社。

肖楚舟，2023，《大型语言模型到来，"打工人"怎么办？》，《三联生活周刊》第 14 期。

杨宗凯、王俊、吴砥、陈旭，2023，《ChatGPT/生成式人工智能对教育的影响探析及应对策略》，《华东师范大学学报》（教育科学版）第 7 期。

余南平、张翌然，2023，《ChatGPT/生成式人工智能对教育的影响：大国博弈新边疆》，《华东师范大学学报》（教育科学版）第 7 期。

张洋勇、徐明心，2022，《社会工作专业教育的转向：美国的历程和启示》，《社会科学战线》第 6 期。

Asakura, K., Gheorghe, R. M., Borgen, S., et al. 2021. "Using Simulation as an Investigative Methodology in Researching Competencies of Clinical Social Work Practice: A Scoping Review." *Clinical Social Work Journal* (49) 2: 231-243.

Asakura, K., Occhiuto, K., Todd, S., et al. 2020. "A Call to Action on Artificial Intelligence and Social Work Education: Lessons Learned from a Simulation Project Using

Natural Language Processing." *Journal of Teaching in Social Work* 40 (5): 501-518.

Birhane, A., Isaac, W., Prabhakaran, V., et al. 2022. "Power to the People? Opportunities and Challenges for Participatory AI." In Proceedings of the 2nd ACM Conference on Equity and Access in Algorithms, Mechanisms, and Optimization (pp. 1-8).

Brito, C., Ciampi, M., Sluss, J., & Santos, H. 2019. "Trends in Engineering Education: A Disruptive View for Not So Far Future." In 2019 18th International Conference on Information Technology Based Higher Education and Training (pp. 1-5).

Corbett, E., Denton, R., & Erete, S. 2023. "Power and Public Participation in AI." In Proceedings of the 3rd ACM Conference on Equity and Access in Algorithms, Mechanisms, and Optimization (pp. 1-13).

Coulthard, B., Mallett, J., & Taylor, B. 2020. "Better Decisions for Children with 'Big Data': Can Algorithms Promote Fairness, Transparency and Parental Engagement?" *Societies* 10 (4): 97.

Dempere, J., Modugu, K., Hesham, A., & Ramasamy, L. K. 2023. "The Impact of ChatGPT on Higher Education." *Frontiers in Education* 8: 1206936.

Eloundou, T., Manning, S., Mishkin, P., & Rock, D. 2023. "Gpts Are Gpts: An Early Look at the Labor Market Impact Potential of Large Language Models." https://export.arxiv.org/abs/2303.10130v2.

Felten, E. W., Raj, M., & Seamans, R. 2021. "Occupational, Industry, and Geographic Exposure to Artificial Intelligence: A Novel Dataset and Its Potential Uses." *Strategic Management Journal* 42 (12): 2195-2217.

Felten, E. W., Raj, M., & Seamans, R. 2023. "How Will Language Modelers Like ChatGPT Affect Occupations and Industries?" https://doi.org/10.48550/arXiv.2303.01157.

Frank, M. R., Ahn, Y.-Y., & Moro, E. 2023. "AI Exposure Predicts Unemployment Risk." https://doi.org/10.48550/arXiv.2308.02624.

Heron, John & Peter Reason. 2008. "Extending Epistemology Within a Cooperative Inquiry." https://johnheron-archive.co.uk/extending-epistemology-within-a-co-operative-inquiry.

Hodgson, D., Watts, L., & Gair, S. 2023. "Artificial Intelligence and Implications for the Australian Social Work Journal." *Australian Social Work* 76 (4): 425-427.

Inie, N., Falk, J., & Tanimoto, S. 2023. "Designing Participatory AI: Creative

Professionals' Worries and Expectations about Generative AI." Extended Abstracts of the 2023 CHI Conference on Human Factors in Computing Systems (pp. 1 – 8), https://doi.org/10.1145/3544549.3585657.

Lee, M. K., Kahng, A., Kim, J. T., et al. 2019. "We Build AI: Participatory Framework for Algorithmic Governance." https://dl.acm.org/doi/10.1145/3359283.

Lehtiniemi, T. 2023. "Contextual Social Valences for Artificial Intelligence: Anticipation that Matters in Social Work." https://www.tandfonline.com/doi/epdf/10.1080/1369118X.2023.2234987? needAccess=true.

Lorenz, P., Perset, K., & Berryhill, J. 2023. "Initial Policy Considerations for Generative Artificial Intelligence." https://oecd.ai/en/ai-publications/initial-considerations-genai.

Molala, T. S. & Mbaya, T. W. 2023. "Social Work and Artificial Intelligence: Towards the Electronic Social Work Field of Specialisation." *International Journal of Social Science Research and Review* 6 (4): 613–621.

Pizzinelli, C., Panton A., Tavares, M. M., Cazzaniga, M., & Li, L. 2023. "Labor Market Exposure to AI: Cross-country Differences and Distributional Implications." https://www.elibrary.imf.org/view/journals/001/2023/216/001.2023.issue–216–en.xml? rskey=tcxvKh & result=4.

Popenici, S. 2023. "The Critique of AI as a Foundation for Judicious Use in Higher Education." *Journal of Applied Learning & Teaching* 6 (2): 378–384.

Richard, S. & Daniel, S. 2015. *The Future of the Professions: How Technology Will Transform the Work of Human Experts*. Oxford: Oxford University Press.

Robson, I. 2021. "Improving Sensemaking in Social Work: A Worked Example with Deleuze and Art." *Quality Social Work* 20 (5): 1204–1222.

Rudolph, J., Shannon Tan, & Samson, T. 2023. "War of the Chatbots: Bard, Bing Chat, ChatGPT, Ernie and Beyond: The New AI Gold Rush and Its Impact on Higher Education." *Journal of Applied Learning & Teaching* 6 (1): 364–389.

Schwartz, D. R., Kaufman, A. B., & Schwartz, I. M. 2004. "Computational Intelligence Techniques for Risk Assessment and Decision Support." *Children and Youth Services Review* 26 (11): 1081–1095.

Seidelin, C., Moreau, T., Shklovski, I., & Møller, N. H. 2022. "Auditing Risk Prediction of Long-term Unemployment." https://doi.org/10.1145/3492827.

Susskind, D. & Susskind, R. 2017. "The Future of the Professions." extension://ngphehpfehdmjellohmlojkplilekadg/pages/pdf/web/viewer.html?file=https%3A%2F%2Fwww.amphilsoc.org%2Fsites%2Fdefault%2Ffiles%2F2018-11%2Fattachments%2FSusskind%2520and%2520Susskind.pdf.

Trajtenberg, M. 2018. "AI as the Next GPT: A Political-economy Perspective." extension://ngphehpfehdmjellohmlojkplilekadg/pages/pdf/web/viewer.html?file=https%3A%2F%2Fwww.nber.org%2Fsystem%2Ffiles%2Fworking_papers%2Fw24245%2Fw24245.pdf.

Woodruff, A., Shelby, R., Kelley, P. G., Rousso-Schindler, S., Smith-Loud, J., & Wilcox, L. 2024. "How Knowledge Workers Think Generative AI Will (Not) Transform Their Industries." https://arxiv.org/abs/2310.06778.

【医务和精神健康社会工作研究】

养育与本真情感：女性精神障碍者的母职实践[*]

——以 N 社区精神康复机构为主要田野点的分析

朱佩怡 杨锃[**]

摘 要 本文基于对广东省某市 N 社区精神康复机构的女性精神障碍者的参与式观察与深度访谈，从母职赋权的角度出发，试图探索成为母亲对精神障碍者的生命意义，呈现精神障碍者遭遇的养育困境与污名处境，从而揭示残障者成为母亲的实践的实质意涵。研究发现，精神障碍者尽管遭受养育压力的考验与被污名的处遇，但成为母亲的实践超越了被"母职"所围的意涵，展现出母性的本真力量。这一实践对社会适应而言也具有积极意义。精神障碍者在复杂纠葛中所做出的生育选择与养育实践，彰显了其重塑生活与自我赋能的努力。

关键词 精神障碍者 母职 污名 主体性

对于长期在社区康复的稳定期精神障碍者而言，疾病管理只占据他

---

[*] 本文得到了国家社会科学基金一般项目"残障社会工作的本土实践与生活模式研究"（24BSH166）的资助。
[**] 朱佩怡，上海大学社会学院博士研究生，主要研究方向为精神健康社会工作；杨锃，上海大学社会学院教授、博士生导师，主要研究方向为社会工作理论与实务。

们日常生活的一小部分。对他们而言更重要的是，有没有更好的社会参与，因此考察精神障碍者如何在适应与管理疾病的情境下参与社会生活，就显得至关重要了。然而在国内，有关精神障碍者"如何在疾病情境下开展日常生活"的研究较少。另外，国内残障研究学界关注重点一直在公共领域的教育、托养、医疗和无障碍设施等方面，对残障者婚恋、家庭、生育与性问题（包括身体主权与情欲）等日常生活议题的关注不多，在现实生活中，人们在想起精神障碍者时，也往往不会将她们与母亲、妻子等角色关联起来。实际上，女性主义取向的残障研究早就揭示了私人领域的障碍主义指向社会性压迫和公共性障碍的建构（Thomas, 2006），与残障者的实际权益紧密关联（Shakespeare, 2006），有较大的探索空间。在资料收集和田野调研中，笔者了解到"患有精神障碍的母亲"这一特殊群体，值得注意的是患有精神疾病的母亲并不在少数，至2020年底，我国登记在册的严重精神障碍者达643万人，其中62.1%的患者报告有婚姻史，约1/3的患者有生育史，[①] 可见这是亟须关注的社会人群。田野调查发现，已婚并成为母亲的女性精神障碍者数量不少，并且自愿选择结婚生子的比例不低。那么，如何理解这些患有精神障碍的母亲的生育选择和母职实践，构成了本文的问题意识缘起。在国内母职研究中，有关残障者母职经验的讨论仍较为缺乏，具体经验与有关研究揭示一般母职研究对于残障者母职经验的解释力有限，而后现代主义母职理论则指出，不同的社会位置将生发不同的母职经验（吴小英，2021），因而对残障者母职经验的探索，构成了对个性化、多样化的母职经验叙事的补充。

[①] 有关残障者生育与为人母的统计数据并不多，第二次全国残疾人抽样调查的相关数据显示，全国各类残疾人的总数为8296万人，其中女性残障人口为4019万人，占总残障人口的48.45%。全国15岁以上残疾人口中，在婚有配偶的人口为4811万人，占60.82%；离婚及丧偶人口为2116万人，占26.76%。由此可推测残障人口中的婚育女性不在少数〔参见《2006年第二次全国残疾人抽样调查主要数据公报（第二号）》，https://www.cdpf.org.cn/zwgk/zccx/dcsj/8875957b9f0b4fe495afa932f586ab69.htm，最后访问日期：2024年10月9日〕。上述的"严重精神障碍"是精神卫生法里的一个工作概念，主要指的是精神分裂症、双相情感障碍、偏执性精神障碍、分裂情感障碍、精神发育迟滞伴发精神障碍和癫痫导致的精神障碍。文中数据摘自陈洋《精神病患者的子女：被"看见"的十年》，https://mp.weixin.qq.com/s/ZWJdbGHPDMQmgZtFOLpemg，最后访问日期：2024年10月9日。

为此，本文以 N 社区精神康复机构为主要田野点，将在社区康复的患有精神障碍的母亲作为研究对象，探讨这些患病母亲在疾病情境下的生育和养育经验。母职实践对精神障碍者而言意味着什么？她们在养育照料中遭遇了什么样的困境？如何理解这些患病母亲在疾病情境下做出的生育选择和母职实践？以上是本文试图探索与回答的问题。

一 精神障碍者研究中的病人角色与母职实践

通常，女性精神障碍者具有两个明显的角色：一是作为精神障碍患者，二是作为女性。下文将分别从精神障碍者研究中的病人角色与母亲角色展开综述。

（一）精神障碍者研究中的病人角色

病人角色是医学社会学中最为经典的概念之一，最早由帕森斯在 1951 年出版的《社会体系》中提出（考克汉姆，2012）。病人角色即一个人因非自身责任患病时，被赋予的新的制度化的角色身份，其最主要的特点包括：病人对其疾病状态不负责任；病人被免除了"正常的"社会角色；病人应该具有尝试康复的愿望；为此病人应该寻求医生的帮助。上述即病人的权利与义务。可见，在帕森斯的假设中，个体的病人角色是临时的，一旦医疗干预成功，个体便恢复社会角色，也恢复常态的社会功能。然而，一部分学者认为慢性病长期而持续，慢性病人的处境也因此不同于急性病人，他们将长期处于病人角色，在持续进行大量的"康复"管理工作，自律地履行"病人义务"的同时，还必须逐渐恢复其他社会角色（姚泽麟，2023）。也就是说，承担病人角色只是他们日常生活的一小部分（郇建立，2023），"带病生存"意味着需要努力开展社会活动，参与社会生活。于是后续研究提出，帕森斯的病人角色理论对慢性病人适用性有限。鉴于此，"慢性病社会学"兴起，相关研究开始侧重于关注慢性病人的"带病生存"，比如，慢性病如何影响病人的日常生活；慢性病人如何在适应与管理疾病的同时，更好地参与社会生活。

相比较而言，慢性病社会学研究往往剔除对精神疾病的讨论，因而其与"精神健康社会学"虽有交织，却往往被看作平行的两个领域，前者围绕"病人角色与患病经历"开展了一系列理论与经验研究，还特别关注了慢性疾病对基于人生历程期待的社会角色的破坏（余成普、廖志红，2016），呈现了慢性病人在角色协调中的能动性策略与主体性实践（余成普，2020）；后者则有自成系统的核心概念与学术脉络，常常关注污名（郭金华，2015）、机构生活（丁瑜、李会，2013）、社区康复（胡思远、杨锃，2019）与社会融入等议题，包括各种促进疾病康复和社会适应的社会工作与心理学干预方法（曹迪、吴莹，2023）。由于疾病反复、持续等特征，精神障碍者带病生存是既定事实，但在国内精神健康社会学研究中，围绕"病人角色"概念分析精神障碍者的社会生活的研究不多。由此，对于国内以"病人角色"考察精神障碍者的研究脉络有必要加以梳理。

首先需要厘清的是，相比"慢性病人角色"，由于精神疾病的社会污名性质，精神障碍者的病人角色实践呈现更为特殊的复杂情境，比如精神障碍者从一开始就不能适应其病人角色，强烈的病耻感使他们拒绝积极就医，且他们根本不能逃脱道德谴责与责任追究，可以说精神障碍者无法履行病人之义务，遑论享受病人之权利（姚泽麟，2023）。精神障碍者在回归日常生活时，会发现社会污名使他们的"病人角色"极具固着性，往往在角色丛中占据主导地位（谢迎迎等，2019），这意味着他们难以践行其他社会角色。虽然已有研究表明，病情稳定期以及康复期精神障碍者具有一定的主体性和能动性，但他们在出院后也会重构"病人角色"，在承担病人角色的同时，尝试重塑社会身份。比如，精神障碍者会通过与"正常"的家庭成员互动、与"正常人"进入婚姻等方式，重塑社会角色，尝试过上"有序的生活"（崔桃桃等，2022）。这样的主体性实践和能动性策略与慢性病人相似，但由于污名的干扰，精神障碍者在公共空间和家庭生活参与中面临的阻力比其他慢性疾病患者更大，而上述研究并未详细呈现精神障碍者重构病人角色过程中遭受的阻力与障碍。因此，本文将重点关注女性精神障碍者在母亲角色实践过程中遭遇的污名处境。

(二) 精神障碍者研究中的母亲角色

就母职研究而言，一方面，母职研究中存在一种"母职压迫叙事"。具体而言，母职研究缘起并发展于第二波美国妇女运动（20世纪60年代），在此之前，母职被认为是女性的天职，女性被认为理应承担抚养子女的责任，连部分女性主义者都持有这样的观念。第二波美国妇女运动中的女性主义者则对这样一种"传统母亲角色"加以批判，认为这是一种迷思，并发展与提倡"新母亲角色"①。然而在这一过程中，为了构建批判的合法性和正当性，凸显女性遭受压迫与歧视的事实，美国早期的女性主义者形成了一套"母职压迫话语"，即一味挖掘母职的负面影响，对母职采取一种负面的批判态度（俞彦娟，2007）。这种源自第二波美国妇女运动的激进主张，虽然敏锐地觉察到女性所处的结构性困境，但也使大众将女性主义者与否定母亲价值、拒绝母亲角色的刻板印象关联起来，在某种程度上让关于母职议题的讨论变得更为复杂。

当下国内母职舆论，也以母职压迫叙事为主。比如，国内网络空间孕育了一系列的女性主义论述，一些网络女权不断与中国实际情形碰撞，生发了具有本土色彩的女性主义理解，而另一些则将"成为母亲"与"独立女性"割裂，走向了"反婚反育"的极端（吴小英，2020）。这一派网络舆论对母职的理解，可以概括为"母性等于保守，母职只是压迫"（黄微子，2021）。就研究层面而言，国内社会学、人口学领域的母职经验研究也更为关注"母职的压迫面向"，可以总结为两种类型：一是讨论母职焦虑问题，关注各种社会文化和意识形态对母亲个体造成的社会要求与道德压力，比如完美母亲话语建构下的理想母亲（陈蒙，2018）、消费主义塑造并推广的辣妈形象（沈奕斐，2014）、现代科学话语影响下的

---

① 比如，自由主义女性主义者贝蒂在著作《女性的奥妙》中批判快乐的贤妻良母，提倡改"母职"为亲职，与家中男性共同分担；存在主义女性主义者波伏娃则直指母亲角色根本上就是社会文化之建构，是压迫性的社会建制；奥克利则认为生育孩子并非女性所需，具有压迫性；等等（俞彦娟，2007）。

精细育儿的母亲（周培勤，2019）以及教育内卷化后出现的教育拼妈（金一虹、杨笛，2015）等；二是探究母亲困境，即女性的母亲角色与职业角色的冲突，主要关注生育和育儿照料与公共空间的事业之间的张力（杨菊华，2019），就这部分研究而言，国内研究者已达成共识，即应当将母职问题拓展为社会问题，为养育提供公共支持。然而，无论是网络舆论还是母职研究，都将重点放在母职对女性的挤压上，而较少涉及成为母亲的赋权面向，即母职实践对女性的意义、对社会的正面价值，这可能导致对个体的主体性与能动性的忽略（和建花，2021）。进一步而言，"母职压迫话语"虽然是有效的学术分析工具，但也具有掩盖不同社会和女性经验丰富性的风险（吴小英，2021）。

另一方面，国内母职研究的关注主体主要是城市中产阶层女性，少数是进城务工女性、陪读妈妈、老漂母亲等（吴小英，2021），更为多元和具有差异性的母职叙事尚待探索。因此，本文希望描摹精神障碍者这一特殊群体带病履行母职的具体经验，以此进一步探索母职实践对这些残障母亲的意义建构与赋权面向。

就残障者母职研究而言，女性主义取向的残障研究常常以交织性视角对残障女性的多重压迫处遇展开剖析，即认为残障女性在性别、阶层、城乡等多重社会作用力运作下，会因为多重弱势身份的叠加，而导致自身的脆弱性加倍（邓咏妍等，2023），从而面临家暴、受虐等困境（郭惠瑜，2020）。多重压迫理论洞察到残障者的需求与困境，也能用以说明精神障碍者所面临的母职实践困境。许多研究表明精神障碍女性在母职实践过程中困难重重，她们的育儿活动受到疾病症状的干扰（Chan et al.，2019），服药治疗又与生育和育儿冲突（Mowbray et al.，2010），而当前针对残障母亲的社会服务并不完善（Chen et al.，2021）。由于污名干扰，她们被贴上失败母亲的标签（Malacrida，2009）。综上，患有精神障碍的母亲确实因为疾病、性别、阶层等方面的多重弱势身份而陷入养育困境。

然而残障女性的生育与养育经验还呈现复杂多元的特殊性，比如有研究表明，虽然精神障碍者常常被认为不具备生育与养育的能力与资格，但母职实践对她们具有正面价值（Diaz-Caneja & Johnson，2004）。她们因此获得了新的身份角色（Grue & Laerum，2002），亲子关系成为牢固的"社会联结"（Hine et al.，2018），赋予她们生活的意义与目标（Blegen et al.，2012）。这充分说明简单的"压迫模式"如果走向机械套用，将无法充分理解性别与残障交织的复杂关系（邱大昕，2012）。除此之外，在残障母职的讨论中应看到残障者的主体性，残障者并不是全然被动的受害者（Asch，1988），而是具备自主性与能动性的个体，这在已有研究中常常被忽略。因而，本文除了关注患有精神障碍的母亲在母职实践中遭遇的困境与冲突，还希望展示她们在母职实践与疾病管理冲突中进行协调的主体性，从而深化对残障者群体的理解。

最后有必要澄清文中的母职概念。本文探讨"母亲角色"，更多地强调这是一种社会身份角色，使用"母亲角色"的表述是为了与"病人角色"概念相对应。母亲角色指的是精神障碍者生育后成为母亲，获得新角色。本文提及的"母亲角色""母职实践"都指向母亲这一社会角色赋予精神障碍者的具体经验与主观感受，如生育、养育经验以及与之相关的观点与态度，具有社会建构性质。

因此，本文的叙述思路如下：首先从母职赋权的视角出发，探究母职实践对这些患病母亲的意义建构，进而揭示具体养育经验对她们的积极意义，并以此观照"母职压迫叙事"的研究脉络。然而，本文也不回避讨论这些精神障碍者在养育照料过程中遭遇的困境，除了呈现她们面临的疾病管理与母职实践之间的冲突，还对这些患病母亲遭受的"为人母"的污名处境进行审视。在此基础上，本文试图通过还原这些患病母亲做出生育选择以及应对母职困境的具体情境，展现她们作为病人与残障者的主体性。

二 田野过程和研究方法

本文的田野时间是 2022 年 7~9 月，田野地点是广东某市的 N 社区精神康复机构，笔者以社工实习生身份进入田野，在开展社工小组与社区活动的过程中，接触该机构的精神康复者，并筛选出 7 名访谈对象，筛选标准如下：(1) 确诊的精神分裂症患者；(2) 女性，起码育有一子；(3) 长期在社区康复，病情稳定，康复状态较好，情绪控制与认知能力良好，具有一定的沟通与表达能力；(4) 经本研究说明后，仍自愿参与本研究。可以认为，本研究的受访对象都是已经接受并适应了病人角色的精神障碍者，具体表现为，她们除了偶发入院外（本文受访对象最近一次发病，最近的是 2 年前，最远的是 20 年前），大部分时间是带病生存，即在进行疾病管理，积极寻求康复的同时，兼顾母亲角色。研究对象基本信息如表 1 所示。

表 1　研究对象基本信息 ($N=7$)

单位：岁

编号	化名	年龄	职业	学历	子女年龄	确诊阶段子女年龄	是否承担抚养责任
1-1	小香梨	57	退休	小学	大儿子 34 小儿子 33	大儿子 18 小儿子 17	是，并照顾孙女
1-2	粉姨	65	农民、扫街工人（退休）	小学	大女儿 41 二女儿 28 小儿子 26	婚前确诊	是，母亲协助
1-3	阿颖	46	摆地摊	高中肄业	儿子 24	婚前确诊	否，婆婆抚养
1-4	小青	49	工厂女工	小学	儿子 15	婚前确诊	是
1-5	旺姨	64	农民（退休）	小学	大女儿 42 小女儿 35	大女儿 14 小女儿 7	是
1-6	小圆	50	工厂女工	小学	儿子 21	6	否，婆婆抚养
1-7	桂花姨	57	农民（退休）	初中	大儿子 30 多 小儿子不详	婚前确诊	是，家人协助

在田野调查的过程中，笔者发现以社工身份开展访谈的便利之处在于，首先，笔者与受访者的见面频率基本能达到每周 2~3 次，因此在访谈前已经建立了较为紧密的信任关系，受访者在访谈过程中也就更能敞开心扉；其次，社工是精神障碍者社会生活的较好观察者，在平日的探访中，笔者对受访者的家庭组成、经济情况与亲子关系等家庭生活情况

已有一定了解。

本文采用了深度访谈的方式收集材料，访谈提纲以开放式提问为主，目的是引导受访者叙说自己的母职经验故事，同时侧重于关注她们的内心情感与想法感受。访谈地点主要是社区康复机构的个案室，个案室面积不大，是受访者极为熟悉的环境（她们基本每周都到机构参加活动，有时候甚至每天都来机构逛逛），能给予受访者安全感，同时安静且具有隐私性，避免了来往人流对访谈的干扰。仅对一名受访者（1-7桂花姨）采取了上门访谈的方式，事实证明，在家庭环境中，由于养育照料话题涉及与家庭成员的互动，家人的在场，导致受访者的自我掩饰与羞于表达，因此笔者后续回避了上门访谈的形式。每位访谈对象均访谈1次，每次访谈时长为40~100分钟。访谈前，笔者提前告知受访者可拒绝回答问题，若产生难以接受的负面情绪可以要求暂停访谈。笔者虽然编制了访谈提纲，但在实际访谈中大多根据实际访谈情况调整问题次序，并且使用更为口语化的提问方式，以便受访者理解与畅谈，比如用易懂的粤语词来提问：以"凑仔""栋仔""教仔""做人阿妈"代替"育儿""母职实践"这样的学术用语。访谈后，研究者对任何可能透露身份的资料进行了匿名处理。

本文采取的资料整理与分析方法是"主题分析法"（theme analysis），即一种质性资料处理的方法，可以应用于语意或解释性的研究取向，不仅处理资料的文字表面，还深入探讨背后的意义（吴启诚、张琼云，2020）。主要的资料分析步骤是：（1）录音转文字，画出关键词句，有意识地做摘要；（2）开始编码，注重话语背后隐含的观念，以及这样的观念如何受到社会经济和文化的形塑；（3）归类并形成主题，根据主题之间的关系，构成主题地图。

三 作为积极经验的精神障碍者母职

下文将从两个身份层面展开理解，阐释母亲角色对精神障碍者的积极意义与正面价值。

首先是母亲角色对"精神障碍者"的积极意义。具体表现为，母亲角色作为新的身份角色，使精神障碍者超越"病人"这单一角色，而成为"母亲"。对这些稳定期精神障碍者来说，一个新的社会角色意义重大。如果她们仅仅承担病人角色，遵循病人规范，如定期往返医院取药、到社区康复机构参加活动、克服某些疾病残余症状等，并不足以构成"正常"的社会生活，更不意味着真正成为一个"社会人"，而成为母亲，意味着这些女性精神障碍者获得了除病人角色之外的一个全新的社会角色。在这样的转变中，她们能够以实质性的养育实践参与到家庭生活中，获得其他家庭成员的认同，证明自身的价值与能力，从而又反过来促进疾病康复和社会适应。小青的儿子15岁，上初三。从做饭烧菜、带孩子打预防针，到接送上下学、陪写作业和监督手机使用时间，和儿子有关的养育和教育事宜，事无巨细，小青都亲力亲为，一切包办。小青认为育儿就是母亲的责任，而她在其中感受到了自身的价值，也获得了丈夫和婆家的认同。小青特别提到她为儿子上户口的故事，因为特殊原因，她必须到政府部门去为儿子上户口。这一过程奔波劳累，小青说自己"从一个什么都不会的人"转变为"去镇政府、民政，全部部门都走得熟悉了，奔波劳碌，又要照顾工作，又要照顾家里"的人。这样的叙事，恐怕与常规认知中作为被照顾者的精神障碍者大不相同，可以说日常的养育照料作为契机促使小青不断锻炼某些社会技能，收获了新的经验体会，在某种程度上成为超越病人角色的存在。

其中的机理如中国取向的复元理论（叶锦成等，2017）所述："与现实的联结""用普通的日常生活和活动去支持""融入以及与社区的社交圈子和群体互动""激发对未来生活的希望""建立一个新的和积极的生命意义"，即康复状态良好的患病母亲通过参与正常的家庭生活，进行正常的养育照料活动，建立正常的亲子关系，实现了病情康复，在育儿挑战的逐步应对中，适应社会。这正是精神障碍者承担"正常又普通"的母亲角色的积极意义。

其次是母亲角色对"作为女性的精神障碍者"的积极意义。具体表现为，"成为母亲"是重要的生命事件，构建了这些患病女性现阶段的生活意义和人生目标,同时也是她们积极康复的动力。虽然在实际情况中不是所有患病母亲都有能力或机会承担母职实践,但这种意义感带来的力量仍然在发挥作用。阿颖是 N 社区康复机构中最活跃的学员之一,她 18 岁发病,21 岁便与丈夫结婚,夫妻关系和睦,她说明了自己成为母亲前后的变化:

> 生了孩子之后的收获就是,整个人都成熟了,知道勤奋点赚钱比较好了,以前读书的时候就顾着吃药了,整天在家无所事事,因为吃药,然后睡觉都不做事的,也不会去赚钱的,现在有了小朋友之后,知道要努力赚钱,为了孩子,也为自己的病做打算。

可以看到,曾经的阿颖赋闲在家,过着寻医问药的病人生活,成为母亲后,她找到努力生活的动力——好好赚钱,专心治病,是为了孩子好,更是责任感的体现。小圆也有同样的感触,治病是"为了儿子着想",她不想儿子因为她的病而有压力,更不想影响儿子的婚姻与未来的生活:

> 我儿子对我医病还是有些影响的,就是我始终为了儿子着想,因为我儿子始终要结婚的嘛,要找老婆的,我这个事情(患精神疾病)对他的影响是很大的,他的妈妈是这样的,人家可能会不和他在一起,人家可能会以为我是先天性精神病,尽管我不是。

除此之外,母职实践的积极意义还体现在养育照料本身带来的积极体验,这一方面是因为养育照料作为亲子互动,使人在照顾与陪伴中生发出纯粹的幸福体验。小香梨提到自己帮儿子照顾孙女时十分雀跃:

> 我现在在家带两个孙女,真的很开心的。我感觉心里有个寄托吧!然后在家也煮饭、洗碗和拖地,还有就是哄孙女,和她们贴贴,挠痒痒逗她们笑。我照顾孙女要费很多工夫的,又煮饭,又帮她们洗澡,又帮她们洗衣服,不容易的。我儿子没有我也不行的,我帮忙带孙女,我儿子也省了很多钱的。

另一方面则体现在子女对她们患病就医、抵御污名的支持与帮助。

许多受访者提到子女对她们患病用药与就医的帮助和支持，这被视为孝顺、反哺，令她们感到欣慰和欢喜。比如粉姨的子女就宽慰粉姨，让她对那些可能导致发病的不愉快经历"看开点"，对于街坊邻里的闲话，粉姨儿子说道："嘴巴长在别人那里，你就别管人家怎么说了，不要想这么不开心的事情。"阿颖的儿子体谅她对病情的保密："这是你自己的秘密，你自己知道就好了，我也不是医生，帮不了你，但是妈妈你要用心点，好好吃药，不然又抓你去医院了。"

生育与养育经验对女性精神障碍者来说意味着什么？可以认为，养育照料是基于亲子双向互动的互惠实践，提供照顾让身患疾病的母亲感受到病人角色以外的价值与意义，子女是提供社会支持的重要力量，为患病母亲的疾病管理提供实质性帮助与情感支持，而这陪伴与关系本身让患病母亲感知到纯粹的幸福体验，从这一角度来看，母职实践是基于本真情感的利他行为。由此，我们构建了母职实践对残障女性的实质意义，而残障者母职的意义因她们的疾病处境呈现特殊性，主要体现在对疾病康复与社会适应的正向支持上。

目前较为主流的母职研究常常关注母亲困境与母职焦虑，目的在于揭露母亲所遭受的困境，但在此过程中，母职实践作为基于本真情感的利他行为的实质常常被回避，一方面这使讨论母性情感的神圣性似乎变得不合时宜（王水雄等，2023），另一方面母性品质的价值和力量也被忽略。许多研究表明女性作为母亲的品质是一种美德，比如关怀、同理、合作与呵护（吴小英，2021）等，具有赋权的力量。而本文受访的女性精神障碍者真正体现出母性赋权力量，尽管她们未经"女性主义"教化，但在疾病承受与育儿喜悦的纠葛中，她们一边感受着母职体验的美好，以基于本真情感的育儿行动奉献与付出，一边以抵御污名、应对疾病又兼顾养育照料的方式，展现出关怀、责任、照顾他人与创造关系的能力（Morris，1993）。

四 疾病情境下的母职实践困境

上文阐述了成为母亲的实践对这些患病母亲的积极意义与正面价值，

然而本研究并不回避精神障碍者面临的母职实践困境，这些困境是内含于成为母亲的实践过程之中的。

（一）疾病管理与母职实践冲突

一方面，发病期的疾病症状确实干扰了她们的育儿实践；另一方面，后续的疾病管理也不可避免与养育活动构成冲突。精神疾病的诊治与康复持续而漫长，对母职实践的影响既体现为残余病症对日常育儿的干扰，又体现在急性发病期育儿能力的丧失中。如果说"精神不好""偶尔幻听"等残余病症像是波动的涟漪，时而干扰患病母亲的日常育儿，那急性发病则像是投掷入平静湖面的巨石，严重影响了患病母亲：她们瞬间失去了家务劳动与养育照料的能力，有的甚至不可控地对子女施加暴力，在住院治疗与出院康复的前期，忽略照顾子女则不可避免。这些患病母亲表示这样的经历让她们感到后悔与自责。

旺姨今年64岁，她36岁时发病，症状是感到寝食难安，脑子不受控制地思考，常常心情忧郁且有幻听，最终被确诊为精神分裂症。确诊已是28年前，那时大女儿14岁，小女儿仅7岁。在"最高峰"的急性发病期，旺姨失去了家务劳动的能力，甚至控制不住自己，在餐桌上拿筷子戳伤了自己的小女儿，她表示这件事让她"后悔得想死"：

> 但是当时我控制不了自己，唉，我有这个病真的是连累死自己。好后悔，真的好后悔。好在没有戳盲了小女儿的眼睛，不然我真的想要去死了……我两个女儿都知道我有精神病，她们说阿妈没有这个精神病就好了。如果没有这个精神病，我就是一个好妈妈。有这个病，家人就担忧，我老公也担心，我女儿也担心。发病的时候，我肯定不是好妈妈了，起码不是那么十足的好妈妈了。

除此之外，养育子女还需高度付出情感与精力，这意味着精神障碍者的母职实践与疾病管理之间不可避免地存在冲突。比如，对于精神障碍者而言，情绪的管理与调节十分关键，然而有关孩子的一切牵动着受访母亲的心，也关系到她们的疾病与康复状况，使她们"心力交瘁"，病情也因而难以自控。粉姨最疼爱自己的小儿子，26 岁的小儿子在市区开店，突然被诊断出脑瘤住院，由于治疗费用高且治疗过程十分痛苦，小儿子多次提出"不想治了，死了算了"，这让粉姨忧心忡忡："我儿子得了脑肿瘤，我劝他说，你不要想着去死啊……我儿子出事之后，我就感觉不舒服了，身体上不舒服，精神上也不舒服，乱想事情啊。"对孩子的担忧影响了粉姨的精神健康。

而对小圆来说，育儿挑战给病情带来的影响显得更为剧烈，亲子冲突导致其急性发病。由于早年间的婚姻变故，小圆和儿子的关系一直不亲近，这几年与丈夫复合后，她一直以自己的方式弥补着孩子："明知可以找到工作，我也不去做，不去赚钱，留在家里陪着他，陪他打电脑、玩游戏机。"某次与儿子爆发的争吵导致她情绪失控，最终不得不再次住进了精神病院：

> 他气到我进医院，我发脾气，然后去精神病院住了一个星期，心理压力大，就发病住院了，就在大前年（2019 年）的时候。因为他不做事，虽然他肯去开工，但是在家里，自己的衣服也不洗，我就教育他，他让我别管他，我说"我是你妈啊，所以才管你"，他对我说了一句很过分的脏话，我就一巴掌打在他脸上……病情就是很难控制。

从这一层面来讲，教育是情绪工作，诱发了小圆的旧病。

这些患病母亲还面临怀孕、生育与哺乳阶段的疾病养护困境。为了胎儿的健康，精神障碍者在怀孕和哺乳阶段必须停止服药。作为青春型精神分裂症患者（18 岁初次病发），阿颖在生育前就已经稳定服药治疗较长时间，需要依赖药物控制病情，因此怀孕与哺乳阶段的停药，导致她的病发。据阿颖回忆，当时她精神状态非常差，整夜整夜地失眠，听到嘈杂不已的幻声，还常常在家里自言自语。阿颖说为了孩子受多大的苦都值得，但当时的痛苦怎么也忘不了。在怀孕、生育与哺乳等为人母的特殊阶段，女性精神障碍者遭受身心痛苦的体验，原因之一在于她们缺乏怀孕、生育与哺乳阶段的疾病管理知识。

相较于一般母亲面临的母职压力，患有精神障碍的母亲由于患病事实的影响，还遭遇在疾病情境下的育儿挑战，具体表现为：疾病症状干扰育儿实践，而养育本身也可能导致疾病的复发。这呈现了精神障碍者母职实践的特殊困境，呼唤公共支持与社会服务的介入。有学者指出国内既有服务体系对女性残障者的关注不足，比如目前缺少专门针对精神与智力残障女性的特殊关爱服务，并且非营利组织的参与不足（邓咏妍等，2023）。

另外，出于对疾病污名与社会刻板印象的反击，且害怕育儿实践被侵扰，许多患有精神障碍的母亲会否定养育困境，隐匿实际的育儿需求（Blegen et al.，2012），同时以健全母亲的标准要求自己，陷入以非残障的经验和观点为中心的健全崇拜中，从而导致内心的困扰。在本研究的田野中，受访母亲也会以主流社会对女性作为母亲的预期来要求自己，但因疾病与病人规范又无法企及，于是便常常自我贬损"不是一个好妈妈"，从而陷入无尽的愧疚之中。这就考验着残障实务工作者的性别关怀意识[①]。

（二）病人污名阻碍母职实践

有学者认为残障女性所面对的母职困境，并非养育本身带来的要求与压力，也不只是如何提供适当的养育、如何为残障者提供无障碍的养育环境等议题，更多的是社会对残障母亲的刻板印象（陈麒文，2018）。实际上，N 社区康复机构的学员对代际遗传问题都十分关心（无论男女）。一方面，他们渴望与正常人一样组建家庭、生儿育女，但对精神疾病的发生知之甚少；另一方面，他们大多有被医生劝告不要生育的经历，因此产生忧虑。[②]

[①] 在澳大利亚，已有专门针对患有精神障碍的父母的养育干预服务，其中就包括为患有精神障碍的父母提供的短期对话服务"let's talk"，即精神医疗从业人员与患有精神障碍的父母进行沟通，促使他们意识到与孩子真诚讨论疾病的重要性，促进他们了解子女的处境，增加亲子互动；在国内，该服务最早被北大六院 CAFF 项目引进并推行。

[②] 莎士比亚（Shakespeare，2006）对残障者生育问题有过深入讨论，他对因为照顾负担或残障本身的慢性痛苦而不愿生育与因为痛恨或歧视残障而不愿生育的不同情境进行了区分与讨论。

对精神障碍者而言，患病母亲的"疯"往往被添油加醋为"傻的""蠢的""智力有问题的"，从而又被认为是"暴力而不可控制的，可能会虐待与伤害儿童的""缺乏认知能力与情感的，不会爱孩子的"（Savvidou et al.，2003）。以小香梨为例，她除了包办家务劳动，还负责照顾两个孙女，大孙女六岁半，小孙女两岁半，她把孙女的生日与年龄记得非常清楚。小香梨认为自己"带孙女是情感寄托，也是弥补早年生病，对儿子的疏忽"，然而，尽管将养育照料安排得井井有条，她还是遭受了负面消极的育儿评价："有人说我蠢，身边有人会乱说，说我会掐死自己的孙女。我没理由会这么做，对吧？"

除此之外，以病人角色看待患病母亲，以病人规范对其母职实践加以约束也是较为常见的现象，比如认为精神障碍者是具有缺陷的，因而需要"照顾"（巴恩斯、默瑟，2017：165），是"被照顾者"，而不是"照顾提供者"（Morris，1991），所以将她们排斥在日常育儿活动之外，因此在这些母亲为精神障碍者的家庭里，养育照料活动由祖辈替代的现象也较常见。阿颖的丈夫就直接表示"有精神病不能带孩子，给爷爷奶奶带最好"，所以阿颖的孩子从出生开始就由爷爷奶奶抚养，阿颖夫妇负责提供赡养费。但阿颖认为自己长期在社区进行康复，病情较为稳定，是可以承担养育职能的，也渴望履行母职。现实与内心的冲突致使她产生了亏欠感与失落情绪，她以养好病、吃好药来安慰自己：

> 我自己也想过，我觉得我好像没做过妈妈，没有尽过力一样，有点惭愧，但是我安慰自己，准时吃药，病好了，那就可以了……儿子小的时候我甚至都害怕，怕儿子不认得妈妈。

然而实际上，阿颖已经将"自己是不具备育儿能力的病人"内化为自我认知，她表示自己未来也不可能带孙子，因为"不可能有这个能力"。

精神障碍者内部差异性很大，对于长期在社区稳定康复的精神障碍者来说，她们大多并不需要依赖家人的照顾；相反，她们在家庭内部能够承担家务劳动，在社会空间中也有稳定的工作，但是她们仍然被排斥在家庭养育之外，这背后呈现的是一种"蔓延至家庭内部的污名"——

精神障碍者的家庭成员也不免受到污名的干扰，给精神障碍者贴上"精神病人"标签，将她们看作没有能力承担母亲角色的人，认为她们是被动接受命运的受害者。在某种程度上，这种"家庭内部污名"更为隐秘且具有杀伤力，夹杂着"爱之名"，阻碍这些患病母亲的养育实践，进而影响了她们的自我认同，导致自我贬损。

五 患病母亲的主体性实践

基于上述考察可见，精神障碍者的母职实践是复杂而矛盾的生命体验。一方面，虽然育儿活动与母职实践中呈现有利于患病母亲的疾病康复与意义找寻的积极面向，受访者的表述也无不透露着，她们的生育选择与养育照料是出于本真情感的驱动；另一方面，精神疾病确实干扰了这些患病母亲的养育照料，育儿活动又不免影响到她们的疾病管理。如何理解这些患病母亲在冲突与困境之中的生育选择和母职实践呢？这正体现了这些患病母亲的主体性：她们在疾病考验和育儿照料的冲突中积极应对，以具体的母职实践，挑战着健全者中心主义的刻板印象，从而体验与"正常人"一样的生活。

以小青为例，虽然承受着精神疾病慢性症状的困扰，但她还是极力协调养育和日常工作，在此过程中，她创造出"与疾病共存"的日常应对策略，极力过上"正常化"的生活。小青坦露，只要感到病情有所反复，就算制衣厂的工作再忙碌，家务再繁多，她也会一反平日好妈妈的常态，马上休息："就算没有这个工作也没关系""孩子这时就自己照顾自己""我回去洗个澡，做个饭，睡个觉，第二天就没事了，又可以正常上班和生活了"。作为一名患有精神障碍的母亲，小青的主体性便体现为在疾病管理与母职实践之间不断协调，也就是说，在疾病管理与养育照料的不断冲突中，小青掌握了病情反复的规律，逐渐能够灵活规划疾病管理和养育照料，适应了疾病情境下的母职实践，从而成为能够控制疾病与主宰生活的患病个体。

患病母亲的主体性还体现在对负面的育儿污名的应对中。如前文所述,社会往往不期待残障者成为妻子与母亲,认为她们没有担任妻子和母亲角色的能力(Margaret,2001),人们会给患有精神障碍的母亲贴上消极的标签。小香梨就遭受了"神经病可能会掐死孙女"的负面评价,但她决心以更好的养育行动来抵御社会污名。一方面是因为她对孙女的照料完全出于本真情感,能感受到照料的喜悦;另一方面,儿子与丈夫的支持给予她力量,她提出对污名评价最好的应对便是"用心努力"地过好自己的生活,而她应对外界负面言论最大的底气在于:

> 一个孙女都有了的人是不需要在意别人的想法的。我儿子说,妈妈你不是神经病。我儿子还是把孙女交给我带,还是信任我……最重要的是重要的人支持,老公和儿子支持我,外面的人就欺负不了我们……现在我连孙女都有了,任何人说我,我都无所谓了,没必要在意别人怎么想,我过好我自己的生活就可以了,儿子给我力量……我儿子对我很好,我老公对我很好,我的妹妹也对我很好,这就是很大的收获,我不觉得带孙女有什么压力……我儿子会安慰我,他跟我说,妈妈,别人看不起你,你要自己看得起你自己,我们用心努力,也可以有很好的生活。

实际上,最初的生育选择就已经体现出这些患病母亲的主体性。患有精神障碍的母亲通过自主意识,做出"成为母亲"的选择,正是为了追寻一种符合自身生命意义的生活。大多数受访者明确表示"生了孩子才有完整的家庭和人生",如阿颖所说"生一个我就很满足了",可见对这些女性精神障碍者而言,"成为母亲"是其生命选择。而这种构建生命意义的方式难以用"母职压迫"去审视。

于是,这给予残障者关于生育选择与母职实践的更深层次的理解:即使面临沉重的生活考验——疾病症状干扰、社会污名与家人怀疑等——这些受访母亲也仍然选择成为母亲并努力履行母职(她们中的部分由于家人阻挠等原因实际上无法履行母职),是因为她们渴望应对生活考验,渴望感知本真母职,渴望在真正意义上将自我塑造为具有多重社会角色的、圆满的人,即拥有和正常人一样的、完整的家庭生活体验。就如福柯（2002）晚年的论述，"个人对自我实行的伦理工作，并不只是为了让自身行为合乎外界规则，而更试图将自我转化为能够掌握自身行为的合乎伦理的主体"。从这个角度来理解这些精神障碍者的母职实践，可以认为她们通过生育选择与养育照料，实现了对自身生活的塑造和支配，从而"把自己构造为自己生活之美的生产"，造就了主体化的"我"。

最后应强调的是，之所以关注和讨论残障者的主体性，并不在于鼓励所有残障者践行亲职，更不旨在证明残障者拥有与健全者一样的能力，这将陷入健全者中心主义的桎梏。这些患病母亲遭遇着疾病困扰与污名缠身的现实困境，在这样的情境下展开养育照料，本身就是充满考验的，因此应当直面残障者母职实践受到疾病挑战的事实，考察与评估她们的真实需求，并提供介入与帮助。本文展现这些患病母亲的主体性，一方面，是为了促进对主流社会建构的残障者的刻板假设的反思（邱大昕，2012），比如主流叙事常常将精神障碍者建构成被照顾者与疾病承受者，但从本文的田野观察来看，就具体的照料实践而言，部分患病母亲具备疾病掌控与照顾他人的能力，这与已有研究是呼应的，即残障女性的母职实践展现出她们的责任心与创造关系的行动力（Morris，1993）。这提示残障研究者与实务工作者，不应只关注残障者"无法或不能做什么""不需要拥有什么"，而更应关注残障者的主体性和能动性（陈麒文，2018）。

另一方面，也是为了增进对残障者而言"何为好的生活"的理解，可以认为对本土残障者而言，"好的生活"不止步于"养好病、吃好药"的病人规范，而往往与"追求和正常人一样的、完整的家庭生活体验"息息相关。此外，这样的理解需要从当事者的主观感受和实际需求出发，是置于关系中且以当事者福祉为先的。承受着疾病的煎熬而选择为人母，在旁人看来是令人费解的行为，只有从残障母亲当事者视角来看，这是患病母亲控制疾病与主宰生活的主体性实践，由此我们才能真正理解残障者生育选择与母职实践的实质。这给予残障研究者与实务工作者启示：应以一种非正式的、自然的属性走入残障者的生活世界（杨锃，2021），关注其真实的感受与诉求。对本文受访母亲来说，如何在疾病情境下履行母职、如何协调疾病管理与家庭生活，就构成了她们关心的议题，这是残障研究者与实务工作者都应当重视的。

六 小结

概言之，本文关注女性精神障碍者成为母亲的经验，通过对她们具体生育与养育实践的描述，揭示了精神障碍者生育选择与母职实践的实质，以期进一步丰富现有的母职研究。因为精神障碍者群体特殊而复杂，内部差异性很大，个体所处的病程、疾病自知力、疾病管理能力，甚至是病发时所处的生命历程各不相同，所以本文所得结论并不能囊括所有女性精神障碍者的母职经验，但仍然具有一定的启示意义。

首先，已有研究通常关注母职的压迫面向，而本文从母职的赋权性质出发，呈现母职实践作为积极经验的面向，这不仅仅体现在养育照料活动对精神障碍者的疾病康复与社会适应的正面影响上，还体现在"成为母亲"这一纯粹基于本真情感的幸福体验对女性精神障碍者的人生意义建构上，这意味着母职实践是基于养育和养育关系的互惠行动，而残障者在疾病应对与育儿照料的纠葛中，同样彰显出关怀、照顾他人以及爱与创造关系的能力，充分体现了母职的赋权力量，彰显了母亲个体的能动性与主体性。

需要说明的是，精神障碍者的母职经验是复杂多样的，她们也遭受母职困境与养育考验。一方面，疾病症状使她们的养育能力受损；另一方面，精神康复强调情绪管理与压力调适，而养育照料不可避免地与之冲突。育儿照料本身就具备挑战性，之所以特别关注精神障碍者的母职困境，是因为对于带病生存的女性精神障碍者来说，育儿活动有着导致旧病复发的风险，而她们又往往缺乏怀孕、生育与养育阶段的疾病养护知识，缺乏怀孕与哺乳期用药知识、为人父母时如何进行情感疏导的知识等。这就呼吁具有性别关怀的残障服务的介入。除此之外，还需特别关注精神障碍母亲所面临的污名环境。本研究发现家庭成员以病人规范对这些患有精神障碍的母亲加以约束，将她们排斥在育儿实践与家庭活动之外，于是会出现祖辈替代育儿的现象。另外需要关注的是，在精神障碍患者事实上承担着养育责任的家庭情境中，如何更好地保障儿童权益，这是需要认真思考的。

在此基础上，精神障碍者的母职实践似乎存在矛盾：既然遭受磨难与痛苦，这些女性精神障碍者为何选择成为母亲呢？该如何理解这些患病母亲在疾病情境下做出的生育选择与母职实践？实际上，只有在残障母亲当事者的主观感受与具体情境中才能对其进行具体而微的理解。对康复状态良好，且具有认知与行为能力的女性精神障碍者而言，无论是最初的生育选择，还是在疾病应对与污名干扰下展开的育儿实践，都是她们重塑生活与支配自我的主体性实践。"成为母亲"使她们实现了某种自我重塑，也走向了自己感到圆满的生活。因而可以认为，在医学许可的范围内，这些康复状态良好、具有生活自理能力的精神障碍者成为母亲的实践，彰显了她们作为残障者的主体性。这也是主流叙事中常常忽视的。

参考文献

曹迪、吴莹，2023，《职业康复与青年精神障碍者再社会化》，《青年研究》第 1 期。

陈蒙，2018，《城市中产阶层女性的理想母职叙事———一项基于上海家庭的质性研究》，《妇女研究论丛》第 2 期。

陈麒文，2018，《身心障碍与性别》，《台湾医学》第 4 期。

崔桃桃、施征宇、汪作为等，2022，《精神病人角色的适应与重构》，《医学与哲学》第 16 期。

邓咏妍、田霄翌、刘肇瑞等，2023，《成年女性精神及智力残疾者脆弱性分析》，《残疾人研究》第 1 期。

丁瑜、李会，2013，《住院康复精神病人日常生活实践中的充权———一个广州的个案研究》，《社会》第 4 期。

郭惠瑜，2020，《障碍与性别的交织：探讨小儿麻痹女性母职经验》，《女学学志：妇女与性别研究》第 1 期。

郭金华，2015，《污名研究：概念、理论和模型的演进》，《学海》第 2 期。

和建花，2021，《从性别视角看中国母职研究》，《少年儿童研究》第 12 期。

胡思远、杨锃，2019，《赋权视角下的精神障碍患者职业康复困境研究——兼论社会工作介入精神障碍患者康复的可能性》，载范明林、杨锃主编《都市社会工作研究》第 10 辑，社会科学文献出版社。

郇建立，2023，《带病生存：沙村慢性病人患病经历研究》，社会科学文献出版社。

黄微子，2021，《想象一种女性主义母职》，《读书》第 2 期。

金一虹、杨笛，2015，《教育"拼妈"："家长主义"的盛行与母职再造》，《南京社会科学》第 2 期。

考克汉姆，2012，《医学社会学》（第 11 版），高永平、杨渤彦译，中国人民大学出版社。

科林·巴恩斯、杰弗·默瑟，2017，《探索残障：一个社会学引论》（第二版），葛忠明、李敬译，人民出版社。

米歇尔·福柯，2002，《性经验史》（增订版），佘碧平译，上海人民出版社。

欧文·戈夫曼，2009，《污名：受损身份管理札记》，宋立宏译，商务印书馆。

邱大昕，2012，《为什么需要女性主义身心障碍研究？》，《妇研纵横》第 1 期。

沈奕斐，2014，《辣妈：个体化进程中母职与女权》，《南京社会科学》第 2 期。

王国羽、林昭吟、张恒豪，2012，《障碍研究：理论与政策应用》，台北：巨流图书有限公司。

王水雄、陈虹梅、张若天，2023，《当代中国母职行为的价值困境：由来、纾解与亲职倡导》，《中华女子学院学报》第 4 期。

吴启诚、张琼云，2020，《主题分析在教育研究上的应用》，《特殊教育发展期刊》第 1 期。

吴小英，2020，《家庭之于女性：意义的探讨与重构》，《山西师大学报》（社会科学版）第 5 期。

吴小英，2021，《母职的悖论：从女性主义批判到中国式母职策略》，《中华女子学院学报》第 2 期。

谢迎迎、汪作为、范明林，2019，《医学社会学视阈下精神病人的社区康复困境分析》，《医学与哲学》第 4 期。

徐岩，2017，《住院精神病患者污名化下的身份抗争》，《广西民族大学学报》（哲学社会科学版）第 5 期。

杨菊华，2019，《"性别—母职双重赋税"与劳动力市场参与的性别差异》，《人口研究》第 1 期。

杨铠，2021，《社会工作的艺术性：论"当事者性"与"本真性"》，《社会建设》第 1 期。

姚泽麟，2023，《病人角色：概念根植性与基于家本位文化的反思》，《社会科学》第 10 期。

叶锦成、冯慧玲、胡少良等，2017，《中国取向复元模式实践：精神健康社会工作案例研究》，华东理工大学出版社。

余成普、廖志红，2016，《甜蜜的苦难：1 型糖尿病人的患病经历研究——兼论慢性病的人类学研究路径》，《开放时代》第 4 期。

余成普，2020，《社区参与、家庭责任与慢性病人的道德生活——基于一个侗寨的调查》，《西北民族研究》第 2 期。

俞彦娟，2007，《从美国平权修正案的争议看男女平权和母亲角色》，《浙江学刊》第 3 期。

周培勤，2019，《学哺乳：基于网络社区中妈妈关于母乳喂养讨论的话语分析》，《妇女研究论丛》第 5 期。

Asch, A. 1988. *Women with Disabilities: Essays in Psychology, Culture and Politics*. Philadelphia: Temple University Press.

Blegen, N. E., Hummelvoll, J. K., & Severinsson, E. 2012. "Experiences of Motherhood When Suffering from Mental Illness: A Hermeneutic Study." *International Journal of Mental Health Nursing* 21 (5): 419-427.

Chan, S. Y. Y., Ho, G. W., & Bressington, D. 2019. "Experiences of Self-stigmatization and Parenting in Chinese Mothers with Severe Mental Illness." *International Journal of Mental Health Nursing* 28 (1): 527-537.

Chen, L., Vivekananda, K., Guan, L., & Reupert, A. 2021. "Parenting Experiences of Chinese Mothers Living with a Mental Illness." *BMC Psychiatry* 21: 589.

Diaz-Caneja, A. & Johnson, S. 2004. "The Views and Experiences of Severely Mentally Ill Mothers." *Social Psychiatry & Psychiatric Epidemiology* 39 (6): 472-478.

Grue, L. & Laerum, K. T. 2002. "Doing Motherhood: Some Experiences of Mothers with Physical Disabilities." *Disability & Society* 17 (6): 671-683.

Hine, R. H., Maybery, D., & Goodyear, M. J. 2018. "Challenges of Connectedness in Personal Recovery for Rural Mothers with Mental Illness." *International Journal of Men-

tal Health Nursing 27 (2): 627-682.

Malacrida, C. 2009. "Performing Motherhood in a Disablist World: Dilemmas of Motherhood, Femininity and Disability." *International Journal of Qualitative Studies in Education* 22 (1): 99-117.

Margaret, L. 2001. "The Politics of Disability and Feminism: Discord or Synthesis?" *Sociology* 35 (3): 715-728.

Morris, J. 1991. *Pride Against Prejudice: A Personal Politics of Disability*. London: Womens Press.

Morris, J. 1993. "Feminism and Disability." *Feminist Review* 43: 57-70.

Mowbray, C. T., Oyserman, D., Zemencuk, J. K., et al. 2010. "Motherhood for Women with Serious Mental Illness: Pregnancy Childbirth and the Postpartum Period." *American Journal of Orthopsychiatry* 65 (1): 21-38.

Savvidou, I., Bozikas, V. P., Hatzigeleki, S., & Karavatos, A. 2003. "Narratives about Their Children by Mothers Hospitalized on a Psychiatric Unit." *Family Process* 42 (3): 391-402.

Shakespeare, T. 2006. *Disability Rights and Wrongs*. London: Routledge.

Thomas, C. 1997. "The Baby and the Bath Water: Disabled Women and Motherhood in Social Context." *Sociology of Health & Illness* 19 (5): 622-643.

Thomas, C. 2006. "Disability and Gender: Reflections on Theory and Research." *Scandinavian Journal of Disability Research* 82 (3): 177-185.

社会联结：改善城市精神障碍者边缘化处境的社区康复路径[*]

高万红　王梦虎[**]

摘　要　精神障碍者的边缘化处境，阻碍了社区康复服务开展，不利于其社会融入。本文以 K 市社区精神障碍康复项目为基础，通过行动研究探索社会联结促进城市精神障碍者边缘化处境改善的可行路径。研究发现，城市精神障碍者处于心理和社会双重边缘化的困境，社会工作通过促进其自我联结、增进家庭联结、拓展同伴联结、倡导社区联结，可以有效改善精神障碍者及其家庭面临的心理边缘和社会边缘处境，在服务依从、社会交往、家庭关系及社会参与等方面成效明显。此外，本研究还针对如何在城市社区中优化社区康复路径提出了建议，即注重提升精神障碍者的主体性，推动不同康复主体间的组织联结以及促进康复服务的结合性发展等。

关键词　精神障碍　边缘化　社会联结　社区康复

---

[*] 本文为国家社会科学基金一般项目"精神残障社会工作的本土模式与创新研究"（19BSH74）的阶段性成果。

[**] 高万红，云南大学民族学与社会学学院教授，主要研究方向为精神健康社会工作；王梦虎，云南大学民族学与社会学学院博士研究生，主要研究方向为精神健康社会工作。

一 研究背景

国家卫生健康委员会公布的数据显示,截至 2021 年底,全国在数据库里登记在册的重性精神障碍患者有 660 万人。[①] 社区康复是精神疾病康复发展的世界性趋势,也是我国精神障碍康复服务发展的重要方向。我国从 20 世纪 90 年代开始社区康复的试点工作,近年来各地积极探索精神障碍社区康复服务模式、加强服务体系建设,形成了如政府主导的社区综合治理模式、部门推动社会力量参与综合治理模式、政府购买专业社工服务模式以及其他中外合作引进的国外康复模式等,社区康复在促进精神障碍者回归与融入社会中的作用日益凸显。然而,由于我国各地区间发展不平衡及社区治理体系不完善等现实原因,精神障碍社区康复服务仍然存在服务可及性不足(黄悦勤,2011)、服务规范不健全(李玲,2012)、专业人才队伍缺乏(周维德,2015)、服务的割裂化和孤岛化(王志中、杨晓东,2019)等问题,精神障碍者家庭照护负担过重(李东兰,2011;Ran et al., 2016),精神障碍者社会边缘化程度加剧,服务依从性较低(Ran et al., 2016;Zhang et al., 2019)。

为提高精神障碍社区康复服务质量和水平,为精神障碍者提供更加公平可及、系统连续的基本康复服务,2022 年底民政部等四部门决定开展为期三年的全国精神障碍社区康复服务融合行动。在此背景下,进一步创新精神障碍社区康复的路径,推动康复服务内容提质增效,增强精神障碍者及其家庭的获得感、幸福感,也成为当前精神障碍康复服务发展的主要目标任务。

精神障碍者作为典型的社会边缘人群之一,长期处于较为封闭的环境,面临心理边缘化与社会边缘化的双重挑战,阻碍了其回归和融入社会。边缘化的本质是个体或群体社会联结的弱化与断裂,重点聚焦社会

---

① 《国家卫健委:在册重性精神障碍患者 660 万 90%以上得到照护》,https://www.chinanews.com.cn/sh/shipin/cns-d/2022-06-17/news929440.shtml,最后访问日期:2024 年 10 月 12 日。

边缘人群的社会联结理论可作为社会工作的实践导向（徐晓军、汤素素，2023），具体来说，就是通过社会联结的增进，防止个体在社会交往过程中陷入被边缘化的不利地位（徐晓军等，2022）。现有大量研究也已经表明社会联结与精神障碍者的精神健康问题存在密切关系，是精神障碍康复的重要策略之一（Salehi et al., 2019; Stuart et al., 2017），但目前这方面的实践研究还较少。

本研究基于2022年和2023年K市精神障碍社区康复试点项目，尝试探讨以下问题：第一，精神障碍者面临怎样的社会边缘化处境？第二，社会工作者如何改善康复者的社会边缘化处境，促进其社会融入？

二 文献回顾

（一）精神障碍者的边缘化研究

关于边缘化的研究主要关注两个面向：一是外部的社会环境变化，二是内部心理特征的变化。如有的学者聚焦于社会边缘群体，指出边缘人群具有社会边缘与心理边缘两种可能的困境表现（徐晓军、安真真，2015）。也有学者从边缘化形成的角度指出边缘化包括自我边缘与他人边缘（刘超，2017；聂召英、王伊欢，2021）。还有学者提出了主动边缘和被动边缘的划分（张汝立，2004）。不管从哪个角度对边缘化进行区分，大多数的研究中关注到了研究对象的心理和社会两个层面。在心理层面，边缘情境会使个体心理产生变化，从而产生矛盾的心理状态，表现为缺乏自信、安全感和归属感，常常伴随焦虑和敏感等情绪（Johnston, 1976），侧重于个体在自我认同或社会认同上出现的混乱和危机（徐晓军、张楠楠，2020）。在社会层面，是指在客观层面上个体所处的情境或地位具有边缘性特点（徐晓军，2015），往往通过群体关系、角色冲突或社会参与等，强调外部结构性因素对个体行为的影响。研究表明边缘化处境会影响个体能动性的发挥，阻碍个体正常的社会行动（Merton, 1957）。

精神障碍者表现出心理和社会双重边缘化的表征。一方面，精神障碍者由于生理、心理及社会功能受损无法实现教育、就业、社会参与等，被迫隔离于主流群体之外。这样的社会处境通常基于对精神障碍者行为的误解和恐惧，导致精神障碍者及其家庭获取社会资源和支持困难，加剧社会疏离程度（Corrigan & Watson，2002）。公众对精神障碍"危险"的误解往往导致精神障碍者无法获得社会参与和享受平等公民权利的机会（潘玲、刘桂萍，2013）。这种社会情境逐渐使精神障碍者及其家庭处于社会边缘化的困境，严重限制了他们的社会融入和全面康复的可能性。另一方面，精神障碍者因为生理、心理及社会功能受损而无法继续参与日常生活（崔承英等，2000）。精神障碍者的病耻感对个体的自尊、生活质量以及寻求帮助和坚持接受治疗都可能产生不利影响（Clement et al.，2015），这不仅会影响他们的康复进程，还可能加剧他们的心理负担，使精神障碍者进行自我隔离，个人和家庭进一步边缘化。长期处于心理边缘状态，使他们在人际互动中呈现过度敏感、自卑等特性，难以形成良性互动，逐渐被外群体疏离，强化心理边缘状态。

（二）社会联结与边缘化处境密切相关

无论是心理边缘还是社会边缘，其本质都是个体社会联结的弱化或断裂，是个体社会疏离的最终体现（徐晓军、汤素素，2023）。大量的实证研究证明社会联结与心理边缘化存在密切关系。研究表明，社会联结和自我认同呈正相关，与焦虑情绪、人际交流问题、内心压力及孤独感等心理边缘表征呈负相关，有较高的心理健康水平者有较强的社会联结（Lee et al.，2001），社会联结是阻碍心理边缘化的保护性因素，可以在很大程度上减少心理问题的发生（Williams & Galliher，2006）。社会联结程度高的人更容易接受环境的改变，没有形成良好社会关系的人容易感到羞耻、社交焦虑和远离他人。人与社会的联结越充分，获得的信息和人情优势越大，其身心健康水平越高（边燕杰、高继波，2023）。

大量研究表明社会联结与社会边缘表征密切相关。社会联结强的人很容易与他人建立关系并参与社会活动（Lee & Robbins，1998），更积极地接纳他人，能更容易加入有关集体；反之，社会联结弱的人将体验到在社交场合不适，感到无法理解或被隔离，还能体验到人际行为的不适（Lee et al.，2001）。对很多个体来说，没有良好的社会联结将不会有好的社会关系。没有良好的社会联结的人在遇到困难时更难以获得帮助和支持。社会联结的强弱对人们参与社会活动的概率发挥着不同的作用，强社会联结能够增加潜在参与者参与社会活动的可能性（Walgrave & Ketelaars，2019）。此外，也有研究显示，社会联结与环境适应显著相关（Lee et al.，2002）。个体社会联结形成得越早就越能适应环境，并能够延伸到同伴关系等其他早期关系（William and Galliher，2006）。

孤独是精神障碍群体边缘化处境的主要表现（Meltzer et al.，2013）。孤独和社会联结密切关联（Peplau & Perlman，1982；Chen & Chung，2007；Lee et al.，2001；Satici et al.，2016），社会联结是孤独的对立面（O'Rourke & Sidani，2017）。社会联结已被证明可以改善精神障碍临床病人（Palis et al.，2020）和非临床人群（Saeri et al.，2018）的精神健康状况。与此同时，社会联结已被确定为精神障碍康复的关键过程之一（Leamy et al.，2011；Salehi et al.，2019；Stuart et al.，2017）。因此，增强社会联结以促进精神障碍者康复也成为国际政策的优先事项（Saxena et al.，2014）。

（三）研究评述

现有研究表明精神障碍者面临心理与社会双重边缘化的处境，社会联结对于改善精神障碍者的边缘化处境具有重要的作用，社会联结感可以帮助精神障碍者构建更积极的自我认同，减少焦虑和孤独感，从而改善其心理边缘化的处境。同时，社会联结不仅可以帮助个体获得必要的支持和资源，还能提升他们的社会参与度，减少疏离感，更好地适应外部环境，从而改善社会边缘化的处境。世界卫生组织已将增强社会联结列为精神障碍患者心理健康恢复支持的优先政策，但目前缺乏社会联结视角下的社会工作改善康复者边缘化处境的理论与实务研究。

三 研究设计

(一) 理论基础

1. 社会联结的内涵

对社会联结的关注和研究主要集中于心理学和社会学领域。心理学视域下，社会联结主要被定义为自我的一种属性，认为其是个体对周围世界持久人际关系亲密度的自我觉察，社会联结作为个体的一种基本需求，会影响人们的情感、关系认知以及在社会活动中的表现（Lee & Robbins, 1998），弱社会联结的个体对人际关系持消极的态度，他们感到自己不被理解或被孤立，在交往中容易感到焦虑，他们不能有效地操控自己的需要和情感。强社会联结的个体通常不会感觉自己与社会脱离，他们能够适当地调整人际关系以满足自身对归属和社会联结的需要，与他人的关系很亲密（Lee & Robbins, 1998）。因此，归属感是社会联结的核心，是人与人之关联性的主观体验（Vanbel et al., 2009）。也有研究认为，社会联结不仅包括个人与其他人联系的方式，还包括他们如何看待这些联系与自己的关系（Smithson, 2011）。

社会学领域中社会联结被定义为个人与其他个人、群体和社区所建立的心理联系（Hare Duke, 2017），是一种通过个体与个体、组织与组织、微观个体与宏观系统互动建立的纽带联系（蒋海曦、蒋瑛，2014），是个体在社会网络中发生的资源交换和流动的人际关系系统。社会联结的本质就是个体间的社会交往，社会交往作为一个动态的过程伴随着社会流动与社会分层。在这一过程中必然会出现部分群体或个体被忽视和冷落的现象，在生活世界和社会结构层面发生"社会边缘化"（徐晓军，2019）。

2. 社会联结的分析框架

社会联结的结构是复杂和多维的，研究人员经常在同一研究中使用多种不同的方法来评估这一现象（Haslam et al., 2016），社会联结的概念复杂性使设计有针对性的干预措施具有挑战性。尽管有学者通过多项研究尝试增强精神障碍人群之间的社会联结,但缺乏针对这一结果的有力试验证据(Ma et al., 2020)。目前缺乏基于社会联结的干预措施的明确理论基础,这是阻碍该领域取得进展的限制因素。因此,需要新的理论框架来指导临床干预措施的发展,以增强社会联结。本研究基于现有社会联结理论的内涵,结合 K 市精神障碍者的生活和康复场景,提出增强精神障碍者社会联结的四个维度,具体如表 1 所示。

表 1 社会联结的维度

维度	概念	目标意义
自我联结	个体对自身内在的理解、接纳与和谐,涉及个人认知、情感和行为的一致性,以及对自我的深入了解	自我联结是社会联结的基础,只有当个体感到内心和谐时,他们才更有可能与外部世界建立积极的联系
家庭联结	个体与家庭成员之间的情感联系、沟通和相互支持。在提供情感支持、价值观传递和社会角色学习方面扮演着至关重要的角色	家庭联结的强弱直接影响到个体的安全感、归属感和社会身份
同伴联结	关乎个体与朋友、同事和同辈群体间的关系,提供信息共享、社会互动以及在非家庭环境下的情感支持的机会	通过同伴群体,个体可以学习社会规范,获得认同感
社区联结	个体与更广泛社会的联系,强调个体与社会整体的互动,体现在社会责任感、公民参与以及对公共事务的关心上	既包括地理上的邻里互助,也包括文化、信仰和利益上的共鸣。通过社区实务参与,建立广泛的社会联结

(二)研究对象

本研究从 K 市的 F 社区和 B 社区中共选择了 15 名稳定期精神障碍者作为干预对象。此外,研究者还对 F 社区和 B 社区的书记(2 人)及精神障碍者家属(4 人)进行深度访谈。干预对象基本信息如表 2 所示。

表 2 干预对象基本信息

康复者	性别	年龄	诊断类型	残疾等级	患病年限	婚姻状况
KM1	男	47 岁	精神分裂症、抑郁症	二级	15 年	未婚
KM2	女	49 岁	分裂性情感障碍	二级	17 年	未婚

续表

康复者	性别	年龄	诊断类型	残疾等级	患病年限	婚姻状况
KM3	女	63 岁	精神分裂症	二级	21 年	已婚
KM4	男	73 岁	强迫症、社交恐惧症	二级	30 年	未婚
KM5	女	61 岁	精神分裂症	二级	23 年	丧偶
KM6	女	50 岁	精神分裂症	二级	24 年	未婚
KM7	男	35 岁	伴发精神障碍	二级	15 年	未婚
KM8	男	44 岁	精神分裂症	二级	20 年	未婚
KM9	男	53 岁	精神分裂症	二级	22 年	已婚
KM10	女	54 岁	精神分裂症	二级	21 年	未婚
KM11	女	47 岁	精神分裂症	二级	4 年	未婚
KM12	女	55 岁	精神分裂症	二级	27 年	未婚
KM13	女	54 岁	癫痫	三级	21 年	未婚
KM14	男	57 岁	精神分裂型人格障碍	二级	31 年	未婚
KM15	男	53 岁	精神分裂症	二级	23 年	未婚

（三）研究方法

本研究采用行动研究法。行动研究是一种新兴的社会工作范式，强调的是对人类有价值的实用性知识的建构过程（古学斌，2013），旨在通过提高具体情境中的服务质量，不断调整、改善和丰富研究过程中的新发现，以满足研究对象的需求（高万红，2019），并致力于打破研究者与被研究者、知识生产主体与客体分离的状况（Gaventa，1988）。关于行动研究的过程，有些学者将其分为四个阶段，如 S. Kemmis 提出的计划、行动、观察、反思四个环节模型，也有学者认为行动研究的总过程为回顾、诊断、计划、实施和效果监控（参见 Elliott，2009）五个环节，还有学者将行动研究界定为问题的诊断和界定、行动计划的制定、行动规划的推动、问题的再评估以及研究发现并从中学习五个阶段（Susman，1983）。不管是四分法还是五分法，行动研究的过程都具有螺旋式循环发展的基本特征。

本研究采用行动研究法，一方面是因为研究者本身也是服务实施者，研究与被研究的角色没有绝对的区分，项目管理人员、项目社工、社区残联专干等既是行动者也是反思者；另一方面，目前缺乏关于增强社会联结的成熟干预框架，尤其是在精神障碍社区康复领域，缺乏可以借鉴的成熟经验。本研究希望通过行动研究不断探索、反思及再实践，不断提升服务成效。本行动研究分为问题识别、服务设计、实施行动、观察与反思四个阶段（见图1）。

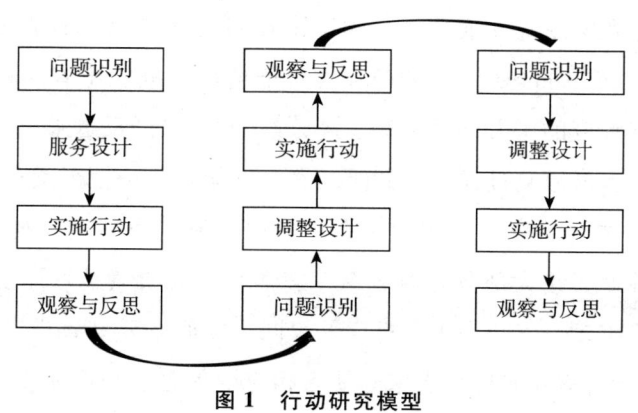

图1　行动研究模型

四　行动研究过程

（一）问题识别

1. 心理边缘：自我否定与情感隔离

（1）病耻感与封闭：自我联结弱化

目前一些民众对精神障碍者存在偏见，当精神障碍者感受到别人的消极态度时，他们很容易将消极态度"内化"，认为自身因患病与他人不同，产生羞耻的感受，导致病耻感的形成（Link et al., 1989），还会导致其治疗依从性差，从而使疾病加重或恶化（Kim & Jung, 2019）。

　　KM14：小时候我就听见身边的人说我是"恶鬼附体"，他们也不敢接触我，讲会被我传染……就好像我是世上唯一有精神问题的人，是个异类，特别孤独和无助。

　　KM7：因为我没上班了，该上班的时候没上班，该读书的时候也没读书，感觉人家会说我憨包。我就不想交流……因为我周围的人个个都结婚了，都考大学、研究生了。只有我没读书，所以我心里自卑也难过。

(2) 压力与无助：家庭内部联结脆弱

研究认为精神障碍者对家庭有着显著的影响，家庭成员患有精神疾病可能会导致家庭其他成员心理健康出现问题并造成负面情绪等心理负担（Martens & Addington, 2001），也可能会使家庭在患者病程的不同阶段面临不同程度的压力（师艺萌、高万红，2024）。反过来，家庭也会影响精神障碍者的康复过程。一方面，家庭可能是保护性因素；另一方面，当家庭成员之间的信任和沟通关系破裂时，家庭可能会阻碍康复进程。我国精神障碍者绝大部分是由直系亲属照护。现阶段社区康复大部分要依赖家庭去推动，甚至在很大程度上等同于家庭康复（姚进忠、陈梦琴，2023）。当前许多精神障碍者家庭缺乏相应的信息、知识和能力，康复中的参与空间和参与能力不足，许多家庭陷入"无助"情境，面临经济压力、照护压力、社会支持不足等多方面的问题。这些负面影响逐渐破坏了家庭内部成员的沟通和情感联结。

KM9：哎，这个病真的是拖累家里面了，不然，儿子结婚也不会那么晚，也还好人家不嫌弃，不然，哪个敢进我家门，我有时候也是想不生这个病，一家人多好过，想着这个我就觉得亏欠他们。

KM3家属：我已经尽最大的努力了，我去借钱都要给她买最好的药，她还不吃，那会儿我就发现她假吃药，跟你说吃了，其实没吃，直接扔在床底下，我有一天打扫卫生才看见，怪不得她没变好。因为这个跟她天天吵，但又心疼，那时候真不知道怎么办了。

2. 社会边缘：社交阻隔与社会疏离

(1) 渴望与羞怯：同伴联结弱化

研究表明，与邻近社会环境（如家庭、朋友和工作生活）持续进行的良好交流会对个体健康和幸福产生有益的影响（Berkman et al., 2014）。相反，社会孤立或缺乏密切的社会关系与健康状况不佳和死亡风险增加有关，尤其是残障人群，因为他们的社会参与受到限制（Albrecht & Devlieger，1999）。精神障碍者由于社会认知受损，难以理解他人的心理状态、想法以及判断他人的行为，导致社会交往中出现诸多挑战（朱春燕等，2006）。此外，一些民众对精神障碍者存在偏见，导致他们难以融入社会并建立同伴关系。调查显示，干预对象中有5人一个朋友都没有，占33.3%，6人有1~2个朋友，占40.0%，可见，精神障碍者同伴关系稀疏，同伴支持薄弱。但是从需求评估结果来看，表达出强烈社交需求的精神障碍者占83.2%，绝大多数精神障碍者渴望能够有更多的同伴交往。

  KM2：我希望能更多地和别人讲话，不然一直待在家里面我会心情烦躁。但是我就是不会主动开启话题，等别人和我讲，我才会和他讲。

  KM5：我一般和别人讲话还是有点害怕呢，害怕他们嘲笑我。怕别人瞧着我有病，把我当成疯子。这里面我和有些人也不太熟，也没和他们讲过几句话。

（2）勇敢与退却：社区联结断裂

社区参与是"个人在其社区中积极扮演有价值的角色而做出的选择和行动"（Burns-Lynch et al.，2016），核心是具有自我决定、自主行动的能力，从而获得个人效能和能动性（Wehmeyer et al.，1996）。对患有严重精神疾病的人来说，社区参与和康复、生活质量和生活意义呈正相关（Kaplan et al.，2012）。社区参与不是简单地建立社会联系，重要的是要扮演有意义的社会角色，让精神障碍者体验并相信他们的参与是有价值的（Snethen et al.，2012）。调查结果显示，干预对象中超过50%的人希望能够获得社交训练活动、康娱活动（棋牌、电影等）、户外拓展活动以及职业康复训练等。他们有较高的社区参与意愿，但无法获得较多社区参与的机会，从未参与过社区活动的占40%，极少参加的占33.3%。

  KM8：我愿意参加社区的活动，我也不晓得他们哪哈（什么时候）开展这些活动。社区里面我也没有熟人，我在社区一般就是和我妈出来散散步这种，没有几个人认得。

KM14：我在社区里面还没有几个朋友呢。在社区如果是邻居这些打打招呼就过去了，也不会多讲些。说多了、讲多了，感觉他们还会歧视我，远离我。所以我一般也不太参加社区活动。

CL1（残联专干）：我们社区还是会有些活动的，有防诈骗、领小礼品这些。有时候我们也担心人多会发生争吵，也就不建议他们参加。

（二）服务设计

服务设计框架如表3所示。

（1）促进自我联结。通过促进精神障碍者自我联结，促进他们的自我理解和接纳，以降低病耻感带来的自尊受损、自我否定、隔离和孤独感。

（2）增进家庭联结。通过增进家庭联结，提升康复者与家庭成员间的相互理解与情感支持程度，有利于创造更好的家庭康复环境，让家庭发挥促进康复的重要作用。

（3）拓展同伴联结。通过拓展精神障碍者同伴联结，增强同伴间支持，能够增进共鸣和理解，提供情感支持和鼓励，提高康复自信和希望。

（4）倡导社区联结。通过倡导社区联结，促进精神障碍者社区参与，协助精神障碍者建立更广泛的社会联系，能够让社会公众看到康复者的潜能，改变负面的社会标签，形成包容和接纳的社会氛围。

表 3 服务设计框架

边缘化处境	问题表现	干预路径	目标	具体策略
心理边缘	自我否定情感隔离	促进自我联结	提升自我接纳和认同水平，降低病耻感，提高服务依从性	个案服务；生活技能训练；康复管理能力提升；自我接纳训练
		增进家庭联结	增强家庭支持，减轻家庭照护压力，改善家庭关系	家庭支持小组；家属共同行动

续表

边缘化处境	问题表现	干预路径	目标	具体策略
社会边缘	社交阻隔社会疏离	拓展同伴联结	提供情感支持，提高自信和希望，优化康复策略	同伴支持小组；同伴辅导员培养
		倡导社区联结	促进康复者社区参与，缓解社会污名，形成包容和接纳的社区康复环境	社区倡导；邀请康复者参与社区服务

（三）行动过程

本次干预周期约为6个月，具体行动主要包括两个阶段：第一阶段是以精神障碍者个体为中心的联结干预；第二阶段是以精神障碍者所处的环境为中心的联结干预（见图2）。

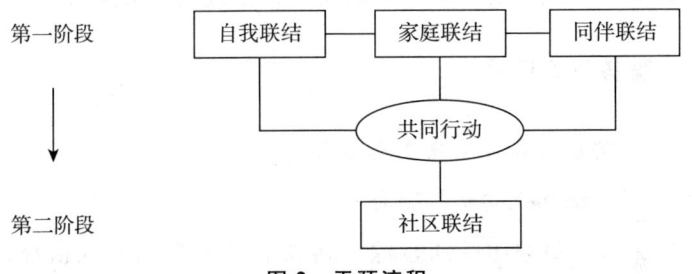

图 2　干预流程

第一阶段，以精神障碍者自身为干预重点，通过促进自我联结提升自我接纳和认同水平。首先，主要采用ACT（接纳承诺疗法），以小组工作的方式调节研究对象的负性认知，并在服务中特别设置疾病认知、药物认知、自我认知和接纳疾病四个服务主题，让康复者共同参与服务目标的制定，调动其自主性和积极性。此外，还根据康复者个人情况开展个案工作，通过提供生活技能训练、自我服药管理能力训练等，在行动中促进康复者自我效能感的提升。其次，以精神障碍者家庭为切入点，通过增进家庭联结加深家庭成员间的理解和支持，加固家庭情感纽带。通过开展针对家庭成员的心理疏导、情绪舒缓、手工及运动减压、家庭照顾技巧学习等活动，一方面为家属提供情感支持和教育支持，另一方面促进家庭成员间的良性互动和情感表达，构建家庭间相互支持的网络体系。最后，以精神障碍者的社会交往为切入点，加强同伴支持，增强康复信心，树立希望感。

第二阶段，以精神障碍者的环境为干预重点，通过倡导社区联结促进其社会参与。通过开展精神疾病知识科普宣传、心理健康教育、手工义卖等社区活动，一方面，为康复者提供社区参与的机会，让其走出"孤岛"，建立与他人、与社区的联结；另一方面，让社区居民看到康复者积极正常的一面，逐渐消除对精神障碍者的社会偏见，营造接纳与包容的社区环境。同时，通过鼓励精神障碍者与社区居民"共同完成任务"（如共同完成游戏、共同制作中秋灯笼等），让彼此看到自身的能力而非"问题"。此外，还邀请康复者担任项目志愿者、组建文艺表演团队（朗诵、唱歌、舞蹈等）积极参与社区文娱活动，激发精神障碍者的社会责任感、社区参与感以及对公共事务的关心，促进其社会融入。

（四）服务效果评估

1. 康复者的边缘化处境得到有效改善

（1）自我接纳和认同水平提升

干预结束后，研究团队通过深入访谈和观察评估发现精神障碍者对自我的接纳和认同发生了积极的变化，逐步形成了对疾病的理性看法，服药依从改善，对自己也有了积极的评价。

> KM12：就是把疾病给忘掉，然后你就很尽情地投入工作、生活、学习里面去，不要提醒自己是有精神病的人，然后你把它忘记。随着时间的推移，加上又吃点药，这些就会得到很好的调节。

> KM13：不要老想钻头觅缝（钻牛角尖），想我是有生这个病的人，我有精神病，淡忘不是回避，就是把它忽略掉。当你想自己病的时候，要么你去看看诗词，要么你打开电视机或者是打开电脑，读电脑上面那些好的经验。

在具体指标上，精神障碍者心理灵活性得到一定提升，服药依从性得到有效提升，疾病认知也发生了积极变化（见表4）。

表4 心理灵活性、服药依从性和疾病认知变化情况（$N=15$）

	心理灵活性 （MPFI-24量表）	服药依从性 （MMAS-8量表）	疾病认知
前测	3.98±0.88	6.79±0.91	1.33±0.75
后测	4.60±3.02	7.54±0.53	4.50±3.02
p 值	0.036	0.046	0.04

（2）家庭压力减轻，家庭成员相互理解和支持的情感得到增强

参与家庭支持小组的成员及其家属心理压力状况得到显著改善，精神障碍者与家属间相互理解和支持的程度得到提升，家庭情感关系得到有效的调节（见表5）。家属不仅学会了更多家庭照护的技巧，也获得更多缓解压力的途径和方法。

表5 干预对象及其家属压力觉知变化情况（$N=15$）

	紧张感	失控感	总分
前测	29.50±4.31	22.00±2.51	51.50±6.35
后测	20.62±3.25	16.13±2.17	36.75±4.95
p 值	0.012	0.011	0.012

注：分值越大，压力越大。

家属支持增强了精神障碍者的信心，激励康复者积极面对和克服困难。同时，精神障碍者对家属的理解也在很大程度上让家属得到了心理慰藉，增强了家庭成员间的情感联结。

KM1家属：我记得那个情绪表达的环节，我觉得对孩子和我们家属也很有用。参加了活动以后（他）也经常和我们说要保持情绪稳定，不要随时发脾气，不然对我们身体也不好。我还记得画情绪曼陀罗那个环节很有意思，能让我们的心情平静下来。

KM7家属：他以前是个比较沉默、不爱说话的孩子，在家的时候，他不会和我们有过多交流，都是我主动和他说说话，他也从来

不会和我们表达自己的感情。在一次小组活动中，老师让我们相互拥抱，孩子主动拥抱了我，我当时就觉得特别开心，因为以前他从来不会表达爱，那次小组活动让我感觉我们的感情更亲近了。

（3）社会交往能力显著提升，同伴支持网络扩大

参与服务后，干预对象社交回避和社交苦恼状况都得到有效缓解，总体社会交往能力显著提升（见表6）。

表6 干预对象社交压力和同伴交往变化情况（$N=15$）

	社交回避	社交苦恼	总分
前测	10.25±1.67	7.88±2.85	18.13±3.18
后测	5.38±7.44	5.63±3.25	11.01±3.30
p值	0.011	0.011	0.011

注：分值越大，社交不适程度越严重。

服务也增强了同伴支持，康复者之间建立了友谊，他们会分享与群体利益相关的重要信息，在察觉到有同伴陷入困境时，会主动给予支持，也会主动向同伴请教问题和倾诉内心感受，康复者建立和运用同伴支持网络的能力显著增强。

KM4：在参加这个小组前，我一直觉得需要别人帮助是件很丢人的事。但在同舟共济的时候，和X（康复者）一起顺利完成，那一刻，我体会到了被支持的感觉，也明白了很多事情原本就不能依靠一个人的力量解决。以后遇到困难的时候，我不会再一个人硬扛，而是会向自己信任的人诉说和求助。

KM6：我和T（康复者）其实早就认识了，之前见过几面，但一直没有深入交流过。这次小组活动我们在第一期开始游戏的时候分到了一组，先是简单聊了几句，然后发现居然有很多共同话题，我们的家庭都有问题，有话题聊，并且我们住的地方也离得很近，所以我们现在关系非常好，几乎是无话不谈，上周末她还来我家吃饭了。

（4）康复者社区参与的主动性和积极性增强，社区对康复者的接纳程度提升

开展服务后，社区对精神障碍者的态度发生积极的改变，能主动邀请康复者参加社区活动，康复者参与社区活动的积极性明显提升。

KM5：多参加几次以后，就是说心情更开朗了，更能正视自己了，以前就是有点悲观了，大家在一起参加活动以后，互相感到有一点安慰、成就感这些，自己做了手工，看到自己也是有点用处的。

KM13：社区经常组织活动，喊我们去参加，你们也做活动，每天都有事情做，我觉得就是要出去走走，接触外面的人，也不需要走多远，小区里的人都会跟我打招呼，喊我一起玩，他们也不怕我，还喊我吃东西，喊我玩，但是想想也是我自己保持得好，不然别人也不敢接近我。

2. 问题再评估

综合来看，康复者的心理和社会边缘化处境均得到较为显著的改善。但仍然存在一些不足。首先，社区联结的力度较弱。精神障碍者表现出积极的社区参与意愿，但是实际能够参与的机会较少，基本是参加项目活动，没有更多社区参与的途径。其次，社区联结的范围较窄，缺乏政府相关部门、企业、社区社会组织等的参与。最后，服务团队与其他服务机构的联结不足，社工"单打独斗"，没有形成较好的精神疾病的社区治理同盟。

五 结论与反思

（一）结论

精神障碍者面临心理和社会双重边缘化的处境，体现为个体层面的自我否定和封闭，家庭层面的支持薄弱和情感关系脆弱，群体层面的同伴交往阻隔、同伴支持不足，社会层面的偏见和疏离。本研究基于社会

联结理论，探索通过促进自我联结、增进家庭联结、拓展同伴联结以及倡导社区联结的社区康复策略，改善精神障碍者的边缘化处境，促进其社会融入。从结果来看，精神障碍者自我接纳和认同水平得到提升，对疾病的认知和服务依从得到改善，社会交往压力减轻；精神障碍者及其家属压力状况得到有效改善，家庭关系和情感得到增强；形成了较好的同伴支持网络，获得了较好的情感支持和生活支持，对同伴支持的利用度提升；同时参与社区活动和社会公共事务的意愿增强，社区居民对精神障碍者的态度有一定改变，改善了精神障碍康复的社会环境。结果表明，以社会联结作为干预策略是改善精神障碍者边缘化处境的有效路径。

（二）反思

第一，促进自我联结是改善精神障碍者边缘化处境的关键点。很多社区康复服务往往是服务方"空降"或者"强加"给康复者的，忽视了精神障碍者的内在需求与康复动力，将其看成需要专业人士"修补"的客体，导致精神障碍者边缘化处境的一个重要原因是病耻感带来的对疾病的非理性认知、自我否定心理，自我封闭以避免外界伤害。因此，提升精神障碍者的主体性，促进其自我联结是增进家庭联结、拓展同伴联结和倡导社区联结的基础，是社会联结策略发挥成效的核心，也是改善边缘化处境的关键点。康复工作者要从精神障碍者的视角去观察其如何与社区、与他人互动，理解其处境，提升其作为一个有主体性的人的价值感，而不以康复标准去要求他们服从。

第二，加强多个服务主体之间的协同是关键策略。从精神障碍者日常生活面对的场景来看，其需要面对医疗环境、家庭环境以及社区环境（童敏，2010），精神疾病患者身份的确定、日常生活能力的提高、社会关系的调整以及社会功能的恢复等需无法在某一单一场景中得到满足（童敏，2005）。精神障碍康复涉及多个康复主体间的合作。目前各服务主体之间尚没有形成信任、平等和深入合作关系。一方面，精神障碍者和家属对社区、社会组织以及医院等缺乏信任。在科层制的精神卫生管理体制下，管控成为许多社区康复的行动逻辑，其采用"管理"而非

"服务"的理念和方式开展康复工作（范明林，2018），康复工作只能在"管理"允许的空间内开展（杨锃、陈婷婷，2017）。管理逻辑下精神障碍者的主体性难以受到重视，康复需求难以准确表达。另一方面，医院、社区、社会工作机构等康复主体间缺乏认同与合作。专业认同的缺乏可能导致各个康复主体各自为政，甚至出现分歧。增强各服务主体间的联结是保障社区康复服务有效推进的关键所在。

第三，改善社会工作服务的边缘化处境，结合性发展是未来重要发展方向。目前精神障碍社区康复中面临的核心问题是社区支持较弱和服务可持续性不足。当社会工作者带着社区康复项目进入社区时，社区工作者往往有增加工作负担的冷漠态度，对康复服务的支持力度较弱。同时，现有的社会工作服务大多是政府购买的项目制服务，以一年为期，对康复者的康复需求持续满足极为不利。依据王思斌（2024）提出的社会工作结合性建构的发展理念，将精神障碍社区康复服务与社区基层治理融合是实现康复服务可持续发展的有效方式。这种融合不仅可以增进社区对精神障碍者的支持和关怀，也能提升社区治理的全面性和有效性。精神障碍康复服务与基层治理不是割裂的，要让社区工作者看到社工进入社区开展康复服务实际也是在协助社区工作者完成工作任务，并发挥专业优势，将"负担"变成"政绩"，最大限度地争取社区对康复服务的支持。这种结合性发展模式对于推动精神健康领域的创新与可持续发展具有重要意义。

参考文献

边燕杰、高继波，2023，《社会连结方式与全民身心健康——兼论族群差异与平等》，《中南民族大学学报》（人文社会科学版）第 8 期。

崔承英、谷广臣、胡佰文、张国平、刘广敬、张春英、秦金兰，2000，《精神分裂症患者社会危害及致残率研究》，《临床精神医学杂志》第 4 期。

范明林，2018，《精神康复服务对象院舍服务与社区康复的发展和完善研究——以上海精神康复服务为例》，载张文宏主编《都市社会工作研究》第 4 辑，社会科学文献出版社。

高万红，2019，《精神障碍康复：社会工作的本土实践》，社会科学文献出版社。

古学斌，2013，《行动研究与社会工作的介入》，载王思斌主编《中国社会工作研究》第十辑，社会科学文献出版社。

郭辉、勾玉莉、沙丽艳，2020，《慢性疼痛患者疼痛恐惧心理研究进展》，《中国护理管理》第 4 期。

黄悦勤，2011，《我国精神卫生的现状和挑战》，《中国卫生政策研究》第 9 期。

蒋海曦、蒋瑛，2014，《新经济社会学的社会关系网络理论述评》，《河北经贸大学学报》第 6 期。

李东兰，2011，《我国重性精神疾病社区干预的研究进展》，《实用预防医学》第 12 期。

李玲，2012，《社区精神卫生服务体系未成熟》，《中国医院院长》第 8 期。

刘超，2017，《城镇化中的空间排斥与老年人地位的边缘化——基于山东省 M 镇"村改居"社会学考察》，《学习与实践》第 3 期。

聂召英、王伊欢，2021，《复合型排斥：农村青年女电商边缘化地位的生产》，《中国青年研究》第 9 期。

潘玲、刘桂萍，2013，《精神疾病公众污名的研究进展》，《中华护理教育》第 1 期。

师艺萌、高万红，2024，《期待之变：精神分裂症患者家庭的压力考察》，《社会工作》第 2 期。

童敏，2005，《精神病人社区康复过程中社会工作介入的可能性和方法探索》，《北京科技大学学报》（社会科学版）第 2 期。

童敏，2010，《文化处境下的精神健康概念及其对中国本土社会工作的启示》，《马克思主义与现实》第 5 期。

王思斌，2024，《中国式现代化新格局下我国社会工作的结合性建构》，《社会工作》第 1 期。

王志中、杨晓东，2019，《健康中国背景下的精神健康社会工作实务发展脉络及现状》，《卫生软科学》第 10 期。

吴才智、王婷、段文婷、王巍欣、孙启武，2022，《社会联结量表中文版的信效度研究》，《西安交通大学学报》（医学版）第 4 期。

徐晓军，2015，《社会弱势群体的边缘化及其应对》，《西北师大学报》（社会科学版）第 6 期。

徐晓军，2019，《"心理—结构"双重边缘化：当代中国失独人群社会边缘化的路径研究》，中国社会科学出版社。

徐晓军、安真真，2015，《结构边缘与心理边缘：边缘性研究的路径》，《学习与实践》第9期。

徐晓军、汤素素，2023，《社会边缘人群：社会工作服务对象的再讨论》，《理论月刊》第10期。

徐晓军、袁秋菊、汤素素，2022，《社会工作参与社会边缘人群社会治理的优势与路径》，《理论月刊》第2期。

徐晓军、张楠楠，2020，《社会边缘化的"心理—结构"路径——基于当代中国失独人群的经验研究》，《社会学研究》第3期。

杨皓、潘宇鸿、王双、周广凤，2024，《接纳与承诺疗法对精神分裂症患者病耻感、自我效能及依从性的影响》，《中华全科医学》第3期。

杨锃、陈婷婷，2017，《多重制度逻辑下的社区精神康复机构研究——兼论本土精神卫生公共性建设的可能路径》，《社会科学战线》第3期。

姚进忠、陈梦琴，2023，《精神障碍患者复原力提升的社会工作干预研究》，《残疾人研究》第3期。

张琳，2021，《团体接纳承诺疗法在精神分裂症康复期患者中的应用效果》，《中西医结合护理》（中英文）第9期。

张汝立，2004，《从主动边缘化到被动边缘化——农转工人员的进城行为研究》，《农业经济问题》第3期。

周维德，2015，《我国精神障碍患者群体社会救助适用研究》，《理论月刊》第8期。

朱春燕、汪凯、李晓驷、靳胜春、凤兆海、杜静、周珊珊，2006，《精神分裂症患者的社会认知损害与社会功能障碍》，《安徽医科大学学报》第4期。

Akbari, M., Alavi, M., Irajpour, A., & Maghsoudi, J. 2018. "Challenges of Family Caregivers of Patients with Mental Disorders in Iran: A Narrative Review." *Iranian Journal of Nursing and Midwifery Research* 23（5）：329-337.

Albrecht, G. L. & Devlieger, P. J. 1999. "The Disability Paradox: High Quality of Life Against All Odds." *Social Science & Medicine* 48（8）：977-988.

Berkman, L. F., Kawachi, I., & Glymour, M. M. 2014. *Social Epidemiology* (2nd ed.). Oxford：Oxford University Press.

Burns-Lynch, B., Brusilovskiy, E., & Salzer, M. 2016. "An Empirical Study of the Relationship Between Community Participation, Recovery, and Quality of Life of Individuals with Serious Mental Illnesses." *Israel Journal of Psychiatry* 53 (1): 3-5.

Casey, R., et al. 2023. "Evaluating the Feasibility and Potential Impacts of a Recovery Oriented Psychosocial Rehabilitation Toolkit in a Healthcare Setting in Kenya: A Mixed Methods Study." *Psychiatric Rehabilitation Journal* 46 (1): 55-64.

Chen, L. J. & Chung, S. K. 2007. "Loneliness, Social Connectedness, and Family Income among Undergraduate Females and Males in Taiwan." *Social Behavior and Personality: An International Journal* 35 (10): 1353-1364.

Clement, S., Schauman, O., Graham, T., et al. 2015. "What Is the Impact of Mental Health-related Stigma on Help-seeking? A Systematic Review of Quantitative and Qualitative Studies." *Psychological Medicine* 45 (1): 11-27.

Corrigan, P. W. & Watson, A. C. 2002. "The Paradox of Self-Stigma and Mental Illness." *Clinical Psychology Science and Practice* 9 (1): 35-53.

Elliott, J. 2009. "Connecting Action with Research." In E. C. Short & L. J. Waks (eds.), *Leaders in Curriculum Studies* (pp. 77-90). Rotterdam: Sense Publishers.

Gaventa, J. 1988. "Participatory Research in North America." *Convergence* 24 (2): 19-28.

Hare Duke, L. 2017. "The Importance of Social Ties in Mental Health." *Mental Health and Social Inclusion* 21: 264-270.

Haslam, C., Cruwys, T., Milne, M., Kan, C. H., & Haslam, S. A. 2016. "Group Ties Protect Cognitive Health by Promoting Social Identification and Social Support." *Journal of Aging and Health* 28: 244-266.

Johnston, R. 1976. "The Concept of the 'Marginal Man': A Refinement of the Term." *The Australian and New Zealand Journal of Sociology* 12 (2): 145-147.

Kaplan, K., Salzer, M., & Brusilovskiy, E. 2012. "Community Participation as a Predictor of Recovery-oriented Outcomes among Emerging and Mature Adults with Mental Illnesses." *Psychiatric Rehabilitation Journal* 35 (3): 219-229.

Kim, E. Y. & Jung, M. H. 2019. "The Mediating Effects of Self-esteem and Resilience on the Relationship Between Internalized Stigma and Quality of Life in People with Schizophrenia: A Korean Social Nursing Perspective." *Asian Nursing Research (Korean Society of Nursing Science)* 13 (4): 257-263.

Leamy, M., Bird, V., Le Boutillier, C., Williams, J., & Slade, M. 2011. "Conceptual Framework for Personal Recovery in Mental Health: Systematic Review and Narrative Synthesis." *The British Journal of Psychiatry: The Journal of Mental Science* 199 (6): 445-452.

Lee, R. M., Draper, M., & Lee, S. 2001. "Social Connectedness, Dysfunctional Interpersonal Behaviors, and Psychological Distress: Testing a Mediator Model." *Journal of Counseling Psychology* 48: 310-318.

Lee, R. M., Keough, K. A., & Sexton, J. D. 2002. "Social Connectedness, Social Appraisal, and Perceived Stress in College Women and Men." *Journal of Counseling & Development* 80 (3): 355-361.

Lee, R. M. & Robbins, S. B. 1998. "The Relationship Between Social Connectedness and Anxiety, Self-esteem, and Social Identity." *Journal of Counseling Psychology* 45 (6): 338-345.

Link, B. G., Cullen F. T., Struening, E., et al. 1989. "A Modified Labeling Theory Approach to Mental Disorders: An Empirical Assessment." *American Sociological Review* 54 (3): 400-423.

Link, B. G., Cullen, F. T., Struening, E., Shrout, P. E., & Dohrenwend, B. P. 1989. "A Modified Labeling Theory Approach to Mental Disorders: An Empirical Assessment." *American Sociological Review* 54 (3): 400-423.

Ma, R., Mann, F., Wang, J., Lloyd-Evans, B., Terhune, J., Al-Shihabi, A., & Johnson, S. 2020. "The Effectiveness of Interventions for Reducing Subjective and Objective Social Isolation among People with Mental Health Problems: A Systematic Review." *Social Psychiatry and Psychiatric Epidemiology* 55 (7): 839-876.

Martens, L. & Addington, J. 2001. "The Psychological Well-being of Family Members of Individuals with Schizophrenia." *Social Psychiatry and Psychiatric Epidemiology* 26 (3): 128-133.

Meltzer, H., Bebbington, P., Dennis, M. S., Jenkins, R., McManus, S., & Brugha, T. S. 2013. "Feelings of Loneliness among Adults with Mental Disorder." *Social Psychiatry and Psychiatric Epidemiology* 48 (1): 5-13.

Merton, R. K. 1957. *Social Theory and Social Structure*. New York: Free Press.

O'Rourke, H. M. & Sidani, S. 2017. "Definition, Determinants, and Outcomes of Social

Connectedness for Older Adults: A Scoping Review." *Journals of Gerontology* 43 (7): 43–52.

Palis, H., Marchand, K., & Oviedo-Joekes, E. 2020. "The Relationship Between Sense of Community Belonging and Self-rated Mental Health among Canadians with Mental or Substance Use disorders." *Journal of Mental Health (Abingdon, England)* 29 (2): 168–175.

Peplau, L. A. & Perlman, D. 1982. "Perspectives on Loneliness." In L. A. Peplau & D. Perlman (eds.), *Loneliness: A Sourcebook of Current Theory, Research and Therapy* (pp. 1–18). Hoboken, New Jersey: Wiley.

Ran, M. S., Chui, C. H. K., Wong, I. Y. L., Mao, W. J., et al. 2016. "Family Caregivers and Outcome of People with Schizophrenia in Rural China: 14-year Follow-up Study." *Social Psychiatry and Psychiatric Epidemiology* 51: 513–520.

Saeri, A. K., Cruwys, T., Barlow, F. K., Stronge, S., & Sibley, C. G. 2018. "Social Connectedness Improves Public Mental Health: Investigating Bidirectional Relationships in the New Zealand Attitudes and Values Survey." *The Australian and New Zealand Journal of Psychiatry* 52 (4): 365–374.

Salehi, A., Ehrlich, C., Kendall, E., & Sav, A. 2019. "Bonding and Bridging Social Capital in the Recovery of Severe Mental Illness: A Synthesis of Qualitative Research." *Journal of Mental Health* 28 (3): 331–339.

Satici, S. A., Uysal, R., & Deniz, M. E. 2016. "Linking Social Connectedness to Loneliness: The Mediating Role of Subjective Happiness." *Personality and Individual Differences* 97: 306–310.

Saxena, S., Funk, M., & Chisholm, D. 2014. "WHO's Mental Health Action Plan 2013–2020: What Can Psychiatrists Do to Facilitate Its Implementation?" *World Psychiatry* 13 (2): 107.

Smithson, K. L. 2011. *The Relationship among Social Connectedness, Meaning in Life, and Wellness for Adult Women in Levinson's Mid-life Transition Stage*. Georgia State University.

Snethen, G., McCormick, B. P., & Van Puymbroeck, M. 2012. "Community Involvement, Planning and Coping Skills: Pilot Outcomes of a Recreational-therapy Intervention for Adults with Schizophrenia." *Disability and Rehabilitation* 34 (18): 1575–1584.

Steffens, N. K., Jetten, J., Haslam, C., et al. 2016. "Multiple Social Identities Enhance Health Post-retirement Because They Are a Basis for Giving Social Support." *Frontiers in Psychology* 7: 1519.

Stuart, S. R., Tansey, L., & Quayle, E. 2017. "What We Talk about When We Talk about Recovery: A Systematic Review and Best-fit Framework Synthesis of Qualitative Literature." *Journal of Mental Health* 26 (3): 291-304.

Susman, G. I. 1983. "Action Research: A Sociotechnical Systems Perspective." *Beyond Method: Strategies for Social Research* 95 (113): 95.

Vanbel, D. T., Smolders, K. C., Ijsselsteijn, W. A., et al. 2009. "Social Connectedness: Concept and Measurement." In International Conference on Intelligent Environments (pp. 67-74). Amsterdam: IOS Press.

Walgrave, S. & Ketelaars, P. 2019. "The Recruitment Functions of Social Ties: Weak and Strong Tie Mobilization for 84 Demonstrations in Eight Countries." *International Journal of Comparative Sociology* 60 (5): 301-323.

Wehmeyer, M. L., Kelchner, K., & Richards, S. 1996. "Essential Characteristics of Self Determined Behavior of Individuals with Mental Retardation." *American Journal on Mental Retardation* 100 (6): 632-642.

Williams, K. L. & Galliher, R. V. 2006. "Predicting Depression and Self-esteem from Social Connectedness, Support, and Competence." *Journal of Social and Clinical Psychology* 25 (8): 855-874.

World Health Organization. 2021. "Guidance and Technical Packages on Community Mental Health Services: Promoting Person-centred and Rights-based Approaches." Retrieved from https://www.who.int/publications/i/item/guidance-and-technical-packages-on-community-mental-health-services.

Zhang, T. M., Wong, I. Y. L., Yu, Y. H., & Ni, S. G. 2019. "An Integrative Model of Internalized Stigma and Recovery-related Outcomes among People Diagnosed with Schizophrenia in Rural China." *Social Psychiatry and Psychiatric Epidemiology* 54: 911-918.

"医患社联动"下的医务社工介入与糖尿病患者的自我适应[*]

——基于 E 医院的调查与分析

梁 波 吴江钰[**]

摘 要 患者如何适应患病后的医学诊疗与"带病"生活是医学社会学和医务社会工作研究关注的重要议题。本研究基于在 E 医院的调查,深入考察了该院"医患社联动"框架下医务社工介入对糖尿病患者自我适应的重要影响。研究发现,医务社工的介入对于减轻糖尿病患者身体疾痛、减轻心理负担和增强社会支持具有积极作用,并主要通过认知系统修正、解释系统重塑、资源系统重构等帮助糖尿病患者实现自我适应。

关键词 医患社联动 糖尿病患者 自我适应 医务社会工作

---

[*] 本文为国家社会科学基金一般项目"基于中国经验的产业社会学研究"(20BSH108)、"地方政府人才政策建构的逻辑研究"(22BSH118)的阶段性成果,并受中国社会科学院上海市人民政府上海研究院项目资助。

[**] 梁波,江西财经大学社会与人文学院社会学系教授、博士生导师,县域调查与经济社会学研究中心主任,主要研究方向为产业社会学与组织社会学;吴江钰,南昌大学2022届硕士研究生,主要研究方向为医务社会工作。

一 研究问题与研究路径

近年来,糖尿病已经成为一种不能忽视的全球流行性疾病。糖尿病作为一种慢性疾病会给患者带来多重危害,比如,糖尿病并发症(包括糖尿病视网膜病变、糖尿病肾病、糖尿病足等)会给患者造成严重的生理伤害。糖尿病的长程治疗也会给患者及其家庭带来沉重的经济负担、抑郁和焦虑等心理压力(余瑞、李惠萍,2016)。作为一项重大的公共健康问题,糖尿病诊疗及患者康复引发了学术界广泛的关注。除医学应对的方式外,社会工作干预作为糖尿病患者诊疗与康复的重要方式,也越来越受到重视。

作为社会工作的一个专门领域,医务社会工作在长期的发展过程中,始终致力于提升病患及其家庭应对疾病的综合能力(唐文,2006)。对于糖尿病等慢性疾病的介入,医务社会工作总体上是在"生物-心理-社会"的理论框架下展开实务的,即"在每项医疗保健任务中都必须考虑到生物、心理和社会这三个层面"(Engel,1979)。为此,相关研究聚焦讨论了糖尿病的心理、社会影响以及社会工作介入诊疗与康复的过程及效果。比如,有研究指出,糖尿病患者相对而言更容易患上抑郁症,原因在于患者的心理问题、自身的健康管理容易被忽略(Katon,2008)。而医务社会工作的介入不仅有助于患者恢复身体机能,而且有助于患者改善精神和社会条件,实现个人的整体健康(Golden,2011)。接受过社会工作干预的糖尿病患者生活质量(包括疾痛缓解、角色扮演、情感、心理健康和社会功能)相对更高(Lou & Zhang,2006)。实现这一效果的机制在于,医务社会工作通过专业的实务方法为患者增能、赋权,增强患者的自我管理能力(包括饮食控制、情绪控制等)和社会支持(康文萍、张一奇,2004)。

总体上,尽管医务社会工作对包括糖尿病在内的慢性疾病有了一些介入性的讨论和研究,但是,相关研究仍然是在以临床医学为主导的研究格局下展开的(刘洪等,2021),且稍显边缘。患者在患病后的心理感知、自我调适等重要维度及过程，都被大量数字化分析忽略和掩盖。由此，我们不能更真切地了解患者作为原本自足性的主体在成为"生病的人"之后，如何实现对疾病及诊疗的适应性，如何在一定程度上重塑其自主性的实质过程。为此，本研究尝试从社会学路径的社会工作研究范式（多米内利，2008）出发，基于健康社会学的理论框架，深入考察和分析在由专业医务社会工作者、医生和患者构建起来的"医患社联动"下医务社会工作介入对糖尿病患者自我适应所产生的积极作用。换言之，本研究旨在揭示在医生、患者与社工间合作互动的前提下，医务社会工作如何能够帮助糖尿病患者在全程诊疗过程中实现对糖尿病的适应（身体、心理与社会方面的适应），在一定程度上恢复"正常人"的状态，并由此弥补既有研究中规范性分析、纯实务过程描述研究的不足。

为恰切地展开分析，本研究受健康社会学相关理论假设的启发，引入了整体健康观和自我适应性的具体分析框架。首先，健康社会学的基本理论形成于美国学者沃林斯基所著的《健康社会学》。沃林斯基（1999）重构了对健康与疾病的定义，并从观念层面提出：应该把健康在生理、心理和社会三个方面的状态作为健康与疾病的范畴；健康或疾病是一个动态过程，个体应处于由一种健康状态转变为另一种健康状态的连续过程中。在健康社会学的理论假设下，整体健康观是一套不同于传统健康观的新的价值理念和话语体系。整体健康观旨在帮助患者达到身体、精神和社会维度的完好状态。单纯的医学诊疗过程只能解决生理的疾病问题，帮助患者达到身体和心理的相对完好状态，但社会的完好状态，则需要有其他专业力量的介入才能达到（唐钧、李军，2019）。其次，关于自我适应性的关注和分析，理论资源主要来源于迈克尔·伯里（Bury，1982）的研究。在其研究中，伯里从认知难题、解释系统和资源动用三个相互联系的维度，考察和分析了慢性病对患者的伤害以及患者本身的适应性策略。其观点为：慢性病会破坏患者已有的认知假设和行为，患者对慢性病的了解以及疾病体验会改变其对自我及未来的认知。患者会重新思考自己的人生进程，尤其是会对患病的原因展开反思。由此，对慢性病患者适应性的研究必须深入考察和评估疾病对患者社会支持系统的冲击及其对自我适应的影响（Bury，1982）。正是在上述理论资源的基础上，本研究试图考察和分析"医患社联动"下医务社工介入作用于糖尿病患者自我适应的效果及机制。

二 糖尿病患者的适应性困境

本研究的经验材料主要来自研究成员（以社工专业实习生的身份）在 E 医院为期三个月（2021 年 7~10 月）的田野工作。E 医院是 J 省一所集医疗、教学、科研、预防保健、急救、康复于一体的现代化大型三级甲等综合医院。该院内分泌代谢科成立于 1985 年，在治疗糖尿病方面拥有较强的实力，在省内最早成立糖尿病护理基地，形成了具有特色的糖尿病诊疗模式。近年来，该院团委社工部积极引入专业社会工作参与包括糖尿病等在内的疾病诊疗与患者康复，主要从宣传预防、院内治疗和院外康复三方面为患者提供服务，形成了较有特色的"医患社联动"的医务社工服务模式。在实习过程中，研究成员与医院社工部工作人员、内分泌代谢科医生、部分糖尿病患者建立了良好的关系，得以顺利地全程参与部分糖尿病患者的诊疗过程以及部分院外康复过程。在此过程中，研究者运用参与式观察、个案访谈等方法开展调研，获得了较充分的经验材料。

为充分了解患者的适应性问题，研究者选定了 10 位糖尿病患者、1 位医生、1 位医院社工部工作人员作为受访者，开展深度访谈；同时，结合病房观察、（诊疗）资料查阅，重点从身体负担、心理情绪和社会支持三方面调查和分析患者面临的适应性问题。部分受访者情况如表 1 所示。

表 1 部分受访者情况

编号	姓名	性别	年龄	职业	病史	并发症
01	M	男	18 岁	学生	1 年	有
02	T	女	56 岁	退休	近 10 年	有
03	P	男	43 岁	司机	3 年	有
04	G	男	37 岁	监理	3 年	有

续表

编号	姓名	性别	年龄	职业	病史	并发症
05	W	男	49 岁	务工	7 年	无
06	R	女	21 岁	销售	1 年	有
07	H	女	27 岁	无业	5 年	有
08	B	男	58 岁	个体	4 年	无
09	F	女	42 岁	无业	2 年	无
10	S	女	55 岁	退休	6 年	无

（一）身体负担

身体疾痛。从被诊断出糖尿病的一刻起，患者便被判定为身体机能存在缺陷。经验上，糖尿病患者初期的症状如体重下降、多饮多食、长期肥胖等，并不容易被自身关注到，但中晚期并发症常常让人难以忍受。比如，血糖过高会引起皮肤瘙痒甚至溃烂，糖尿病视网膜病变（DR）会引发视力下降或失明，严重糖尿病足病患者还会截肢、知觉丧失等（龚文华，2014）。这些都会让患者感受到沉重的身体负担，产生强烈的不适感。在观察与访谈中，研究者发现不少患者有明显的身体不适。比如，患者 P 发现糖尿病时间较晚，确诊时已有轻微的并发症出现。然而，他只在检查后按时服药，并未重视对疾病的治疗，其出租车司机的工作性质也让他难以保持规律的饮食习惯与充足的休息。近些年，因病情加重，P 每年都入院治疗半月余。不久前，P 被检查发现患有几乎所有糖尿病并发症。这使 P 多数时候沉默寡言，有时也不配合治疗。

> 我住院之前左眼都快要看不清了，没办法了只能来治治看，这几天血糖控制住了，视力稍微好一点了，也不知道以后能不能开车……唉，这个脚也烂了，总不至于截肢吧？（患者 P 访谈记录整理）[①]

另一位患者 G 也遭遇了糖尿病带来的严重影响。一次查房时，患者

[①] 文中直接引用的经验材料皆为调研中的访谈和观察日记整理，受篇幅影响，后文不再单独标注。

G 的妹妹焦急地走到医生跟前请求说：

> 我哥一直抠自己的喉咙，抠出血了。我们没办法，只能把他的手绑起来，但是我现在要去工作，这几天也回不来，我妈一个人在这我怕她说不清楚，请你们先帮我哥看看他到底什么情况。

此时，患者 G 正蜷缩在病床上，母亲在旁边尽力拉扯着他要挣脱的手。医生解释说，患者的糖尿病并发症"胃轻瘫"比较严重，所以会出现一直恶心想呕吐的症状，但用手抠的病例没有出现过。医生要求患者控制自己不去抠喉咙，但患者摇了摇头，"喉咙难受，我抠了会好点"。

饮食调整与适应。为保持血糖的平稳，糖尿病患者需要严格遵循糖尿病饮食规则，应按照体重指数计算能量摄入，严格控制碳水化合物的摄入，进餐应定时定量。然而，对于患者而言，改变长期的饮食习惯会感到难以适应。其中，食品种类的多样化、摄入量计算的复杂与烦琐，以及类似于"碳水化合物"等专业词，都会让他们难以理解和做到科学饮食。有患者谈道：

> 我今天早饭就吃了半碗粥、两个馒头，没有多吃。因为你们和我说粥是升血糖的，我就减少了。我今天没喝粥，我吃了一碗汤面。我以为只有（米）饭才升血糖，我不知道粉、面也算啊！

除此之外，自我管理能力差是几乎所有糖尿病患者存在的问题，患者不遵守饮食规范的事件时常发生。有患者甚至"抱怨"：

> 吃饭还能有规律啊？我早上要 12 点，甚至下午一两点起床，晚上出去做事要熬夜，有时候半夜还要加餐，这怎么定时定量？做不到。

睡眠障碍与精神不振。睡眠障碍可能导致患者的病情恶化，而糖尿病又会影响患者的睡眠状况。两者相互循环影响会严重影响患者的精神状态与生活质量。有研究发现，2 型糖尿病患者睡眠障碍发生率高于普通群体，且出现并发痛性神经病变的糖尿病患者中，近一半存在睡眠障碍（朱冰倩等，2014）。患者 T 就是一位正深受失眠困扰的病人。她患病近

10年，已经出现并发痛性神经病变，部分肢体麻木，出现睡眠障碍。

> 我昨晚又一晚上没睡觉，膝关节痛了一晚上……我现在每天只有吃安眠药才能睡好，镇静剂我是不吃的。

（二）心理忧虑与认知偏差

心理适应是个体心理机制上的积极反应，与情绪和认知有关。糖尿病至今仍然是一种长期、不可治愈的疾病。出于对"糖尿病患者"标签的排斥或对病情不确定性的担忧，一些患者会出现焦虑甚至抑郁等负面情绪。也有一些患者会因为对糖尿病致病因素了解不清、对康复方案重视不足而产生消极治疗的情绪。归根结底，这两类患者都是因为对糖尿病的理性认识不足，而导致在疾病适应过程中无法建立起积极、正确的应对策略，进而出现不同程度的心理问题。比如，患者B虽然有多年糖尿病史，但完全不将治疗放在心上。此次也是因血糖居高不下不得不入院，携带胰岛素泵进行治疗。住院期间，他的作息时间不规律，并认为自己这样的生活习惯已经有十多年了，无法改变，也不愿改变。

> 血糖很高我就来住院调一下，平时我都是下午两点多起，晚上要熬夜，这十多年都是这样，也没出现什么并发症。我也不是第一次来住院了，你们医生都认识我了。

患者F则对患病表现得十分担忧。F刚被确诊为糖尿病，由丈夫陪同住院治疗，尚未出现并发症，医生建议维持血糖平稳即可。但她对检查结果始终持怀疑的态度，在查房时一次又一次地拿出检查单，对照检查指标一项项询问医生，或是根据"百度"所得质疑医生的结论：

> 医生，你看我这个指标比标准低啊，这个会不会有什么问题？我看"百度"说这个数据蛮重要的。

（三）社会适应难

社会适应反映了个体能否成为社会网络的一部分，能否拥有亲密和高质量的人际关系来应对社会压力。良好的社会适应离不开系统、完整的社会支持。然而，调研发现，糖尿病患者往往会在经济负担、治疗依从性等方面遭遇社会适应的难题。

首先，糖尿病患者会不同程度地面临经济困难。随着病程的进展和病情的加重，糖尿病并发症种类增多，患者所需检查项目、药品种类都会增加，治疗费用也水涨船高。比如，糖尿病治疗给患者 H 带来了沉重的经济负担。H 今年 27 岁，中专护理专业毕业，未考取职业资格证书，无法从事相关工作。22 岁时查出 1 型糖尿病后便未就业。目前她与爷爷奶奶共同生活，由 80 多岁的爷爷用养老金支付治疗费用，平常每个月需要自费 700~800 元。近几年，她多次入院，每次花费 1 万多元。

> 我糖尿病酮症酸中毒 5 次了，每次都在这里住院，都是我爷爷照顾我。我以前卖过手机，因为生病就没出去工作过了，治这个病花了挺多钱，我有医保可以报销一些，但自己也要付不少。

其次，依从性是影响糖尿病治疗效果的一个重要因素。依从性主要指患者出院后在用药、饮食、运动及监测等方面遵从医嘱的情况。相关研究指出，目前仍然有 1/3 左右的糖尿病患者治疗依从性差（杨小平等，2010）。原因主要在于患者的自我管理能力较差，家庭未能发挥监督和陪伴的作用，社会也没有提供相应的支持。研究发现，患者在不同程度上都存在难遵医嘱的问题。对此，患者 S 说：

> 我以前是医院的护士，现在在家里带孙子。我一直都知道自己有糖尿病，但是在家带小孩没办法管自己的，小孩要什么时候起床、睡觉，我就得跟着。吃东西也得随小孩，哪有工夫管自己什么能吃、什么不能吃，平常带小孩就够累的。

三 "医患社联动"下的医务社工实务介入

（一）E 医院的医患社联动

E 医院医务社工在专业实践中发现，在当前医疗体系中，糖尿病临床治疗虽有效果，但多数患者仍无法通过临床治疗实现"身、心、社"层面的全面健康与适应。医务社会工作应积极参与医学诊疗过程，为糖尿病患者提供服务以实现全人的健康。为此，该院医务社工团队进入内分泌代谢科病房，致力于帮助糖尿病患者解决疾病带来的适应性问题，并在这一过程中形成了一种"医患社联动"的行动机制。"医患社联动"围绕预防-治疗-康复这一主线，积极推进医务社会工作参与医学诊疗过程，帮助患者在疾病治疗过程中实现自我适应。其中包括：在社会层面，通过整合医学力量开展科普与义诊活动，实现慢性病的预防与筛查；在家庭层面，帮助患者链接资源，解决就业、人际关系等问题，为患者实现自我适应提供支持；在个人层面，介入患者的治疗过程，参与诊疗方案的制定，与医生和患者建立专业关系，搭建医患沟通的桥梁，协助医生、患者解决治疗过程中出现的问题，帮助患者适应疾病的治疗过程。

（二）医务社工的实务介入——以案主 M 为观察对象

本研究选取 E 医院医务社工开展的某个个案服务为案例，分析并呈现"医患社联动"下社工的介入如何帮助糖尿病患者实现自我适应。

个案背景：案主 M，18 岁，男，性格开朗但非常叛逆，在 J 省 P 市一所大专院校上学。父母经商，家境富裕，父亲在 J 省做生意，母亲在老家工作。据案主与其伯父描述，M 从小在 S 省长大，其父亲为升学考虑将其带至 J 省。但由于父亲忙于工作，案主长期由伯父照顾。案主平时住校，短期节假日回到 J 省 N 市与伯父共同生活，放长假时一般返回 S 省与母亲一起生活。案主 M 的家庭结构如图 1 所示。2021 年暑假，案主因高血糖昏迷入院，入院治疗一周后，因拒不配合治疗，血糖仍居高不下。医务社工在跟随医生查房过程中了解到案主情况，在与医生、案主及其家属沟通后决定将其作为个案开展介入服务。

1. 社工接案及与案主建立专业关系

社工在询问医生后了解到案主 M 住院期间的基本情况。

"医患社联动"下的医务社工介入与糖尿病患者的自我适应　117

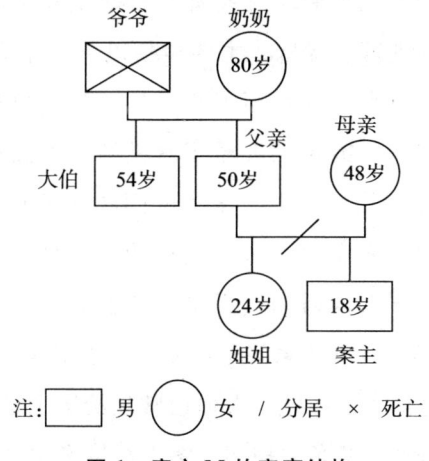

图 1　案主 M 的家庭结构

他一个星期前因为血糖太高导致昏迷入院的，现在我们调了一个星期了，（他的）血糖还是很高，肯定不建议他出院。但他在这住了一个星期，又不配合治疗，每天下午、晚上调泵（胰岛素泵）都见不到他人。早上我们来查房，他还在睡觉，饮食和吃药都不规律。在外面上网熬夜又喝饮料，血糖才迟迟降不下来。不然像其他患者一样（配合治疗），他这时候都调好可以出院了。他每天不报备偷偷跑出去，没人看着他，他说不治疗了，只能等他家长来了再商量。

社工在随医生查房结束后来到案主病房，表明身份与来意后与案主进行了简单交流。交流的目的在于让案主了解医务社会工作的职责，更详细地了解患者的情况，并尝试建立起案主对社工的基本信任。社工在进行自我介绍后，通过简单的问答了解到案主及其家庭基本情况。在沟通良好的状态下，医务社工尝试了解案主不愿意接受治疗的原因并形成《咨询/简短辅导/心理咨询报告》。交流结束后，社工尝试询问案主与其大伯，是否愿意接受医务社会工作服务，以更好地完成治疗。案主没有表现出强烈的抗拒情绪，其大伯也乐于接受。社工遂与案主及其大伯约定建立专业关系，并计划协商制定服务计划，开展专业服务。

2. 对案主问题及需求的分析

社工通过查房与主治医生、案主及其大伯开展面谈，收集了案主个人、家庭以及疾病相关的资料。在整理与分析资料的基础上，医务社工对案主所面临的问题进行了分析，主要包括以下三个方面。（1）疾病治疗问题：案主自入院以来，一直不配合治疗，导致血糖值高，并引起皮肤瘙痒、视力模糊问题。案主家人希望其继续住院接受治疗，但案主希望马上出院。（2）认知情绪问题：案主的问题在于对疾病及其并发症没有正确、理性的认知，未意识到自身疾病的严重性，认为治疗不是必需的；同时，案主在与家人沟通的过程中无法控制自己的脾气，常与家人爆发激烈的争吵。（3）家庭关系问题：父母忙于事业，无暇照顾案主，案主在住院期间基本由其大伯照顾。大伯通常只给案主送餐，案主大多数时间是自己在病房。同时，据案主描述，案主与母亲关系较好，与父亲不常见面，一见面便会争吵，甚至出现父子双方打架的情况。案主认为母亲更能理解自己，父亲从来不信任自己，父子之间出现严重的沟通困难。

3. 介入方案与主要过程

介入方案主要包括以下内容。（1）目的：进行危机介入，与案主约定完成院内治疗；帮助案主建立对疾病的理性认知，培养良好的情绪控制能力、自我管理能力；改善案主家庭关系，强化家庭支持，增强治疗依从性。（2）服务计划：社工根据案主在身体、心理和社会支持方面出现的问题设计了若干介入计划，以帮助案主接受治疗、积极治疗并加强社会支持。

根据服务计划，医务社工相应开展了四个阶段的介入服务（见表2）。

表 2 个案服务阶段及服务目标

主要服务阶段及内容	服务目标
第一阶段： 解除危机，接受治疗	1. 了解案主抗拒治疗的具体原因 2. 引导案主分析不同行为产生的结果，并做出决策 3. 协助医生完成治疗计划以减轻案主身体负担
第二阶段： 积极行动，改善心理情绪	1. 改善认知：了解案主对疾病的认知情况，引导案主发现自身认知存在的问题，帮助案主建立对疾病的理性认知 2. 提升能力：开展自我管理能力培训，协助案主制定用药、饮食、运动计划，强化院内治疗效果

续表

主要服务阶段及内容	服务目标
第三阶段： 构建良好家庭沟通关系， 促进家庭成员间的协作	1. 厘清案主与家庭成员的冲突，与案主共同分析冲突出现的原因，挖掘案主在家庭环境中的需求 2. 帮助案主联系家人传达需求，促进双方的良好沟通，协商家庭支持的内容与提供方式 3. 协助完成至少一次案主与父亲的面对面交流，并促进双方达成治疗共识
第四阶段： 促进良好人际交往， 建立社会支持	1. 引导案主参与院内志愿活动，削弱其与院外同伴的联系，加强正向朋辈支持 2. 加强医务社工院外监督与指导，增强治疗依从性

第一阶段：解除危机，接受治疗。社工通过与案主、陪护家属、医护人员、同病房病友开展面谈，全面了解案主在住院治疗期间的表现情况。根据访谈所获资料进行分析发现，影响案主完成治疗的障碍因素主要有：（1）案主在院期间无人陪护，缺乏陪伴与监督；（2）案主对疾病缺乏认知，未能意识到自身病情的严重性和治疗的重要性与紧迫性；（3）案主家庭支持不足，父母关心与照顾不足，父子关系尖锐；（4）朋辈群体未能发挥正向引导作用。社工与案主再一次进行面谈，引导案主思考并表述在住院治疗期间的身体、心理感受，并与案主一同分析"继续接受治疗""就此放弃治疗"可能产生的结果。社工引导案主自己做出最有利的决定，即继续接受治疗，争取血糖值早日达标并保持平稳，尽早出院。

第二阶段：积极行动，改善心理情绪。社工从改善对疾病的认知和提升自我管理能力两方面入手，鼓励案主通过自身积极、主动的行动解决当前所面临的困扰。首先，社工与医护人员联系，了解案主具体病情，询问与之相关的疾病症状知识，并整理案主需要遵循的治疗要求。其次，社工利用所收集的相关资料，对案主开展面对面的健康教育。内容包括对疾病类型和并发症情况、发病机制、治疗手段的一般性知识讲解；对案主病情、发病原因、病情发展可能性等方面的讨论；对当前治疗方案、案主治疗行为及影响的分析。从而帮助患者在了解糖尿病、了解自我与行为后果中，建立对糖尿病及治疗过程的合理认知。在此基础上，社工还指导案主进行自我管理能力的建设。社工在健康教育中加入"糖尿病自我管理"的相关知识，并带领案主进行实践训练，让案主习惯每日按时用药，学会控制饮食种类和数量，并加强体育运动。在具体执行过程中，社工通过与案主约定用药和进食时间，并委托护士、病友等人进行监督，约定相应惩罚措施，在反复训练中，帮助案主形成良好的自我管理习惯。

第三阶段：构建良好家庭沟通关系，促进家庭成员间的协作。在服务过程中社工发现，案主存在较强的逆反心理。这与家庭成员间长期缺乏交流，家长对其关心和支持不足有关。对此，社工与案主进行了详细的面谈，了解案主家庭状况，并引导案主重新回顾与家人的冲突事件，剖析冲突出现的各种原因，让案主充分表达有哪些需求是需要家庭成员给予满足的。社工发现，案主内心希望获得父母对自己的关心和照顾，也希望父亲能够与自己平和地交流、信任自己，在住院期间希望母亲能够陪伴治疗。针对案主的三个需求，社工与案主父亲进行了一次访谈。访谈证实了案主所述事件的真实性。在与案主父亲的交流中，社工传达了案主的需求，并提出希望双方进行一次平静交流的要求。父子交流前，社工给双方布置了任务，要求父子双方保持冷静，认真倾听，并充分表达自身需求，达成一项共识。访谈结束后，案主也和父亲针对"母亲能否前来陪护""案主的出院时间"进行了约定。

第四阶段：促进良好人际交往，建立社会支持。为解决案主在院内感到无聊但又无人陪护的问题，社工与案主协商共同参与院内导医导诊志愿服务活动。一方面，通过减少案主与院外伙伴的接触，可以避免案主再次私自跑出病房；另一方面，通过志愿服务让案主尝试新的社会活动，加强与其他志愿者的交流，发挥朋辈群体的正向影响。此外，医务社工参与了案主治疗康复的全过程，为案主提供院内的教育、陪伴、沟通服务，也提供线上咨询、解答、指导和监督的服务。在保障案主院内治疗效果的同时，还注重维持案主院外治疗行为的持续性，以强化案主的治疗依从性。

四 医务社工介入对糖尿病患者适应性形成的影响及其机制

(一) 社工介入对患者适应性的积极影响

通过上述个案工作介入以及大量的观察与访谈，研究者真切地发现"医患社联动"下的医务社工服务能够对增强患者适应性产生积极影响。

身体伤害感减轻。在介入过程中，医务社工通过实质地参与到疾病诊疗方案的制定过程、促进沟通等方式，能够有效地帮助患者减轻疾痛感和伤害感。首先，医务社工参与治疗方案的制定，实质上是扮演代言人的角色，帮助患者获得对自身治疗的话语权的体现。社工能够关注到患者除医疗治疗之外的需求，在方案制定时兼顾这些需求，让治疗方案更具有人文关怀。其次，社工所做的需求评估与转达也是良好沟通关系建立的过程。社工能够鼓励患者表达真实的疾病感受和治疗需求，有利于让医生快速、准确地识别患者生理不适的根源，以对症下药；同时，社工在患者与家属间的沟通也有利于患者疾病的诊疗。如在对案主 M 的个案工作中，社工在了解案主的想法后，向医生咨询案主治疗所需的时间和出院条件，认为案主在配合治疗的情况下，能够在其要求的时间点正常出院。而对于案主感到无聊、需要陪伴的问题，医务社工在了解案主有沉迷游戏的倾向后，答应帮助其与家长协商让母亲前来陪护。尽管由于工作原因，案主母亲无法前来，但社工主动承担起陪护的工作，确保案主继续接受治疗。客观上，社工的介入对减轻疾病带来的伤害起到了一定的作用。案主 M 出院前曾告知社工治疗后的效果：

> 医生说我血糖降下来了，现在我身上不是很痒了，眼睛也没问题了，医生说我回去还要继续吃药，血糖才能稳定，不然之前那些症状还会出现。

认知改善。糖尿病患者通常存在两种不良心态：不以为意和过度忧虑。一部分患者不遵医嘱，放任疾病的发展；另一部分患者则时刻担心因疾病导致身体残疾或失去生命。对于这些患者，医务社工的作用在于，作为医护人员的"助手"开展健康教育，将疾病知识传达至患者，帮助他们建立起对疾病的理性认知，从而促进心理健康。调研发现，医护人员日常要开展的工作非常多，如查房、接收新病人、办理出院、为实习医生授课等，他们较少有精力能充分照顾到患者对了解疾病相关知识的需求。而"医患社联动"下社工的介入恰好能为解决这一问题发挥重要作用。社工在与患者、医生各方互动的过程中，有扮演需求挖掘者和教育者的角色的潜能，能够通过学习相关教育课程，为患者提供糖尿病相关知识的教育服务。正如案主 M 所言，社工介入让他对糖尿病有了更多的了解：

> 之前没人跟我说过这个病到底是咋回事，我还觉得自己是天天通宵打游戏（眼睛）才看不清的，身上痒我也觉得是因为我文身了。社工跟我说了我才知道是因为糖尿病。虽然我现在还是很想出去玩，不过还是先看病吧。

患者 W 也是在社工的辅导与教育下减轻了对血糖高的过度担忧：

> 我没什么文化，刚查出来的时候，听别人说吃什么对血糖好就买来，家里人为这个事还跟我吵架。现在你们明确告诉怎么吃饭、怎么运动，我心里就不那么焦虑了，我也知道作息不规律对血糖不好，但要挣钱，没办法。

获得社会支持。糖尿病预防、治疗和院外康复的任何环节都离不开社会支持。"医患社联动"下的社工介入能够有效地为患者提供社会支持。一方面，社工的服务能够为患者提供一定的经济援助，缓解经济困难。糖尿病治疗具有长期性，对于经济收入不稳定的患者来说，治疗支出就会成为沉重的负担。对此，医务社工可以通过利用相关医疗保障和救助政策，帮助患者报销一部分治疗费用，减轻一些经济负担。患者 H 由于糖尿病治疗一度陷入经济困境。"我爸妈离婚了，爸爸干修车的工作，妈妈癌症晚期在其他医院治疗，平时吃药、打胰岛素都是靠爷爷有限的退休金。"面对这一情况，社工向 H 介绍了"特种慢病"医保报销政策及办理流程，帮助她尽快办理，以享受每年糖尿病定额报销。此外，社工还链接就业资源，成功推荐 H 前往一家美容工作室工作。H 有了一份较为稳定的收入，家庭经济负担也有所减轻。

另一方面，社工的服务能够增强患者的疾病管理意识和能力。除制度安排下的医疗保障、院舍照顾、资源配置等正式社会支持外，糖尿病患者的血糖监测、饮食规范及长期照顾，都需要家人、朋友等提供非正式支持（贺寨平，2002）。患者 W 因为担忧自己的病情，常常听信网络"偏方"吃一些无益于治疗的食物，家人为此头痛不已。W 的妻子告诉社工：

> 他大多数时间是自己一个人在外面工作，没人照顾他。我经常听他说血糖高，血糖一高，他就担心得不行，在网上看别人推荐买这个买那个，说这些吃了血糖好，我让他别吃了，按时吃药、正常吃饭就行，他也不听。

对此，社工向 W 科普了糖尿病患者自我管理的要求，帮助 W 分析所购买的食品是否真的有助于降血糖。社工还邀请 W 和其妻子共同制定一份饮食计划表，要求其严格执行。在后来的回访中，其妻子告诉社工："现在稳定了很多，我出院后就跟在他身边照顾他了。食谱还在用，我们会让儿子帮忙调整种类，不能多吃升血糖的东西。"

（二）医务社工介入作用于患者适应性的具体机制

伯里（Bury，1982）将诸如糖尿病等慢性病视为对人生进程的破坏，并提出"适应"是伴随慢性病症状的波动和结果的不确定性而产生的一种能力。同时，他还提出慢性病患者在疾病适应过程中的三个假设：一是慢性病打破了患者常识性的界限，引发患者对身体状态的关注；二是人们常用的解释系统出现了混乱，使患者重新思考生平和自我概念；三是面对临时改变的混乱局面，患者要想重新适应将涉及资源的调动。受此理论启发，我们发现，"医患社联动"下医务社工介入作用于糖尿病患者适应性的具体机制主要体现在以下三个方面。

其一，通过服务对象认知系统的修正增强适应性。糖尿病发病具有隐匿性，患者在患病初期将轻微症状与疾病联系在一起的可能性较小，如瘙痒、视物模糊等。而当患者意识到疾病的存在以及疾病症状具有持续性时，他们原有的或常规的认知已经难以指导个体完成疾病治疗。对疾病的接受是绝大多数患者及其家庭所面临的第一道难关。糖尿病患者在获知自己患病后的第一反应常常是否认与隐匿。正如患者 W 最初的反应：

> 按理说我不应该得糖尿病的啊，我父母 70 多岁了，除了有点小病痛，身体健康得很，我不可能被遗传。我自己平时身体也很健康，每天早睡早起，晚上散散步锻炼，别人瞎搞的都没得，我怎么会有呢……我对外都说只是血糖高，怕外面的人乱传，自己的小孩也没说。

然而，无论是接受还是不接受患病的现实，患者将必然面临如何应对和治疗疾病的挑战。据观察，糖尿病患者在确诊糖尿病后会出现积极治疗和消极放任两种行动方式。之所以如此，归根结底是不同个体的认知差别所致。那些对糖尿病有合理认知的患者更容易且更快接受患病的事实，通常也会更积极、更理性地配合治疗。但是，也应该注意并承认的是，糖尿病作为全球性蔓延的慢性病，其发病机制、发展过程、治疗方式并未被大众认知，社会公众甚至患者本身（在面对糖尿病时）都有可能产生社会偏见、非理性反应。在此情况下，开展广泛的疾病宣传科普和点对点式的疾病教育，能够有效地改善社会对糖尿病的认知，增强个人应对糖尿病的能力。对此，医务社工介入能够通过修正服务对象认知系统的机制来增强患者的适应性。医生、患者和社工的联动既能够为患者提供及时、有效的治疗+教育+辅导一体化的服务，帮助患者及社会公众建立起对疾病的理性认知，消解对糖尿病患者的偏见，又能够帮助糖尿病患者接纳自我、理性治疗，最终适应患病后的人生进程。

其二，通过服务对象解释系统的重塑增强患者适应性。面对不确定的病情与不确定的未来，患者常常对患病原因感到疑惑，并尝试从自身以往经历中寻找答案。在对过往的追溯中，患者往往倾向于将疾病发生的原因外部化以避免自我的责任。一些患者试图从遗传因素分析长辈是否有疾病史，并寻求遗传的可能性。一部分患者则通过回忆过往的苦难，寻找身体负担产生的明证，以解释疾病的产生和发展。患者R在访谈时，对自己为何会得糖尿病这样归因：

> 我从来不觉得自己会得糖尿病。我爸妈、爷爷奶奶也都没有得过糖尿病，也有可能老一辈不了解，从来没有检查过，所以他们有糖尿病大家都不知道吧。

患者W也不愿意接受自己被确诊的事实：

> 我没理由得这个病的。我看标准是餐后血糖>11才是，我一直是10左右。我当时验血是餐后测的糖化血红蛋白，会不会对这个数据有影响？年轻的时候动过几次手术，会不会是那些病引起的？

无论是什么原因，糖尿病患者都需要找到一种"合理"的解释，才有可能坦然接受和适应患病的现实。"医患社联动"下的医务社工介入有助于患者理解疾病的发生机制。观察发现，在与医生互动的过程中，社工通过咨询和学习能够获得一定程度的专业知识；作为疾病故事的倾听者和整理者，社工能够通过医患的交流与分析获得疾病成因解释的一手资料；作为倾听者、陪伴者，社工能够从社会因素、家庭因素以及患者个人因素出发与患者共同探寻疾病产生的原因。这些都有利于患者更好地度过疾病接受期，达至对患病的适应。

其三，通过服务对象资源系统的重构增强患者适应性。糖尿病患者应对疾病的治疗和适应性的重建，都需要有一定的资源系统提供社会性支持。在糖尿病的治疗过程中，在"医患社联动"的模式下，医务社工的服务能够通过发挥资源链接者、传递者的作用，为服务对象搭建起多方协同、共同促进以实现自我适应的资源系统。比如，医务社会工作可以通过整合院内医学资源、志愿服务体系，链接社区等公共场所，开展疾病预防宣传和义诊活动，传播健康知识与理念。对此，医院社工部负责人 L 表示：

> 我们专门依托院内志愿者协会成立了医学科普志愿者队伍，定期到社区或者在院内举办科普活动，为的是承担起医务人员的责任，传播更多疾病相关知识。在糖尿病这方面，我们专门请到内分泌代谢科的主任在院内的关爱空间为病患及家属上一堂健康管理的课程。他不仅讲解了糖尿病病理知识，还实实在在地告诉他们怎么预防、怎么管理。因为是在开放的空间进行的，所以陆续加入听宣传的人非常多。这些人不一定都是糖尿病患者，但更多的人参与才能达到广泛传播的目的。

医务社工也可以通过整理链接外部资源（比如医保政策资源、就业资源），帮助患者重建社会支持。如前文提及的患者 H 就受惠于社会工作者提供的外部资源援助，在一定程度上增强了社会适应力：

> 慢性病医保给我报销了一部分治疗费用，剩下的自己也付得起，减轻了爷爷的负担。以前我一个人在家的时候会想很多有的没的，现在工作忙，接触的人也多了，没有之前那么多负面情绪了，心情好了很多。现在这个工作也让我有了一个努力的方向吧。

医务社工还能够通过动员各种照顾资源，帮助糖尿病患者增强自我适应和自我管理能力。一般而言，糖尿病患者的家庭照顾程度与自我适应程度成正比（陈辉，2018）。家庭照顾越好，患者自我管理能力越强，治疗依从性越强，越能够实现自我适应。在"医患社联动"的框架下，社会工作者在开展个案服务时，能够通过让家属参与疾病讨论、知识宣教的过程，提高家属对疾病的重视程度，明确患者在家庭治疗中的需求，使家属能够协助患者完成在生活中的自我管理。患者 W 出院后的自我管理和较强的治疗依从性就得益于家人照顾和支持。

> 在住院的时候，我妻子和我一起学习了糖尿病相关的知识。现在她也保持好的饮食习惯，我们俩能互相监督对方。这几个月，我的血糖一直都比较稳定。我妻子之前因为肥胖和饮食问题，血糖也

有一点高。这段时间我们一起控制饮食、加强运动,我们俩的血糖都好了,身体比以前更健康了。

五 研究结论

本研究基于在 E 医院的深度调查与参与式观察,考察和分析了"医患社联动"下医务社工介入对糖尿病患者自我适应的影响,可得出如下结论。

第一,糖尿病作为一种目前无法有效治愈的慢性病,会给患者的身体、心理和社会适应带来巨大挑战。患病现实以及治疗过程会使患者面临自我适应困境。

第二,"医患社联动"下的医务社工介入能够帮助糖尿病患者重建自我适应。医务社工能够有效整合专业医疗资源、志愿服务队伍,与服务对象建立专业关系、提供专业服务,在与医生、患者的互动中帮助服务对象在身体、心理与社会各层面实现由疾病状态向健康状态的转变,进而达到自我适应。

第三,医务社工运用专业理念、方法和技巧,在多方互动中,主要通过服务对象认知系统修正、解释系统重塑以及资源系统重构等机制,有效地帮助糖尿病患者增强自我适应性。

第四,本研究从健康社会学的视野出发,在整体健康观和自我适应性的分析框架下,对"医患社联动"下医务社工介入作用于糖尿病患者自我适应的观察与分析,为我们更深刻地理解疾病的社会后果及患者的适应性重建问题,提供了一种不同于传统临床医学、纯社工实务介入的新的分析路径与研究策略。

参考文献

陈辉,2018,《循证实践:糖尿病自我管理小组干预策略之构建——以华东医院"棒棒糖+"小组为例》,《中国社会工作》第 34 期。

龚文华，2014，《临床糖尿病学》，浙江工商大学出版社。

贺寨平，2002，《社会经济地位、社会支持网与农村老年人身心状况》，《中国社会科学》第 3 期。

康文萍、张一奇，2004，《小组社会工作在糖尿病病人健康教育中的运用》，《中华护理杂志》第 5 期。

丽娜·多米内利，2008，《社会工作社会学》，刘梦等译，中国人民大学出版社。

刘洪、刘沙沙、孙一羚，2021，《情绪释放疗法对肾移植术患者围手术期疾病不确定感及社会适应性的影响》，《护理实践与研究》第 13 期。

唐钧、李军，2019，《健康社会学视角下的整体健康观和健康管理》，《中国社会科学》第 8 期。

唐文，2006，《医务社会工作者：医学人文关怀的使者》，《医学与哲学》（人文社会医学版）第 5 期。

沃林斯基，1999，《健康社会学》，孙牧虹等译，社会科学文献出版社。

杨小平、李翔、许樟荣等，2010，《2 型糖尿病患者饮食治疗依从性与代谢控制关系的调查研究》，《中华护理杂志》第 7 期。

余瑞、李惠萍，2016，《2 型糖尿病患者自我感受负担的调查分析》，《重庆医学》第 12 期。

朱冰倩、李小妹、鱼星锋，2014，《2 型糖尿病患者睡眠质量及其对血糖控制的影响》，《中华护理杂志》第 9 期。

Bury, M. 1982. "Chronic Illness as Biographical Disruption." *Sociology of Health & Illness* 4 (2): 167–182.

Engel, G. L. 1979. "The Biopsychosocial Model and the Education of Health Professionals." *General Hospital Psychiatry* 1 (2): 156–165.

Golden, R. L. 2011. "Coordination, Integration, and Collaboration: A Clear Path for Social Work in Health Care Reform." *Health & Social Work* 36 (3): 227–228.

Katon, W. J. 2008. "The Comorbidity of Diabetes Mellitus and Depression." *The American Journal of Medicine* 121 (11): 8–15.

Lou, V. W. Q. & Zhang, Y. 2006. "Evaluating the Effectiveness of a Participatory Empowerment Group for Chinese Type 2 Diabetes Patients." *Research on Social Work Practice* 16 (5): 491–499.

医务社会工作者的情绪劳动对离职意愿的影响机制*

——工作投入的中介作用和积极心理资本的调节效应

戴 浩 崔 娟 雷雨虹 莫雅琪**

摘 要 如何降低医务社会工作者的离职率成为我国医务社会工作行业的紧要议题。本文从情绪劳动的视角出发，基于工作要求-资源模型，通过对391名医务社会工作者的问卷调查，探讨了情绪劳动中深层表演对离职意愿的影响，以及工作投入的中介作用和积极心理资本的调节作用。结果表明：深层表演对医务社会工作者的离职意愿具有显著负向影响；深层表演对工作投入具有显著正向影响；工作投入对离职意愿具有显著负向影响；工作投入在深层表演与离职意愿之间发挥部分中介作用；

---

* 本文为国家社会科学基金一般项目"西南民族地区乡镇社会工作服务站的在地化发展模式研究"（22BSH126）、广西高校中青年教师科研基础能力提升项目"广西乡镇社会工作者留职意愿的提升路径研究"（2024KY0340）的阶段性成果。
** 戴浩，广西科技大学人文艺术与设计学院社会工作专业讲师、硕士生导师，主要研究方向为社会组织管理；崔娟（通讯作者），广西科技大学人文艺术与设计学院社会工作专业教授、硕士生导师，主要研究方向为社会工作实务；雷雨虹，广西科技大学人文艺术与设计学院社会工作专业硕士研究生，主要研究方向为社会组织管理；莫雅琪，广西科技大学人文艺术与设计学院社会工作专业硕士研究生，主要研究方向为社会组织管理。

积极心理资本正向调节深层表演对工作投入的正向影响。

关键词 医务社会工作者 深层表演 离职意愿 工作投入 积极心理资本

引 言

近年来，得益于国家政策的大力支持，我国医务社会工作行业呈现蓬勃发展的态势。2023年3月，中共中央办公厅与国务院办公厅联合颁布的《关于进一步完善医疗卫生服务体系的意见》中，明确指出要"健全医务社工和志愿者服务制度"的战略要求。这一政策的出台迅速得到了一些发达地区公立医院的积极响应，其纷纷在组织架构中设置社会工作部门，以创新的管理模式和服务理念，不断提升医疗服务质量。与传统的医务工作者不同，医务社会工作者扮演着多重角色，他们不仅是患者及其家属支持网络的构建者，同时也是医患关系的润滑剂与资源协调的桥梁，对于医院体系的健全以及社会工作专业化的深入发展具有不可替代的重要性。然而，我国医务社会工作者队伍正面临离职率不断攀升的挑战。唐咏和倪小琪（2023）基于中国社会工作动态调查中针对医务社会工作者数据的分析发现，约有17.27%的医务社会工作者显露出强烈的离职意愿。而员工流失率一旦超过15%，将对组织和行业产生显著的负面影响（林南，2005）。因此，如何有效减少医务社会工作者的离职行为，已成为我国推动医务社会工作行业向好发展的关键议题。

鉴于实际离职行为难以实时追踪监测，学术界普遍将离职意愿视为预测和评估员工实际离职行为的核心指标（Mobley et al., 1978）。离职意愿是指个体想要离开当前组织的意愿（Chau et al., 2009），其形成机制受到个体差异、职业认知、组织氛围以及家庭环境等多重因素的交织影响（Li et al., 2019；Wermeling, 2013）。在社会工作服务中，社会工作者与服务对象之间形成有效的互动并予以情感支持是其核心价值的体现。这要求医务社会工作者在恪守职业伦理的同时，也要能够恰当地表达自己的情绪，以满足服务对象的心理需求（O'Connor，2020）。因此，医务社会工作者在提供专业服务的同时，往往伴随着高强度的情感投入与情绪劳动。尽管这一特性是其职业角色的重要组成部分，但现有研究对于医务社会工作者离职意愿中情绪因素的影响分析仍显不足。同时，Grandey（2000）的研究提出，工作场所中的情绪管理对员工的工作表现与结果具有深远影响。因此，从情绪的视角深入剖析医务社会工作者的离职意愿，不仅有助于更好地理解其离职背后的复杂动因，还能为制定有效的留才策略提供科学依据。

近年来，情绪劳动（emotional labor）作为情绪视角的重要内容受到学术界的广泛关注。情绪劳动是指个体为了遵循组织设定的情绪规范，对自身情绪进行有意识的管理和调整的过程，主要分为表层表演（surface acting）与深层表演（deep acting）两种策略（Hochschild，2019）。表层表演指在不改变内心真实感受的前提下，仅通过外在表现来展示符合组织要求的情绪，但长期采取这种"强颜欢笑"式的情绪调节策略可能导致情绪耗竭、职业倦怠和离职等结果。相比之下，深层表演则要求情绪劳动者从内心体验出发，调整自己的情感状态，使之与组织要求的情绪规范相契合。这种策略不仅能提升个体幸福感，还能创造正面情感氛围，增强服务对象的积极反应，提高工作绩效和满意度（Huang et al.，2015：1398）。积极心理学认为，促进正向心理效应的发展比单纯缓解负向心理更为有效（Fredrickson，2001：218）。基于此，深层表演在降低医务社会工作者的离职意愿方面可能发挥着更积极的作用。因此，本研究旨在深入分析深层表演策略对医务社会工作者离职意愿的影响，并引导医务社会工作者更有效地运用深层表演策略，以期为提高职业稳定性提供更为有效的措施。

同时，工作要求-资源模型（Job Demands-Resources Model，以下简称JD-R模型）为深入理解情绪劳动与离职意愿之间的关系提供了有力的理论框架。该模型旨在解释工作环境中的要求和资源如何影响员工的工作态度和行为，包括工作绩效、工作满意度、职业倦怠以及离职意愿等。深层表演作为一种重要的工作资源（Hülsheger & Schewe，2011：361），能够促进个体的情感调整和积极情绪表达，从而有助于构建积极的工作环境，对离职意愿起到缓解作用。此外，JD-R 模型表明，工作资源对离职意愿的影响是一个复杂的心理过程。根据该模型的动机增强路径，丰富的工作资源能够激发员工的内在与外在动机，提高其工作投入度，促进正面工作行为，减少消极态度（Brotheridge & Lee，2002：57；Coté，2005）。工作投入在这一过程中扮演着至关重要的中介角色，连接工作资源与工作结果。基于 JD-R 模型，采用深层表演的医务社会工作者从内心出发，调整自身的情感状态，能够更加深刻地体验到工作的意义和价值，从而显著提升工作投入度，有效遏制离职意愿的滋生。基于此，本研究选取工作投入作为工作资源与成果变量之间的关键中介变量，以解释深层表演与离职意愿之间的作用机制。

此外，JD-R 模型亦揭示了个人资源与工作资源之间的相互促进作用，具备丰富个人资源的个体更擅长在工作环境中调动和整合各类资源，从而表现出更高程度的工作投入。积极心理资本作为一种积极的个人心理资源，对个体的行为和态度具有显著影响（Luthans et al.，2007）。具备较高积极心理资本的个体在进行深层表演时，更倾向于采取积极的归因方式，这不仅有助于他们激发积极情绪，还能使他们更自如地调节情绪表达，从而有效提升资源的利用水平，提高工作投入。然而，现有研究在探讨深层表演与工作投入之间的关系时，未能充分考虑个体差异的影响。基于此，本研究将积极心理资本作为深层表演与工作投入之间的调节变量，旨在深入探索深层表演影响工作投入的边界条件。

综上所述，本研究依据 JD-R 模型，探索医务社会工作者的深层表演策略对其离职意愿的影响，并揭示工作投入在这一关系中的中介作用，同时将积极心理资本纳入模型，揭示其在深层表演与工作投入之间的潜在调节效应。本研究旨在为社会工作机构的管理实践提供策略建议，以期降低医务社会工作者的离职率，稳定我国医务社会工作人才队伍，进而保障社会医疗福利服务的高质量与高效率，推动医务社会工作的持续健康发展。

一 文献回顾与理论假设

(一) JD-R 模型

JD-R 模型作为组织心理学领域的重要模型,深入剖析了工作环境中工作要求与工作资源间的平衡是如何影响个体的工作态度和行为的 (Schaufeli & Bakker, 2004)。该模型将工作特征分为工作要求和工作资源两大类 (Bakker & Demerouti, 2007)。工作要求是指工作中需要个体付出生理和心理努力以应对的各种因素,如工作压力、工作负荷等,它们往往被视为工作中的"负面因素"。而工作资源则是指那些能够帮助个体应对工作要求、促进工作目标实现和个人成长的积极因素,如社会支持、工作自主性、深层表演等,它们被视为工作中的"正面因素"(Schaufeli & Bakker, 2004)。同时,JD-R 模型提出了损耗路径和动机增强路径两种影响机制。损耗路径揭示了当工作要求过高而工作资源不足时,个体可能面临的资源消耗和绩效下降的风险;而动机增强路径则强调了丰富的工作资源如何激发个体的工作投入和动机,推动个人成长。

本研究以动机增强路径为理论基石,探讨医务社会工作者的深层表演作为一种工作资源如何影响其离职意愿。医务社会工作者通过深层表演,以更加人性化和专业的方式与患者沟通,从而建立起深厚的信任关系,提供更优质的服务。这种深层表演不仅提升了他们的工作投入,还有效地降低了离职意愿,形成一种良性的工作循环。此外,JD-R 模型还强调工作资源、个体资源与工作要求间的相互作用 (Xanthopoulou et al., 2009)。拥有丰富个人资源的个体更能有效调配工作资源,形成"资源大篷车"效应,进而更加提升工作投入。这为积极心理资本在深层表演与工作投入之间所起的调节作用提供了有力的理论支持。

(二) 深层表演与离职意愿

深层表演是一种情感和认知的深度调整过程,它要求个体在工作中调整自己的情感、认知和行为，以适应工作环境和满足工作展示规则。这种表演超越了表面的模仿，触及内心的角色转换与认同，实现与工作环境的高度融合。成功进行深层表演的个体往往能够更好地适应工作，满足自我实现的需求，有效降低离职意愿（Hochschild，2019）。

依据 JD-R 模型和资源保存理论（Conservation of Resources Theory），可以更深入地理解深层表演与离职意愿之间的关系。在 JD-R 模型中，工作资源是指有助于员工实现工作目标，降低工作要求带来的压力，同时能激发员工个人潜能和职业发展的积极因素（Demerouti et al.，2001）。深层表演正是这样一种重要的工作资源。它使个体在面对工作要求时能够保持积极的情感状态和良好的工作表现，提升工作效率，减轻压力和焦虑，从而降低离职意愿。对于医务社会工作者而言，深层表演更是至关重要的。他们需要与患者及其家属建立深入的联系，理解他们的内心需求，提供最恰当的支持。这种工作需要医务社会工作者具备良好的情绪管理能力、人际沟通技巧和共情能力。通过深层表演，医务社会工作者能够更为真切地理解和体验患者及其家属的情感状态和需求，帮助他们减轻心理负担和负面情绪，并提供更加人性化和有效的服务，从而提升工作满意度和降低离职意愿。

而基于资源保存理论，深层表演则是一种工具性资源，它能帮助个体积累更多有价值的资源，使工作任务得以高效完成（Hobfoll，2001）。在医务社会工作服务中，深层表演让医务社会工作者保持积极的内在状态，真诚、专业地面对服务对象，进而形成稳固和谐的专业关系，这种关系不仅能增强其成就感，也能为他们补充和积累更多的资源，降低离职的可能性。基于以上推论，本研究得出以下假设：

H1：深层表演对医务社会工作者的离职意愿产生负向影响。

（三）深层表演与工作投入

深层表演是一种情绪劳动，要求个体在工作中调整自己的情感体验和表达，以符合职业角色的期望。这种调整有助于个体在情感上与工作高度融合，从而对工作投入产生正向影响。深层表演对工作投入产生的正向影响，可以通过 JD-R 模型和自我决定理论（Self-Determination Theory, SDT）来阐述。

首先，根据 JD-R 模型，深层表演被视为一种工作资源，通过动机增强路径对工作投入产生正向影响。动机增强路径强调工作资源对员工动机的积极影响，当员工在工作中获得足够的资源和支持时，他们的内在动机和自我效能感会得到增强，进而促进工作投入的增加。基于此，进行深层表演的医务社会工作者能真实地表达自己的情感和想法，与工作情境产生共鸣。在这一过程中，医务社会工作者不仅能够更好地理解自己的工作角色，还能体验到工作的意义和价值。这种心理资源的注入，为医务社会工作者提供了一种内在的动力和支持，激发他们对工作的热情和兴趣，从而增加工作投入（Demerouti et al., 2001）。

其次，从自我决定理论的角度来看，医务社会工作者进行深层表演能够满足其三个基本心理需求：自主性、胜任和关系。自主性需求的满足意味着医务社会工作者在工作中感到自己的行为是出于自愿而非外部压力。胜任需求的满足体现为医务社会工作者在工作中感受到的成就和效能。关系需求的满足表现为与患者及其家属建立的积极关系。通过深层表演，医务社会工作者能够更自由、更真实地表达关怀，建立信任关系，满足基本心理需求，个体更可能体验到和增强内在动机，进而表现出更高的工作投入（Ryan & Deci, 2000: 68）。

综上所述，本研究得出以下假设：

H2：深层表演对医务社会工作者的工作投入产生正向影响。

（四）工作投入与离职意愿

现有众多文献已证实工作投入与离职意愿之间的负向关系，即高工作投入的员工往往能创造卓越的工作绩效，更好地达成个人和组织的目标，具有较低的离职意愿。例如，Kim 等（2017）对韩国 623 名企业员工的工作投入与离职意愿的关系进行实证研究，结果显示员工的工作投入与工作绩效正相关，与离职意愿负相关。Schaufeli 和 Bakker（2004）通过对 1698 名荷兰员工进行调查，探究工作投入与工作倦怠的预测因素及其相关结果，结果显示，工作投入与离职意愿负相关，并在工作资源与离职意愿之间起到中介作用。此外，Saks（2006）基于社会交换理论考察了工作投入的前因与后果，研究结果显示，高工作投入的员工对组织具有强烈的依恋感，离开组织的倾向较低。

根据以上文献，本研究推断出工作投入是医务社会工作者离职意愿的重要预测因素，高工作投入的医务社会工作者具有较低的离职意愿，从而得出以下假设：

H3：工作投入对离职意愿产生负向影响。

（五）工作投入在深层表演与离职意愿之间的中介作用

基于以上推论可知深层表演会对工作投入产生积极的正面影响，而工作投入又会降低员工的离职意愿。这一逻辑关系，满足工作投入在深层表演与离职意愿之间作为中介变量的基本条件。同时，JD-R 模型也为这一观点提供了有力的理论支撑，该模型指出当员工感受到丰富的工作资源时，其工作投入水平会随之提升。工作投入的增加能带来积极的工作体验和更高的工作满意度，有效降低员工的离职意愿。相反，资源的缺乏会导致工作投入的下降，影响工作体验和工作满意度，增加离职的风险。此外，Schaufeli 和 Bakker（2004）的研究进一步证实了工作投入在工作资源与离职意愿之间的中介作用的重要性。研究发现，拥有充足工作资源的员工更有可能全身心投入工作，从而表现出较低的离职意愿。Shahpouri 等（2016）指出，在护理人员中，工作投入在工作资源与离职意愿之间扮演了重要的中介角色。具体到医务社会工作者，深层表演作为一种重要的工作资源，能促进医务社会工作者主动调整情感体验和表达，以真诚和恰当的方式满足职业角色的需求，进行深层表演有助于他们提高与工作情感要求的一致性，增强工作的意义感，提升工作投入。工作投入的提高，使医务社会工作者对工作充满热情，能够更深刻地理解并满足患者的需求，体验到工作的成就感和满足感。这种正面的工作体验，有效地降低了他们的离职意愿，促使他们更愿意留在组织内继续发展。结合上述推论，本研究认为深层表演通过工作投入对离职意愿产生负向影响。基于此，本研究得出以下假设：

H4：工作投入在深层表演与离职意愿之间发挥中介作用。

（六）积极心理资本的调节效应

积极心理资本是一种积极的心理状态，由 Luthans 和 Youssef（2004）在积极心理学和积极组织行为学的基础上提出，包括乐观、希望、自我效能感和韧性四个核心维度。乐观赋予个体以积极的视角看待事件，对事物的发展持有更加积极和灵活的态度（Luthans & Youssef, 2004）。希望则是实现工作目标的意志力和方法，激励个体面对挑战，并通过坚定的决心和内在的控制感来达成目标。自我效能感是个体对自我能力的感知，在鼓励个体努力追求目标并投入资源以实现目标方面发挥重要作用（Luthans et al., 2007）。韧性是个体在逆境中不屈不挠、克服困难的能力，是重要的心理资源。Luthans 等（2013）指出，积极心理资本是一种积极的心理资源，能促进个体成长和发展，对个人和与工作相关的幸福感提升至关重要（Luthans et al., 2007）。JD-R 模型认为，个人资源与工作资源之间能够相互促进，个人资源丰富的员工能更有效地利用工作场所的资源，从而推动工作投入状态的形成。

依据 JD-R 模型，积极心理资本作为一种个人资源，能够助力资源的再生和积极情绪的调动，有助于深层表演的医务社会工作者更轻松地达到情绪展示规则的内化。个人对工作事件的情绪反应会影响他们对工作的态度和行为方式（Weiss & Cropanzano, 1996）。具有高积极心理资本的医务社会工作者在深层表演过程中，能够从积极的视角评价工作事件，有效运用情绪调节技术，展现出真实的积极情绪，与服务对象建立良好的互动，从而提高工作投入的水平。相反，积极心理资本较低的医务社会工作者可能在积极归因和情绪调动方面存在困难，这减少了他们在情绪劳动过程中积极情绪的体验（Cheung et al.，2011），影响深层表演的效果，进而可能降低工作投入的水平。综上所述，积极心理资本在医务社会工作者深层表演对工作投入的影响过程中起到不可或缺的调节作用。综上所述，本研究得出以下假设：

H5：积极心理资本调节深层表演对工作投入的正向关系，即积极心理资本越高，深层表演对工作投入的正向影响越显著。

基于以上推论，本研究提出了一个理论模型，旨在揭示深层表演、工作投入、离职意愿与积极心理资本之间的结构关系，如图1所示。

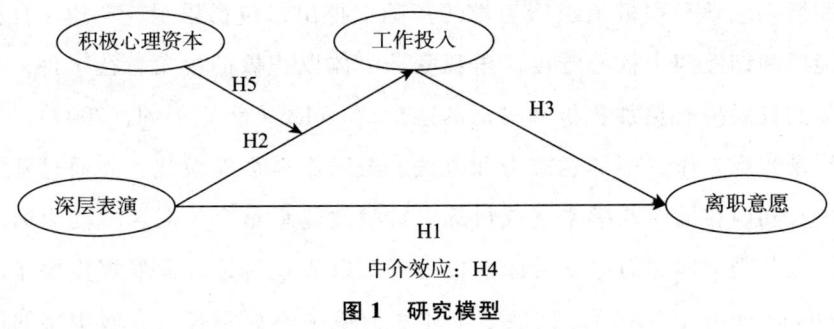

图1 研究模型

二 研究方法

（一）研究对象及抽样过程

本研究采用线上问卷调查法收集数据，研究对象选自广西、广东广州、上海3个地区社会工作机构及医院的医务社会工作者。在取得相关机构管理人员的同意后，由管理人员配合发放问卷链接，问卷链接发放前向受访者说明此次调查数据仅用作学术研究不涉及其他用途，并保证个人信息的保密性。发放问卷400份，回收395份，经过筛选有效问卷为391份，有效回收率为97.75%。在391份有效样本中，从性别看，男性占31.7%，共124人，女性占68.3%，共267人，受访者中女性居多；从年龄看，20~25岁的受访者占42.2%，25~30岁的受访者占33.8%，30~35岁的受访者占

21.5%，35 岁及以上的受访者占 2.5%；受访者的学历主要集中在本科，占 66.75%，研究生学历者占 11.00%，而专科学历者 22.25%。

（二）测量工具

本研究严格选用国内外学者开发的成熟量表，并通过翻译-回译确保其语言的准确性。为确保问卷的适用性，本研究在样本机构（共 16 人）进行了预测试（结果未纳入正式调查），并根据反馈进行了细致的调整。最终问卷采用李克特 5 点量表，评分范围从 1（非常不同意）到 5（非常同意）。测量工具如下。

深层表演：采用 Grandey（2000）所编制的情绪劳动量表中测量深层表演的 6 个题项，例如"我致力于内化并培养那些真诚的情感，以便向服务对象传递真挚的情感共鸣"。

工作投入：采用 Schaufeli 等（2006）开发的工作投入量表 UWES（简易版）。工作投入主要表现为在工作中充满了精力，愿意为工作奉献自我。量表从活力、奉献、专注三个维度进行测量，共有 9 道题。量表题目包括"在工作中，我感受到一股由内而外的能量喷薄欲出，激励我不断前行"等。

离职意愿：采用翁清雄和席酉民（2010）开发的 4 个题项的离职倾向量表。量表题目包括"在未来半年内，我很可能会离开目前的单位"等。

积极心理资本：采用 Luthans 等（2007）开发的 PCQ-24 问卷，将积极心理资本分为自我效能感、韧性、乐观和希望四个维度，每个维度各 6 道题，题项包括"我能从容对待工作中的压力"等。

控制变量：将年龄、性别、学历等个人人口统计学因素作为控制变量（Griffeth et al., 2000）。

（三）分析策略

本研究运用统计软件 SPSS V.23.0 与 Amos V.23.0 对数据进行了深度剖析。具体如下：第一，通过频率分析了解样本特征；第二，为确保各测量变量效度并排查共同方法偏差，进行了探索性因子分析和验证性因子分析；第三，为验证量表题项的内部一致性，进行了信度分析；第四，为研究变量之间的关系，进行了相关分析和描述性统计分析；第五，为评价研究模型的适用性和假设检验，使用 AMOS 进行了结构方程模型分析，全面验证直接效应、中介效应和调节效应。

三 实证结果

（一）共同方法偏差

本研究的数据选用员工自评的方式进行收集，而单一来源自我报告法易产生同源偏差。根据 Podsakoff 等（2012）的建议，应用两种检验方法以检测数据是否存在共同方法偏差。首先，采用 Harman（1976）的单因子检验。结果显示，第一个因子仅占总方差的 10.28%，小于临界值（40%）。其次，通过将所有题项建立一个模型以检测单个因子，进一步检验共同方法偏差。结果表明，单因子模型的拟合度（χ^2 = 4951.558, p = 0.000, df = 779, χ^2/df = 6.356, GFI = 0.508, AGFI = 0.456, CFI = 0.0.537, IFI = 0.539, RMSEA = 0.117）比基础模型（χ^2 = 893.140, p = 0.001, df = 766, χ^2/df = 1.166, GFI = 0.898, AGFI = 0.886, CFI = 0.986, IFI = 0.986, RMSEA = 0.021）的拟合度要差，由此可见，本研究的共同方法偏差问题并不严重。

（二）信效度检测

本研究将 Cronbach's α 值作为测量各个变量信度的判断标准，并运用 SPSS V.23.0 进行信度检验，结果如表 1 所示。本研究所选用的量表 Cronbach's α 值在 0.834~0.878，均在 0.8 以上，说明量表的整体信度较高，且具备良好的内部一致性。此外，从 KMO 值中可见，4 个变量的 KMO 值在 0.816~0.956，均高于 0.7，表明本研究所编制的量表具有较好的结构效度。

表 1 变量的信度与效度分析

变量	最小因子载荷	Cronbach's α 值	KMO	Total Variance Explained (%)
深层表演	0.811	0.834	0.816	66.765
工作投入	0.786	0.871	0.855	76.642
离职意愿	0.816	0.852	0.819	69.258
积极心理资本	0.710	0.878	0.956	67.853

同时，通过 AMOS V.23.0 进行验证性因子分析，结果显示（见表2），四因子模型对数据的拟合程度最高（$\chi^2 = 893.140$，$p = 0.001$，$df = 766$，$\chi^2/df = 1.166$，GFI = 0.898，AGFI = 0.886，CFI = 0.986，IFI = 0.986，RMSEA = 0.021），从而得知四个变量间具备较好的区分效度，适合进行相关分析。

表 2 验证性因子分析

模型	χ^2/df	GFI	AGFI	CFI	IFI	RMSEA
四因子模型（DA、WE、TUR、PSYCAP）	1.166	0.898	0.886	0.986	0.986	0.021
三因子模型（DA+WE、TUR、PSYCAP）	2.396	0.787	0.762	0.880	0.881	0.060
二因子模型（DA+WE+TUR、PSYCAP）	2.946	0.744	0.715	0.833	0.834	0.071
一因子模型（DA+WE+TUR+PSYCAP）	6.356	0.508	0.456	0.537	0.539	0.117

注：DA 代表深层表演；PSYCAP 代表积极心理资本；TUR 代表离职意愿；WE 代表工作投入。

相关分析结果如表 3 所示，变量之间均具有显著的相关性（$p<0.01$），相关系数绝对值小于 0.5，且均小于所对应的 AVE 的平方根，说明各个变量之间具有一定的相关性的同时又具有区分效度，进一步验证量表数据的区分效度理想。所有变量的 AVE 在 0.557~0.605，均大于 0.5，且组合信度 CR 都大于 0.7，表明所使用量表具有良好的信度，且收敛效度理想。

表 3 描述性统计变量、相关系数、AVE 及 CR 值（$N = 453$）

变量	M	SD	1	2	3	4
1. 深层表演	3.372	0.992	1			
2. 工作投入	3.441	0.891	0.379**	1		

续表

变量	M	SD	1	2	3	4
3. 离职意愿	2.707	1.028	-0.343**	-0.417**	1	
4. 积极心理资本	3.359	0.631	0.402**	0.393**	-0.405**	1
AVE			0.557	0.558	0.589	0.605
CR			0.830	0.790	0.852	0.860

**$p<0.01$。

（三）直接效应

通过 AMOS V.23.0 对理论模型进行分析（见图2），以检验变量之间的影响关系。结果显示，模型拟合度为 $\chi^2 = 411.493$，$p = 0$，$df = 267$，$\chi^2/df = 1.541$，GFI = 0.925，AGFI = 0.909，CFI = 0.962，IFI = 0.962，RMSEA = 0.037。由此可见，结构模型具有良好的拟合度，符合路径分析的要求。

本研究通过结构方程模型检验医务社会工作者的深层表演对工作投入和离职意愿的直接影响，实证结果如表4所示。深层表演对离职意愿具有显著负向影响（$\beta = -0.151$，$p<0.05$），H1 成立。深层表演对工作投入具有显著正向影响（$\beta = 0.327$，$p<0.001$），H2 成立。工作投入对离职意愿具有显著负向影响（$\beta = -0.488$，$p<0.001$），H3 成立。

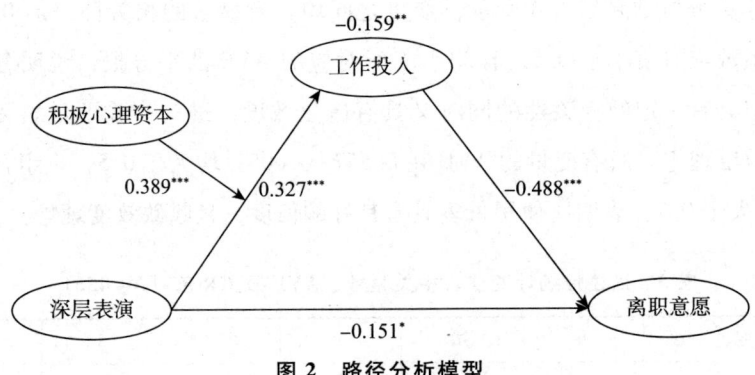

图2 路径分析模型

表 4 直接效应检验结果

对应假设	路径	标准化系数	SE	t 值	p 值	检验结论
H1	深层表演→离职意愿	-0.151*	0.065	-2.203	0.028	成立
H2	深层表演→工作投入	0.327***	0.060	4.628	0.000	成立
H3	工作投入→离职意愿	-0.488***	0.088	-6.266	0.000	成立

$\chi^2 = 411.493$, $p = 0$, $df = 267$, $\chi^2/df = 1.541$, GFI = 0.925, AGFI = 0.909, CFI = 0.962, IFI = 0.962, RMSEA = 0.037

* $p<0.05$, *** $p<0.001$。

(四) 中介效应

同时,采用偏差校正百分位 Bootstrapping 法(重复采样 2000 次)判定中介效应。实证结果显示,深层表演对工作投入存在显著直接效应,且工作投入对离职意愿也存在直接效应。工作投入在深层表演与离职意愿之间的间接效应为 -0.159,95% 的置信区间 CI = [-0.250, -0.104],不包含 0,中介效应显著,由此,H4 成立(见表 5)。

表 5 中介效应 Bootstrapping 检验结果

路径	标准化中介效应	p 值	Boot LLCI	Boot ULCI
深层表演→工作投入→离职意愿	-0.159**	0.006	-0.250	-0.104

** $p<0.01$。

(五) 调节效应

对积极心理资本的调节效应进行检验,根据表 6 的结果可知,深层表演与积极心理资本的交互项对工作投入有显著影响($\beta = 0.389$, $p<0.001$),H5 得到验证。结果表明,积极心理资本能调节深层表演与工作投入之间的正向关系,即积极心理资本水平越高,深层表演与工作投入之间的正向关系越强。

表 6　调节效应检验结果

路径	标准化系数	SE	t 值	p 值
深层表演→工作投入	0.327***	0.060	4.628	0.000
积极心理资本→工作投入	0.410***	0.071	5.679	0.000
交互项→工作投入	0.389***	0.287	4.364	0.000

***$p<0.001$。

为进一步检验调节效应，针对不同水平的积极心理资本绘制交互效应图（见图3）。图中直线斜率反映了深层表演对工作投入影响的大小。简单斜率检验表明（Preacher et al.，2006），当积极心理资本水平低时，深层表演与工作投入之间的关系不显著（$\beta=-0.062$，$p>0.05$），当积极心理资本水平高时，深层表演与工作投入之间的关系显著（$\beta=0.716$，$p<0.01$），积极心理资本的调节作用再次得到支持。

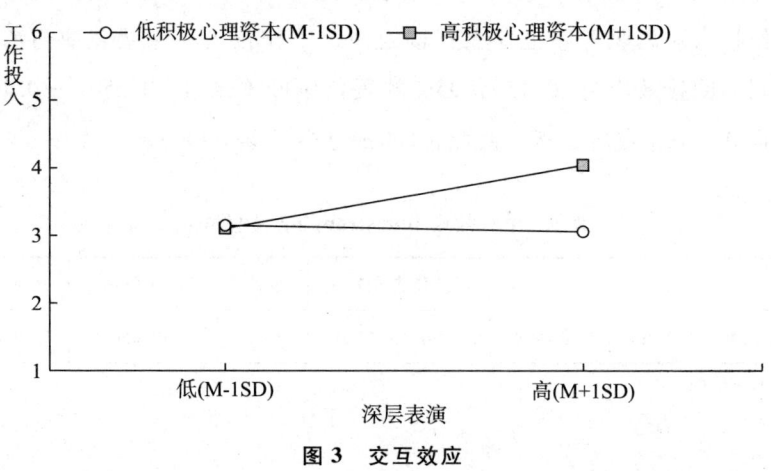

图 3　交互效应

四　结论与讨论

本研究主要关注深层表演与离职意愿之间的影响机制，并考虑了工作投入的中介作用与积极心理资本的调节效应。研究结果表明：（1）深层表演对医务社会工作者的离职意愿产生显著负向影响；（2）深层表演对工作投入产生正向影响；（3）工作投入对离职意愿产生显著负向影响；

（4）深层表演通过工作投入对离职意愿产生间接负向影响，工作投入在深层表演与离职意愿之间发挥部分中介作用；（5）积极心理资本强化深层表演与工作投入之间的正向关系，起到正向调节作用。

实证结果表明，首先，深层表演对医务社会工作者的离职意愿具有直接影响。这说明使用深层表演的医务社会工作者能够调动内在的感受，能够真实地体会积极情绪，通过调整和表达真实情感以满足职业角色的需求，从而显著影响其离职意愿。这与以往针对深层表演与离职意愿之间关系的研究一致，进一步证实了深层表演在塑造医务社会工作者对工作的情感体验和降低离职意愿方面起着关键作用。

其次，工作投入在深层表演与医务社会工作者的离职意愿之间发挥了部分中介作用。通过进行深层表演，医务社会工作者的服务真诚度得到提升，有助于获得服务对象的积极反馈和提高忠诚度，顺利建立服务关系，高效完成任务。这种积极主动的工作体验增加了工作投入，间接降低了离职意愿。本研究首次揭示了工作投入在深层表演与离职意愿间的中介效应，为现有文献提供了新的理论视角，拓展了对该领域影响机制的理解。

最后，本研究揭示出积极心理资本作为深层表演与工作投入之间关系的关键调节因素，显著增强了深层表演对工作投入的正向效应。积极心理资本不仅是个体积极心理特质的体现，更是宝贵的个人资源（Luthans et al., 2007；Luthans & Youssef, 2004）。基于 JD-R 模型，个人资源的累积能够有效推动工作资源与工作投入间的良性互动（Wingerden et al., 2016）。那些具备高积极心理资本的医务社会工作者，对自身调节内在情绪的能力充满信心，面对工作中的挑战能保持耐心，进行积极的归因，并愿意为实现工作目标不懈努力。因此，具备高积极心理资本的医务社会工作者在进行深层表演时，更能游刃有余，从而展现出更高的工作投入水平。

（一）理论启示

本研究根据研究结果得出以下理论启示。

第一，本研究深化了对深层表演与离职意愿之间关系的理解。在情绪劳动研究领域中，二者关系一直备受争议。有观点认为，深层表演与离职意愿无直接关联或存在负向影响（Chau et al., 2009；Xu et al., 2017）。本研究深入探讨了深层表演与离职意愿之间的关系，揭示出采取深层表演的医务社会工作者能够体验到更多的积极情绪，显著提升工作满意度，有效降低离职意愿。这一发现为澄清业界争议提供了坚实依据，具有重要参考价值。

第二，本研究基于 JD-R 模型，深入探究了情绪劳动对医务社会工作者离职意愿的影响机制。尽管情绪劳动与离职意愿的关系已受到广泛关注，但过去的研究多聚焦于情绪耗竭的中介作用，较少从积极视角审视其机制，尤其忽视了工作投入的中介效应。依据 JD-R 模型，本研究发现深层表演作为一种宝贵的工作资源，通过增加工作投入，显著降低了医务社会工作者的离职意愿。这一发现不仅丰富了工作投入作为中介机制的理论研究，还强调了深层表演作为积极工作资源的价值，并突出了情绪劳动的正面影响，为降低医务社会工作者的离职率提供了新的见解。

第三，本研究深入探讨了深层表演与工作投入之间关系的边界条件。积极心理资本作为一种积极的个人心理资源，能够显著强化深层表演对工作投入的正向效应。高积极心理资本的医务社会工作者在采取深层表演后，相较于积极心理资本较低的个体，会展现出更高的工作投入水平。基于 JD-R 模型，积极心理资本作为关键的个人资源，其丰富性进一步巩固了深层表演与工作投入之间的正相关关系，凸显了两者的相互作用。这一发现为 JD-R 模型中个人资源与工作资源交互作用影响工作投入的理论提供了有力的实证支持。

（二）实践启示

基于研究结果，本研究为医务社会工作机构和医院管理者提供以下建议。

第一，医务社会工作机构和医院应提供专业培训，以增强医务社会工作者的认知重评和注意力重新分配能力。认知重评指对工作情境的重新审视与解读以激发积极情感体验,而注意力重新分配则是将注意力聚焦于令人愉悦的事物上,从而诱发并强化积极情绪,这是深层表演的核心情绪调节策略。通过培训,可提升医务社会工作者使用深层表演的频率。在培训中,需强调情绪调节的重要性,引导医务社会工作者深刻理解掌握适当的情绪管理策略对于提升个人幸福感、工作绩效以及维护身心健康的关键作用。同时,应传授认知重评和注意力重新分配技巧,使其更易实施深层表演策略,满足服务对象对积极情绪的期待,进而提升医务社会工作者的工作满意度与绩效。

第二,管理层应制定积极的情绪表达规范,为医务社会工作者营造有利的情绪调节环境,使他们在工作中能更自然地体验积极情绪,进而提高深层表演的运用频率。规范应明确指导医务社会工作者在互动中如何表达情绪,例如,在面对服务对象的不幸遭遇时,应展现同情心。同时,在制定规范过程中,明确强调医务社会工作者需要向服务对象表达积极情绪。

第三,研究结果显示,深层表演通过提升工作投入显著降低了离职意愿。这说明工作投入是情绪劳动与离职意愿之间的重要桥梁,因此要采取有效措施提高工作投入。鉴于医务社会工作者在服务中常面临压力与困境,为使医务社会工作者增加工作投入,医务社会工作机构和医院应积极营造和谐的组织环境,减少其消极情绪的产生,增加其在服务中运用深层表演的可能性。具体而言,医务社会工作机构和医院应关注员工的情绪状态,建立情绪疏导机制,并定期举办情绪调节经验交流会,强化同事间的支持与互助,共同提升医务社会工作者的工作投入与幸福感。

第四,医务社会工作机构和医院应开设心理健康课程,聚焦提升医务社会工作者的自我效能感、希望、乐观和韧性。通过案例教学、模拟实践等多种教学方法,将积极心理资本培育与服务工作紧密结合,以提升其积极心理资本水平。同时,管理层和督导可借助心理测评、咨询沙龙等形式,为医务社会工作者提供个性化心理支持,引导其正面归因并积极回应工作中的情绪需求。此外,机构与医院需明确表达对员工的认可与奖励，让员工感受到自身价值与组织支持，从而促进积极心理资本的持续积累。

（三）研究的局限性

尽管本研究在揭示积极情绪劳动与离职意愿之间关系方面取得了重要发现，对组织实践具有显著启示，但仍存在一些局限性需要指明。

首先，研究采用横截面设计，仅限于单一时间节点进行观察和抽样。然而，情绪劳动对工作结果的影响是一个动态演变的过程，可能随时间推移而发生变化。因此，未来研究可以考虑采用纵向设计，以更全面地追踪和验证本研究提出的理论模型。

其次，本研究的样本主要集中在广西、广东广州和上海三个地区的社会工作机构和医院，这可能限制研究结果的广泛性和普适性。为了克服这一局限性，未来研究可以拓展样本的地域范围，以便更全面地检验理论模型的可靠性和适用性。

最后，人口统计特性如性别、年龄和工作单位性质等因素，也可能对研究结果产生显著影响。鉴于此，未来研究应当充分考虑这些因素的差异性，深入分析不同人口统计特性背景下变量间的关系变动，以便更全面地理解这些特性在模型中的作用机制。这一举措将为相关领域的实践和管理提供更为精确、有针对性的指导建议。

参考文献

林南，2005，《社会资本：关于社会结构与行动的理论》，张磊译，上海人民出版社。

唐咏、倪小琪，2023，《医务社会工作者职业紧张、组织支持与离职意愿的关系研究》，《社会工作》第 2 期。

翁清雄、席酉民，2010，《职业成长与离职倾向：职业承诺与感知机会的调节作用》，《南开管理评论》第 2 期。

Bakker, A. B. & Demerouti, E. 2007. "The Job Demands-Resources Model: State of the Art." *Journal of Managerial Psychology* 22 (3): 309-328.

Brotheridge, C. M. & Lee, R. T. 2002. "Testing a Conservation of Resources Model of the Dynamics of Emotional Labor." *Journal of Occupational Health Psychology* 7 (1): 57-67.

Chau, S. L., Dahling, J. J., Levy, P. E., & Diefendorff, J. M. 2009. "A Predictive Study of Emotional Labor and Turnover." *Journal of Organizational Behavior* 30 (8): 1151-1163.

Cheung, F., Tang, C. S. K., & Tang, S. 2011. "Psychological Capital as a Moderator Between Emotional Labor, Burnout, and Job Satisfaction among School Teachers in China." *International Journal of Stress Management* 18 (4): 348-371.

Coté, S. 2005. "A Social Interaction Model of the Effects of Emotion Regulation on Work Strain." *Academy of Management Review* 30 (3): 509-530.

Demerouti, E., Bakker, A. B., Nachreiner, F., & Schaufeli, W. B. 2001. "The Job Demands-Resources Model of Burnout." *Journal of Applied Psychology* 86 (3): 499-512.

Fredrickson, B. L. 2001. "The Role of Positive Emotions in Positive Psychology: The Broaden-and-Build Theory of Positive Emotions." *American Psychologist* 56 (3): 218-266.

Grandey, A. A. 2000. "Emotional Regulationin the Workplace: A New Way to Conceptualize Emotional Labor." *Journal of Occupational Health Psychology* 5 (1): 95-110.

Griffeth, R. W., Hom, P. W., & Gaertner, S. 2000. "A Meta-Analysis of Antecedents and Correlates of Employee Turnover: Update, Moderator Tests, and Research Implications for the Next Millennium." *Journal of Management* 26 (3): 463-488.

Harman, H. H. 1976. *Modern Factor Analysis*. Illinois: University of Chicago Press.

Hülsheger, U. R. & Schewe, A. F. 2011. "On the Costs and Benefits of Emotional Labor: A Meta-Analysis of Three Decades of Research." *Journal of Occupational Health Psychology* 16 (3): 361-389.

Hobfoll, S. E. 2001. "The Influence of Culture, Community, and the Nested-Self in the Stress Process: Advancing Conservation of Resources Theory." *Applied Psychology* 50 (3): 337-421.

Hochschild, A. R. 2019. *The Managed Heart: Commercialization of Human Feeling*. Oakland: University of California Press.

Huang, J. L., Chiaburu, D. S., Zhang, X. A., Li, N., & Grandey, A. A. 2015. "Rising to the Challenge: Deep Acting Is More Beneficial When Tasks Are Appraised as

Challenging." *Journal of Applied Psychology* 100 (5): 1398-1408.

Kim, W. 2017. "Examining Mediation Effects of Work Engagement among Job Resources, Job Performance, and Turnover Intention." *Performance Improvement Quarterly* 29 (4): 407-425.

Li, X., Yu, X., Zeng, S., & He, X. 2019. "Degree or Examination: What Is the Foundation of the Social Work Workforce in China?" *International Social Work* 62 (1): 447-460.

Luthans, F., Avolio, B. J., Avey, J. B., & Norman, S. M. 2007. "Positive Psychological Capital: Measurement and Relationship with Performance and Satisfaction." *Personnel Psychology* 60 (3): 541-572.

Luthans, F. & Youssef, C. M. 2004. "Human, Social, and Now Positive Psychological Capital Management: Investing in People for Competitive Advantage." *Organizational Dynamics* 33 (2): 143-160.

Luthans, F., Youssef, C. M., Sweetman, D. S., & Harms, P. D. 2013. "Meeting the Leadership Challenge of Employee Well-Being Through Relationship Psycap and Health Psycap." *Journal of Leadership & Organizational Studies* 20 (1): 118-133.

Mobley, W. H., Horner, S. O., & Hollingsworth, A. T. 1978. "An Evaluation of Precursors of Hospital Employee Turnover." *Journal of Applied Psychology* 63 (4): 408-414.

O'Connor, L. 2020. "How Social Workers Understandand Use Their Emotions in Practice: A Thematic Synthesis Literature Review." *Qualitative Social Work* 19 (4): 645-662.

Podsakoff, P. M., MacKenzie, S. B., & Podsakoff, N. P. 2012. "Sources of Method Bias in Social Science Research and Recommendations on How to Control It." *Annual Review of Psychology* 63 (1): 539-569.

Preacher, K. J., Curran, P. J., & Bauer, D. J. 2006. "Computational Tools for Probing Interactions in Multiple Linear Regression, Multilevel Modeling, and Latent Curve Analysis." *Journal of Educational and Behavioral Statistics* 31 (4): 437-448.

Ryan, R. M. & Deci, E. L. 2000. "Self-Determination Theory and the Facilitation of Intrinsic Motivation, Social Development, and Well-Being." *American Psychologist* 55 (1): 68-78.

Saks, A. M. 2006. "Antecedents and Consequences of Employee Engagement." *Journal of Managerial Psychology* 21 (7): 600-619.

Schaufeli, W. B. & Bakker, A. B. 2004. "Job Demands, Job Resources, and Their Relationship with Burnout and Engagement: A Multi-Sample Study." *Journal of Organizational Behavior: The International Journal of Industrial, Occupational and Organizational Psychology and Behavior* 25 (3): 293-315.

Schaufeli, W. B., Bakker, A. B., & Salanova, M. 2006. "The Measurement of Work Engagement with a Short Questionnaire: A Cross-National Study." *Educational and Psychological Measurement* 66 (4): 701-716.

Shahpouri, S., Namdari, K., & Abedi, A. 2016. "Mediating Role of Work Engagement in the Relationship Between Job Resources and Personal Resources with Turnover Intention among Female Nurses." *Applied Nursing Research* 30: 216-221.

Weiss, H. M. & Cropanzano, R. 1996. "Affective Events Theory." *Research in Organizational Behavior* 18 (1): 1-74.

Wermeling, L. 2013. "Why Social Workers Leave the Profession: Understanding the Profession and Workforce." *Administration in Social Work* 37 (4): 329-339.

Wingerden, J. V., Bakker, A. B., & Derks, D. 2016. "A Test of a Job Demands-Resources Intervention." *Journal of Managerial Psychology* 31 (3): 686-701.

Xanthopoulou, D., Bakker, A. B., Demerouti, E., & Schaufeli, W. B. 2009. "Reciprocal Relationships Between Job Resources, Personal Resources, and Work Engagement." *Journal of Vocational Behavior* 74 (3): 235-244.

Xu, S., Martinez, L. R., & Lv, Q. 2017. "Explaining the Link Between Emotional Labor and Turnover Intentions: The Role of In-Depth Communication." *International Journal of Hospitality & Tourism Administration* 18 (3): 288-306.

【老年社会工作研究】

老年人孤独感的影响因素研究：基于社会生态系统与生命历程的综融视角

阳　方　高有融　周　翔　顾大男[*]

摘　要　老年人孤独感日益成为社会的一个焦点问题，关注老年人心理健康已成为新时代老龄工作重点之一。本文旨在综融社会生态系统和生命历程两个视角，系统梳理老年人孤独感影响因素的相关文献，并尝试提出一个关于老年人孤独感影响因素的理论框架。本文认为，在生命历程-社会生态系统视域下，生命历程资源和风险共存；孤独感形成的核心原因在于不同生命阶段个体经历的诸如健康、社会经济地位、家庭/社会支持等多维度上的丧失或水平下降时，因他们在数量上或结构上没有充足的资源来应对这些丧失，导致资源-需求之间的数量性失衡，或者资源-需求之间的结构性不协调或错位，使其社会关系需求无法得到满足，进而引发孤独感。本文认为，需要提供全生命周期心理健康服务，促进多元主体协同，降低生命历程

---

[*] 阳方，上海大学社会学院社会工作系副教授，主要研究方向为老年社会工作、社会心理服务等；高有融，上海大学社会学院博士研究生，主要研究方向为老年社会工作；周翔，上海大学社会学院博士研究生，主要研究方向为社会心理学；顾大男，联合国人口司工作人员，人口学博士，主要研究方向为人口学。

风险；重视老年人的主体性，赋能其积攒生命历程资源；推进老龄化社会的情感重塑，营造老年友好社会环境。

关键词 孤独感 生命历程资源 生命历程风险 社会生态系统理论 生命历程视角

一 问题提出

老年人孤独感正成为一个全球范围内的公共卫生问题，孤独感不仅是个体层面的心理情感问题，更是一个不可回避的社会问题（杨可明，2021）。孤独感会诱发一系列潜在的健康风险，包括心血管疾病、认知功能下降、死亡风险增加，并导致健康服务使用增加，给医疗卫生系统以及为老服务体系带来沉重负担，导致严重的社会性后果（潘露等，2015；库敏等，2020；Luo et al.，2012；Luo & Waite，2014；Zhou et al.，2018）。随着社会的发展与变迁、家庭养老功能的弱化以及传统孝道的式微，老年人在家庭决策中的地位、声望和权威的边缘化，我国老年人孤独感呈上升趋势（闫志民等，2014；党俊武、李晶，2019）。研究发现，中国近1/3的低龄老年人感到孤独，而在高龄老年人中这一比例过半（党俊武、李晶，2019）。李强等（2019）使用"中国大城市城区70岁及以上独居老人状况和需求调查"数据发现，约45%的独居老人有时感到孤独，约15%的独居老人经常感到孤独。此外，突发的公共卫生事件导致的社会隔离等措施又增加了老年人孤独感的风险（Buecker et al.，2020；Wu，2020）。

值得强调的是，我国目前已进入中度老龄化（Gu et al.，2021），未来随着我国人口老龄化程度的加深，老年孤独群体的数量将持续攀升，对个人、家庭和社会发展构成严峻挑战，由此引发的社会问题可能更为严重。为了积极应对这一挑战，国家卫健委提出，2022～2025年，在中共中央和国务院2019年制定的《国家积极应对人口老龄化中长期规划》指导下，在全国广泛开展老年心理关爱行动。2022年党的二十大报告里也明确提出推进健康中国战略，强调重视心理健康和精神卫生。由此可见，关注老年人心理健康，包括孤独感，已成为新时代以及未来一段时间我国老龄工作的重点之一。

在老年人心理健康研究中，与焦虑、抑郁等相比，围绕孤独感的研究较为欠缺。在长期的人类进化过程中，与人联结是人类的本能之一，这种联结可以增加生存概率，帮助个人更好地适应环境，而有意义的人际联结的减弱或丧失是导致孤独感的重要因素（Mckenna-Plumley et al.，2023）。尤其是随着社会的快速发展与变迁，社会氛围、人际联结、个体观念等多方面发生了巨大的变化，对孤独感及其影响因素的研究也日益增加。因此，本研究旨在梳理当下有关老年人孤独感及其影响因素的最新研究成果，从社会生态系统理论和生命历程视角出发，尝试构建一个新的理论框架，以期深入理解和探讨老年人孤独感这个社会问题，也为进一步完善缓解老年人孤独感的政策和服务提供依据。

二 孤独感概念和研究转向

自20世纪70年代以来，有关孤独感的研究经历了三次显著转向。一是在研究视角上，孤独感的研究逐渐从医学视角转向社会或社会医学视角。原先将孤独感界定为人际交往与情感表达功能障碍的医学观点转向将其界定在不同社会背景下对人际关系的感知和情绪体验。这一变化表现为从关注个人层面的心理因素向从宏观视角审视孤独体验的演变。二是在研究对象上，孤独感研究由最初聚焦成年人逐步扩展到全生命周期下的人群，尤其是老年人孤独感成为研究重点之一。三是在研究方法上，从诸如关注住院、独居等老年人群体的横截面研究扩展到纵向或队列研究，且对老年人孤独感的研究从仅仅关注老年时期的特征转向涵盖整个生命周期的经历和特点对孤独感的影响。

从医学角度来看，孤独感被用来描述个体在人际交往与情感表达方面存在功能障碍。在临床医学和精神卫生评估中，孤独感通常被视为一种心理健康问题，通过问卷等测量工具，对其进行精准赋值和等级量化。

这种方法将孤独感诊断为特定生理心理过程下的情感功能障碍症状（王雪等，2023；Hakulinen et al.，2018；Isik et al.，2021）。然而，医学化的视角将孤独感视为一个脱离社会背景的个体问题，未能考虑孤独感的社会根源。这样的视角限制了对日益普遍的孤独感问题进行整体性的理解，无法对制定社会层面的应对策略实现应有的参考价值。

从社会学和心理学角度来看，Perlman 和 Peplau（1981）指出，孤独感是当一个人的交际圈在数量或质量上出现严重匮乏或缺失时产生的一种不愉快的经历。这其实隐含着实际社会关系与理想社会关系之间的差距，以及通过认知路径导致的情绪反应，即差距-认知视角。Weiss（1973）区分了情感性孤独和社会性孤独，其中，情感性孤独是指缺乏个人的、亲密的关系，而社会性孤独是由于缺乏社会联结或者归属感。在Weiss看来，情感性孤独更多的是一种急性的、痛苦的隔离状态，而社会性孤独是指被拒绝、不被接受或者无聊的杂糅体。De Jong Gierveld（1987）设计了测量情感性孤独和社会性孤独的量表，并进行了数据验证。Hawkley等（2005）将孤独感分为三个维度，即疏离、关系联结以及集体联结。第一个维度为个体社会关系缺乏而引发的孤独，第二个维度为亲密关系或支持感缺乏而产生的孤独，第三个维度则为因缺乏群体认同感和群体融入而产生的孤独。这些观点共同构成了对孤独感多层次、多维度理解的重要基石。有学者认为，孤独感对于个体短期适应环境有着重要的意义，但是长远来看给个体带来的是负面的影响，广泛增加患病风险和死亡风险（Cacioppo & Cacioppo，2012，2018）。除了之前提及的社会性孤独、情感性孤独，还有学者提出了存在性孤独感。存在性孤独感是指一种更基本的、与他人或社会有着深层次脱离的感觉（Bolmsjö et al.，2019）。Carr 和 Fang（2023）探究了居住在退休社区老年人的孤独感，提出了存在性孤独感的具体表现，包括意识到死亡、感觉被遗忘以及生平的痛苦等。这些研究发现进一步深化了对孤独感的认识和理解，强调了存在性孤独感在老年人中可能是一种独特而深刻的体验。

国内学者对孤独感的研究也基本遵循国外研究的时空发展线，从将孤独感视为一种负性情感体验，逐渐演变为将其视为一种被群体融合系统排斥的体验，再进一步扩展到从宏观或社会结构层面来审视孤独感的体验。例如，朱智贤（1989）将孤独定义为人处在某种陌生、封闭或特殊情境中感受到的一种不愉快的情感体验。黄希庭（2004）认为孤独感是个体渴望人际交往和亲密关系却又无法得到满足的一种不愉快的情绪感受。姚远（2007）则指出，孤独感是指一种对自己被他人、群体有意义的融合系统排斥在外所产生的感觉。田晓明（2011）将孤独感视为现代城市社会的普遍心理现象，也是中国城市秩序重构的心理拐点。而朱楷文和王永益（2023）则将老年人孤独感视为老龄化程度不断加深背景下结构性的"情感断裂"。尽管不同学者对孤独感的界定和诠释存在一定差异，但总体来说，孤独感被认为是一种负面的情绪体验，与个体的社交网络密切相关，同时也与社会变迁和社会结构息息相关。

三 社会生态系统视角下老年人孤独感的影响因素

无论是基于横截面数据还是运用追踪数据，目前文献有大量实证研究致力于考察孤独感的影响因素。这些研究主要基于个体特质或能力视角、家庭系统视角、活动理论、社会分层理论等较为微观的视角展开。其背后的逻辑不外乎于将个体置于一个社会生态系统中，考察个体所处的多维系统对其生命体验的形塑作用。

社会生态系统理论认为，每一个个体都始终处于一系列相互嵌套和交互影响的系统中，且个体的发展受到其所处生态系统的影响，包括微观系统（如家庭）、中观系统（如社区）、宏观系统（如政策、文化）、历时系统（各生态系统的变迁对个体发展的影响）（Bronfenbrenner，1979）。该理论从横向的角度剖析所处的家庭、人际关系、社区、社会文化等因素对老年人社会交往需求及其满足程度的影响。在社会生态系统中，不同子系统并非相互独立的，而是相互影响、相互作用的，各子系统拥有一定的资源，也存在一定的风险。个体嵌入复杂的社会生态系统中，个体与外在的环境持续互动,在面临风险时,也能从外部环境中汲取力量和资源来应对风险,是一种资源与风险并存的状态。以下文献也尝试基于这一理念从个人、家庭、人际关系、社区和社会层面来梳理老年人孤独感的影响因素。

(一) 个人层面

在个人层面,文献中孤独感的影响因素主要包括年龄、性别、社会经济地位、性格特征以及健康状况。

在年龄方面,大部分研究发现,高龄与孤独感呈正相关(Dykstra,2009;De Jong Gierveld et al.,2016;Jylhä,2004;Luanaigh & Lawlor,2008)。而 Pinquart 和 Sorensen(2001)发现,孤独感与年龄两者在 60~80 岁老年人中无相关性或相关性较低,而在 80 岁以上老年人中二者相关性最高。Hawkley 等(2022)发现,年龄与孤独感呈非线性关系,在 60 岁及以上的人口中,年龄与孤独感呈 U 形关系,在 70 岁左右孤独感水平最低。然而,孤独感并非老年人所独有,所有年龄段的人群均可能受到孤独情绪的影响。因此,影响孤独感的因素可能并非年龄本身,而是个体经历以及资源的年龄差异(Hawkley et al.,2022)。

在性别方面,绝大多数研究表明,老年女性孤独感水平要高于老年男性(Luhmann & Hawkley,2016;Pinquart & Sorensen,2001)。然而,也有研究发现,相较于女性而言,老年男性孤独感更高(夏秀,2015;Nicolaisen & Thorsen,2014a;De Jong Gierveld et al.,2015),男性丧偶老人更容易陷入孤独(刘晨等,2022)。此外,Victor 和 Yang(2012)发现,对于女性来说,孤独感大约在 55 岁时开始增加,而男性是在 75 岁以后。

在社会经济地位方面,研究发现了一个趋势,即社会经济地位与孤独感呈负相关(Pinquart & Sorensen,2001;Donovan et al.,2017),社会经济地位越高,孤独感风险越低。例如,Donovan 等(2017)发现,相对于高收入家庭,来自中低收入家庭的老年人孤独感风险更高。同样,李强等(2019)与朱荟(2021)也发现经济状况差、生计困难更能够引发老年人孤独感风险。

在性格特征方面，研究结果较为一致。一般而言，对人际关系有较高期望和要求的人往往更容易感到孤独；同时，低自尊、害羞、自我效能感低容易导致不良的人际关系，进而引发孤独感（Cohen-Mansfield et al.，2016；Perlman & Peplau，1981）。然而，乐观的态度、积极的老化观（Rius-Ottenheim et al.，2012；吴国婷等，2018）、情绪稳定和外向（Von Soest et al.，2020）与孤独感呈负相关。

在健康状况方面，无论是客观指标还是主观指标，良好的健康状况均与孤独感呈负相关。大部分研究发现，客观健康指标与孤独感之间存在关联。例如，视力和听力差、身体虚弱、患慢性疾病容易导致孤独感的增加（Penninx et al.，1999；Korporaal et al.，2008；Ferreira-Alves et al.，2014；Jiang et al.，2021）。主观健康方面的研究发现，自评健康水平越高，孤独感水平越低（Dahlberg et al.，2022）。与此同时，心理健康状况不佳的老年人，如抑郁、焦虑等，会增加孤独感的风险（Dahlberg et al.，2018；Eres et al.，2021；McHugh Power et al.，2020）。这说明，孤独感很有可能与其他负性情绪共存，是一个情绪集合体（Cacioppo et al.，2006）。此外，个人的健康生活方式，如体育锻炼、不吸烟、不喝酒等，也被发现与孤独感水平呈负相关（王予、徐洪斌，2017）。

（二）家庭层面

从家庭层面探究老年人孤独感的影响因素主要包括以下方面：婚姻相关因素，如夫妻关系、丧偶情况等；子女数量以及代际关系；居住安排；家庭整体层面因素，如家庭凝聚力。

在婚姻相关因素方面，丧偶是老年人孤独感最为显著的影响因素之一（Aartsen & Jylhä，2011；Dykstra et al.，2005）。丧偶不仅意味着亲密关系的丧失，也意味着社会支持、情感支持和工具性支持的丧失，从而增加孤独感风险。然而，丧偶后再婚在一定程度上能够重建配偶支持，进而缓解孤独感（赵晓航、李建新，2019；Yang & Gu，2021）。此外，配偶间的交流频率和婚姻质量也对孤独感产生影响。不经常从配偶那里得到情感支持、不经常交谈或与配偶意见不一致的老年人孤独感更为强烈（De Jong Gierveld et al.，2009），而接受来自配偶的支持或者给配偶提供支持则能降低老年人的孤独感（Cohen-Mansfield et al.，2009）。

在子女数量以及代际关系方面，子女数量和代际关系与孤独感有显著相关关系。研究发现，没有子女是孤独感的主要风险因素之一（Buber & Engelhardt，2008；Zoutewelle-Terovan & Liefbroer，2018）。而良好的代际关系和支持，如与子女保持联系、交往紧密，或者接受来自子女的经济或者情感支持，能有效降低孤独感（韦艳等，2010；韦璞，2012）。此外，代际关系对老年人孤独感的影响还取决于老年人对于代际关系的期待。当老年人情感期待高于实际得到的支持时，孤独感更为突出（李西营等，2022）。

在居住安排方面，相较于其他居住安排的老年人来说，独居老年人更容易感到孤独（张立龙，2015；Greenfield & Russell，2011；Gu et al.，2019），特别是对于期望与子女同住但实际上又独自居住的老年人而言，情况更甚（Wei et al.，2022）。但是，老年人独居并不意味着孤独，老年人的社交网络在其中发挥重要的调节作用（刘轶锋，2022）。与子女近距离居住或同住能方便老年父母得到日常照料和情感交流，从而抑制孤独感的发生（周榕等，2020）。

在家庭整体层面因素方面，家庭的适应性和凝聚力与老年人的孤独感呈显著负相关（Zhou et al.，2018）。韦璞（2012）比较了个人特征、家庭关系和社会关系三个层面对老年人孤独感的影响，发现家庭关系对老年人孤独感的影响最大，社会关系次之，个人特征变量的影响最小。由此可见，中国传统文化强调以家庭为中心，在家庭养老功能弱化的当下，家庭对于缓解老年人的孤独感仍然发挥着不可替代的作用。

（三）人际关系层面

影响老年人孤独感的人际关系层面因素主要包括线下社会网络，以及近年来在老年群体中日益流行起来的社交媒体和新兴技术构建的线上社会网络。

在线下社会网络方面，研究表明，社会支持水平越高，社交活动越频繁，以及与邻里互动越多的老年人，其孤独感水平越低（韦璞，2012；江虹等，2017；Victor et al., 2000；Zhou et al., 2018）。除家人的支持外，来自朋友和邻居的支持也能够降低孤独感（Pinquart & Sorensen, 2001），尽管有研究认为朋友支持对于降低孤独感的作用弱于家庭支持（董亭月，2017）。

对于互联网使用对孤独感的影响，研究结论尚存分歧。有些研究发现，老年人使用互联网有助于拓展家庭网络和朋友网络，从而降低孤独感（徐晓雯等，2021；Khalaila & Vitman-Schorr, 2018）。然而，也有研究指出，使用互联网取代了面对面的接触与社会交往，导致数字时代下与他人亲密、深层次社会交往的缺乏，形成"互联网社交悖论"，进而增加了孤独感的风险（Teppers et al., 2014；Turkle, 2012）。此外，互联网使用与老年人孤独感之间的关系受年龄、使用方式等的影响。例如，研究发现，在70岁以下老年人群中，互联网使用可显著降低其孤独感，但在70岁及以上老年人群中，这一效果不明显（郭静等，2021）。在使用互联网时，人际交往类的活动有助于扩大其社会网络，进而降低其孤独感；而信息获取类的活动虽然也可降低孤独感，但会导致老年人社会网络的萎缩，不利于降低孤独感（唐丹等，2022）。

除上述因素外，研究发现，基于人工智能技术的干预能够减轻孤独感。随着科技的发展，虚拟现实（VR）技术被用于提高老年人与环境之间的互动水平（Shih et al., 2010）。Kenyon 等（2023）发现，基于 VR 技术的干预措施有利于降低新冠疫情期间人群的孤独感水平。而 Shirazi 等（2023）的研究发现，采取基于 VR 技术的干预措施对降低患有平衡障碍老年人的孤独感水平具有一定成效。

（四）社区层面

社区是老年人生活的主要场所，社区特征以及服务，如社区社会资本、养老服务及满意度、建筑密度或社区贫困程度等，都对老年人的孤独感产生影响。社区社会资本对于老年人缓解孤独感来说至关重要。研究表明，社区融入程度、社区安全感、社区资源的充足性以及设施的完备性等有利于缓解老年人的孤独感（Cohen-Mansfield et al.，2016；Dahlberg & McKee，2014）。在社会参与方面，相比参与娱乐和社会活动的频率，老年人对娱乐和社会活动的满意度对其孤独感的缓解更为重要（Ferreira-Alves et al.，2014）。除社区环境外，让老年人满意的社区养老服务也有利于降低老年人的孤独感（陈谦谦、郝勇，2020；郭静等，2023）。因此，社会资本与高质量的设施及服务是减轻老年人孤独感的重要资源。

从规划和设计角度看，在同时考虑设施和区位条件的情况下，建筑密度与老年人孤独感也存在显著的负相关，即建筑密度较高的社区老年人的孤独感相对较低（刘旭辉、于一凡，2023）。此外，包括住房设计、邻里结构特征、公共空间、交通基础设施、绿化、自然空间、城市化和城市设计等在内的建筑环境也与孤独感相关联（Astell-Burt et al.，2022；Bower et al.，2023）。社区周边缺乏便利的交通也是导致老年人孤独感的显著因素（Ferreira-Alves，2014）。

（五）社会层面

从宏观社会层面看，在社会的快速发展和变迁背景下，传统孝道式微、社会联结和凝聚力降低、健康威胁程度加深等因素均增加了老年人孤独感的风险。

在文化层面，孤独感的成因根植于传统文化形成的家庭圈、心理圈以及社会文化环境。传统家庭文化塑造的家庭圈，使老年人依赖家庭，难以建立以自我为核心的自我概念；传统的老龄观形塑老年个体的心理圈，使老年人限于角色而忽视了作为一个独立人的需要；长期的儒家文化、家庭文化和集体主义文化阻碍了我国老年人独立的思维和自我意识的形成，这也成为我国老年人孤独问题的独有特征（姚远，2006）。

社会整体结构也与孤独感密切相关。自改革开放以来，西方文化涌入，使我国传统的孝道文化受到冲击。这种文化冲击使老年人孤独感加深（Li et al.，2005；Yang & Victor，2008）。在传统社会向现代社会转型过程中，强调社会凝聚和家庭团结的文化背景也正在发生巨大的转变，孤独成为我国老年人最主要的心理问题之一（党俊武、李晶，2019）。除社会转型因素外，城市化水平、个人医疗支出、离婚率、基尼系数等社会指标对孤独感也具有显著的预测作用（Yan et al.，2014）。

在健康方面，健康威胁的增加可能与孤独感的增加密切相关（Yan et al.，2014）。随着医疗技术的进步，人类的平均寿命不断延长。许多曾经致命的急性疾病现在可以得到有效控制，使得人们能够存活更长时间。然而，随着年龄的增长，身体机能逐渐衰退，患慢性病的风险显著增加。这表明，医学技术的进步并未显著提升整体人口的健康水平（Crimmins & Beltrán-Sánchez，2011）。随着带病生存者在总人口数中所占比重上升，整个社会人群的孤独感也可能进一步加深（Luhmann et al.，2023）。此外，环境污染也是造成孤独感的重要社会因素之一（Abed Al Ahad et al.，2022）。

（六）小结：社会生态系统中资源与风险并存

个体所处的社会生态系统中资源与风险互相交织，对老年人的社会适应产生深远影响，尤其是影响到老年人在社会关系方面的需求能否得到满足。这些资源涵盖积极乐观的性格、较高的社会经济地位、良好的健康状况、和谐的家庭支持和人际关系，以及良好的社区社会资本；而风险因素则包括突发的生活事件（如丧偶、重大疾病）、健康状况恶化、社会支持减少、社会变迁导致的社会联结程度降低、传统孝道式微以及健康威胁增加等。总体而言，社会生态系统理论视角丰富了我们对于老年人孤独感影响因素的理解，但这种研究取向更多的是基于静态视角来探究不同层面因素与孤独感的共时性关系，忽略了个体的发展性和能动性。因此，在深入理解老年人孤独感影响因素时，有必要融合纵向的时间维度，以及更加强调老年人的能动性。

四 生命历程视角下老年人孤独感的影响因素

生命历程理论从整个生命周期的视角审视个体过往生命体验和生活

经历对老年人当前状态的影响，将个人与社会、过去与现在相连接。该理论认为，个体生命轨迹的研究需要考虑不同生命阶段的历史背景、社会环境、生活事件等对其的影响，以及在塑造个体生命历程中具有选择性和能动性的个体与外在环境之间的互动作用（包蕾萍，2005；Elder，1998）。该理论有四大核心原则：一定时空中的生活、个人能动性、互相联系的生活、生命的恰当时间（埃尔德，2002）。生命历程理论克服了以往研究中仅关注不同社会生态系统对老年人孤独感影响的局限性，而是将个体生命历程置于宏观的历史情境、社会结构和社会变迁中，探讨具有选择性和能动性的个体如何与外在环境互动，以及这些互动对个体生命模式的形塑作用。相较于社会生态系统视角，生命历程视角突出个人早期生活状况以及个体能动性对老年时期孤独感的影响。在时间维度上，社会生态系统中的历时系统强调从微观系统到宏观系统变迁对个体发展的影响，生命历程理论在分析层次上更侧重社会历史视角，将时间与空间紧密联系，探索处在不同历史位置中的个体生命轨迹的复杂性与多元性。

（一）早年不幸与老年人孤独感：不良生活境遇与人际关系

早期生命阶段给每一个个体都打上了烙印，进而影响到老年时期的心理健康。基于荷兰亲属关系小组研究（the Netherlands Kinship Panel Study），Merz 和 Gierveld（2016）发现，儿童时期，与父亲的亲近关系、来自父亲的支持和理解与老年时期的孤独感呈显著负相关。基于挪威生命历程、老龄化与代际研究项目，Nicolaisen 和 Thorsen（2014b）发现，儿童时期被欺凌、与父母有冲突、家庭经济困难与老年时期的孤独感呈显著正相关，但存在性别差异。在男性群体中，儿童时期被欺凌和与父母有冲突具有统计显著性；而在女性群体中，只有家庭经济困难具有统计显著性。基于 Irish 老龄追踪调查，Kamiya 等（2014）发现，儿童时期诸如家庭经济困难、欠佳的健康状况和父母的药物滥用等不利因素，对于老年时期的孤独感有显著的影响。基于中国健康与养老追踪调查（CHARLS）2011 年、2013 年、2015 年三期数据，Burr 等（2020）发现，儿童时期友谊状况，包括是否有一群朋友、是否有亲密朋友、友谊状况的好坏，会影响到 45 岁及以上成年人的孤独感，友谊状况越糟糕，个体老年时期的孤独感越强。此外，基于中国老年健康影响因素跟踪调查，Yang 和 Gu（2020）发现，儿童时期接受过一年以上教育的中国老年人的孤独感风险显著低于未接受过教育的老年人。Tiilikainen 和 Seppänen（2017）的研究进一步验证了儿童时期的经历，尤其是与父母和兄弟姐妹之间的关系，对老年时期的孤独感有持续的影响。生命早期的孤独感与老年时期的孤独感显著相关（Victor et al.，2022）。

由此可见，个体在儿童时期的生活境遇和人际关系会影响到老年阶段的孤独感。在生活境遇上，儿童时期的家庭经济状况、受教育状况、自评健康、城乡居住地等因素在个体生命历程中持续发挥作用，这些因素或通过影响个体的社会网络和资源获取，或通过影响个体的人格特征和心理素质，进而导致老年阶段孤独感的分化。

（二）生命转折与老年人孤独感

老年人生命历程中经历的诸多转折，在改变个体生命轨迹的同时，形塑着个体的心理感受，使个体出现一定程度的孤独感。首先，工作状况的改变导致老年人的社交支持网络受到较大影响，退休后，老年人长时间待在家中，更容易出现社交孤独（吴捷，2008）。其次，婚姻对老年人的晚年生活有着重要意义，丧偶的发生导致个体缺少情感交流，在生活起居上面临种种不便，容易出现情绪低落和抑郁症状，对当下的生活感到失落和不满足，增加了孤独体验（符国帅等，2021；唐丹等，2021）。同时，丧偶往往伴随着居住方式的改变，老年人从非独居转向独居的过程中会更为频繁地感到孤独，情绪态度更为消极，健康状况也随之受到影响，失眠和患病的风险增加（张立龙，2015；郝世超等，2016；Wang et al.，2013）。最后，健康水平的下降是老年人伴随年龄增长不得不面临的人生转折，患病会限制老年人的行动能力和社会参与，其感受到的来自社会和他人的关心逐渐减少，内心可能感到更孤独（肖淑娟等，2021；刘玺等，2022）。

（三）老年人的个体能动性与孤独感

在应对不同类型的丧失或缺失时，如丧偶、身体健康水平下降等，老年人的主观能动性和积极心态发挥着至关重要的作用。个体充分发挥自主性，调整自身的认知、情感与行为模式，主动适应外部环境，在一定程度上缓解孤独感。首先，乐观积极的认知有利于缓解老年人孤独感。保持积极的老化态度和生活态度以及对自身健康状况有较高的评价，均能促使个体从孤独转向非孤独的状态（吴国婷等，2018；Hawkley & Kocherginsky，2018）。其次，社会参与和社会交往能够有效降低老年人孤独感。不管是群体交往型还是自我消遣型社会参与，均可帮助老年人建立和巩固社会网络，减少社会隔离（朱荟，2021），社交频率高、社会交往质量高的老年人孤独感水平更低。女性老年人能够从朋友网络中获得更多的支持，丧偶后，她们通过参与跳舞、健身这类群体性活动，缓解了孤独情绪（赵忻怡、潘锦棠，2014）。家庭网络对男性老年人的保护作用更强，与子女同住、加强与家庭成员间的联系有助于男性老年人获得情感慰藉和生活照料，降低丧偶带来的消极影响。最后，应对困境或压力的方式也会影响到老年人的孤独感。主动向他人倾诉烦恼，调节自身情绪和生活方式，并乐于接受他人的支持与帮助，有利于减少孤独感的风险（周晓丽，2015；杨青松、王文红，2018）。

（四）小结：多维度缺失与个体能动性的互动

随着生命历程的推进，过往不同生命阶段的负性生活经历和事件等风险因素不断交织，显著增加了老年人孤独感风险。这些风险因素涵盖早期较差的经济状况、有冲突的家庭关系、不良的同伴关系，以及诸如退休、丧偶、健康水平下降、居住方式改变等生活事件。个体早期生活经历带来的影响是长期且深远的，伴随着相关的生命转折，形塑着老年人的孤独感。然而，老年人也积极发挥主观能动性，抑或通过认知调整或者社会参与，来重构社会网络及其意义，减少孤独感的风险。

然而，相比早期生命阶段的因素对老年时期孤独感的影响，鲜有研究侧重于成年阶段的生活经历和事件对老年时期孤独感的影响，关注成年时期与早年时期资源和风险因素的动态变化对老年时期孤独感影响的研究更是凤毛麟角。这可能是因为现有的大型调查数据大多仅关注儿童时期的经历和生活事件，限制了对成年时期影响因素的探讨。我们对个体在成年阶段如何应用其资源抵御早年不利状况，或者早期风险因素如何在成年阶段累积对老年时期孤独感产生影响仍然知之甚少。

五 生命历程-社会生态系统视域下老年人孤独感及其影响因素

社会生态系统视角丰富了我们对不同系统如何影响老年人孤独感的认知，而生命历程视角则凸显了各因素在不同生命阶段的相互联系以及个体的主观能动性，因此，综合考量社会生态系统与生命历程两个视角，能为我们进一步深入理解老年人孤独感提供新的视角和切入点。老年人孤独感的形成不仅受到其老年阶段所处的社会生态系统的影响，还受到过往生命历程中不同生命阶段的经历的影响。然而，更为重要的是，老年人并非被动地接受外在环境的影响，而是积极地采取行动，改变或调整自己的行为方式，发挥个人主体性，体现了一种个人与环境的互动。因此有必要融合个体所处的社会生态横向维度和个体毕生发展的纵向时间维度，即以生命历程-社会生态系统框架为基础，探究不同资源和风险因素在时间和空间上的变化对老年人孤独感的影响。

（一）生命历程-社会生态系统视域下老年人孤独感影响因素框架

如图 1 所示，在生命历程-社会生态系统视域下，个体的发展，尤其是社会关系需求的满足程度，受到两股力量的交织影响，分别为"生命历程风险"和"生命历程资源"。一方面，儿童期的负性因素，如家庭经济困难、不良家庭关系或同伴关系，以及之后随生命历程不断演进的众多不利事件如社会关系网络的缩小、丧偶、健康水平下降等，互相交织并逐渐累积，形成了"生命历程风险"，进而增加了孤独感的风险；另一方面，个体并非被动受外在环境的消极影响，而是积极发挥主观能动性，或发挥自身性格优势，或自身在不同生命阶段进行认知调整或者行为调适，或积极参与社会，积极获取"生命历程资源"，构建新的社会网络，挖掘潜在的社会资源，来应对"生命历程风险"。生命历程资源若能有效抵御生命历程风险，则能降低老年人孤独感风险；反之，则会增加老年人孤独感风险。

本文认为，老年人孤独感的核心原因在于健康、社会经济地位、家庭/社会支持等方面的多维度状态上丧失或水平下降，同时老年人在数量上没有足够的资源或者在结构上没有匹配的资源来弥补这些丧失或缺失，导致资源-缺失关系链出现数量上的失衡或者结构上的错位，从而无法满足老年人社会关系方面的需求，进而引发孤独感。这些导致孤独感的缺失涵盖多个维度，包括生理、心理和社会等不同层面，并且这些维度之间互相影响。此外，这些缺失也具有多阶段性的特征，生命早期阶段的缺失会产生累积效应，持续对老年阶段产生影响。例如，生命早期不良的家庭关系会导致个体不安全的依恋类型，并影响其与他人建立关系，导致缺乏足够的资源来应对缺失。同时，社区等层面的风险因素会自上而下逐级扩散，层层累积，并传导到家庭或个人层面，进而影响个体人际关系的质和量，加剧老年人的孤独感。例如，社会联结水平下降，加上家庭养老尤其是精神慰藉功能的弱化，使老年人的社会交往需求得不到满足，产生孤独感。

尽管老年人面临多维度的缺失，但他们并非被动地接受外在环境或者多维度缺失的影响。相反，他们积极发挥个体主观能动性，充分利用已有资源，或挖掘其所在社会生态系统中潜在的资源，以应对不同维度的缺失，增强适应外在环境的能力，体现出"适应性老龄化"的特征。个体发挥认知与性格等优势，从个人和家庭等层面，自下而上积极汇聚资源，积攒生命历程资源，展现了一种韧性。这种韧性不仅在心理层面上显现，更是一种基于个体所处的结构性情境采取的积极举措（Schafer et al.，2009），是一种资源利用能力。因此，有必要构建多维一体的资源系统，为不同层面进行赋能，提升个体应对生命历程风险的能力，从而增强个体的韧性。

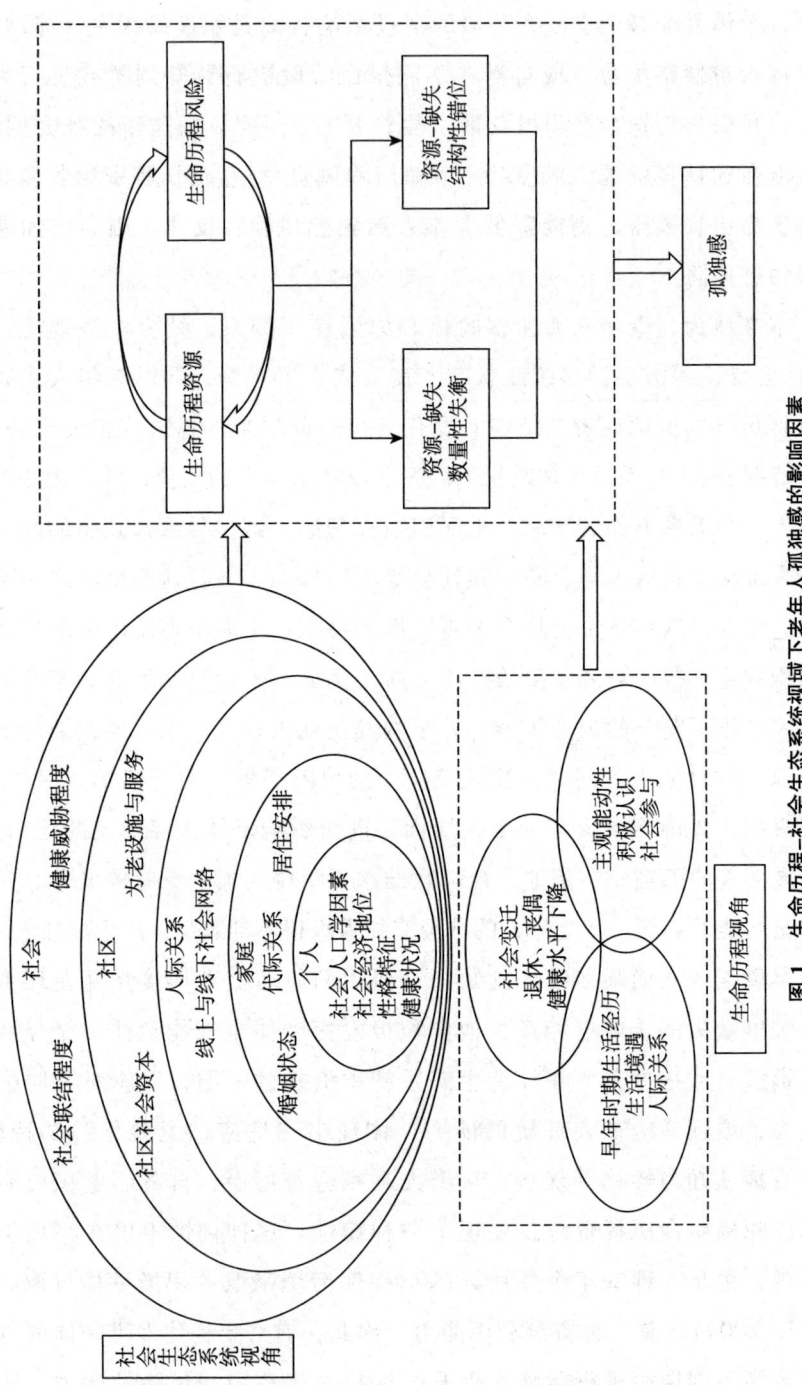

图 1 生命历程-社会生态系统视域下老年人孤独感的影响因素

（二）生命历程-社会生态系统视域下缓解老年人孤独感的对策与建议

个体的生命历程资源不足以帮助其应对多维度的丧失或缺失，或是生命历程资源的数量不充足，或是结构上不匹配，都容易引发老年人的孤独感，然而这为相关政策和服务提供了改进的空间。基于上述老年人孤独感影响因素的框架，本文提出以下对策与建议。

首先，提供全生命周期心理健康服务，促进多元主体协同，降低生命历程风险。老年人孤独感的风险源自个体不同生命阶段所处的社会生态系统中的多维丧失或缺失，风险因素呈现动态性、广泛性和社会性等特征，且不同社会生态系统中风险因素会自上而下扩散。因此，需要以人的生命周期为主线，从整个生命周期的角度出发，对不同生命阶段的心理健康进行持续关注。构建有关部门、社会组织、家庭和个人之间的多方协同机制，覆盖全生命周期，以有效支撑自主管理的心理健康服务体系。与此同时，需要构建孤独感风险高危人群的筛选机制，以及针对不同的风险因素提供有针对性的服务。

其次，重视老年人的主体性，赋能其积攒生命历程资源。老年人难免会面临孤独感相关的风险，因此需要完善相关政策和服务，发挥老年人主体性，重视老年人的感受和体验，构建由老年人需求驱动的多层次服务体系，精准匹配老年人多元化的需求。赋能社会生态系统的不同层面，厘清个体所嵌入的社会生态系统中存在的资源类型，加强不同资源之间的有效联动，构筑提升老年人心理健康水平的资源网络，助力其积攒生命历程资源，并充分发挥其效用，抵御生命历程风险引发的孤独感。

最后，推进老龄化社会的情感重塑，营造老年友好社会环境。面对老龄化社会中出现的"情感断裂"，亟须重塑老龄化背景下的情感联结，从而满足老年人的情感和社会需求。在社会文化层面，应营造尊老敬老的老年友好社会情感氛围，引导代际情感秩序向善发展。在市场方面需要增加"银色"情感产品服务供给和服务"含情量"，让老年人通过情感消费降低孤独感（朱楷文、王永益，2023）。同时，应厘清老年人的情感需求，鼓励老年人积极参与地缘、业缘、趣缘等社区活动，打造社区情感共同体。在家庭层面，通过文化传承、隔代养育、文化反哺等代际互动形式，加强家庭对于老人的情感支持，践行新时代下的孝道。

六 总结

在当今社会快速变迁的背景下，老年人孤独感是一个亟须给予更多关注的公共卫生和社会问题。本文认为，既需要深入探讨个体所处的社会生态系统中潜藏的资源和风险对个体的影响，又需要从生命历程视角考察个体不同生命阶段的因素以及个体能动性的综合影响，本文提出的生命历程-社会生态系统视域下的老年人孤独感影响因素的框架，为今后更全面深入探讨孤独感问题提供了一个初步的思路。从适应性老龄化的角度来看，孤独感的发生源于老年人在社会适应方面资源无法有效应对风险，体现在资源在数量上或结构上无法有效应对风险，从而引发孤独感。因此，今后仍需要完善老年人心理关爱政策和服务，增加生命历程资源，增强老年人的适应能力或韧性，以抵御生命历程中的各种风险。此外，需要创建个体与资源系统之间的新联结，引导个体与资源系统之间的有效互动，强化不同系统之间的有机联动，构建新时代的老年人心理关爱体系。

参考文献

包蕾萍，2005，《生命历程理论的时间观探析》，《社会学研究》第 4 期。

陈爱国、殷恒婵、颜军，2010，《体育锻炼与老年人幸福感的关系：孤独感的中介作用》，《中国体育科技》第 1 期。

陈谦谦、郝勇，2020，《社区养老服务对老年人心理健康改善的影响研究》，《西北人口》第 3 期。

成伯清，2017，《当代情感体制的社会学探析》，《中国社会科学》第 5 期。

党俊武、李晶主编，2019，《中国老年人生活质量发展报告（2019）》，社会科学文献出版社。

董亭月，2017，《社会支持对中国老年人孤独感的影响研究——基于2014年中国老年社会追踪调查》，《调研世界》第8期。

符国帅、谭莉娜、唐峥华，2021，《南宁市社区老人婚姻状态、社会支持和生活满意度》，《中国老年学杂志》第12期。

G. H. 埃尔德，2002，《大萧条的孩子们》，田禾、马春华译，译林出版社。

郭静、罗瑞、郭宇濛、徐艺珊、朱琳，2023，《我国60岁及以上老年人孤独感影响因素分析》，《中华流行病学杂志》第7期。

郭静、徐艺珊、陈诗璐、朱琳，2021，《互联网使用对老年人孤独感的影响研究——年龄的调节作用》，《中国卫生政策研究》第8期。

郝世超、周甭、方亚，2016，《居住方式与孤独感对老年人自评健康的交互作用及联合影响》，《中国老年学杂志》第10期。

黄希庭，2004，《简明心理学词典》，安徽人民出版社。

黄梓航、王俊秀、苏展、敬一鸣、蔡华俭，2021，《中国社会转型过程中的心理变化：社会学视角的研究及其对心理学家的启示》，《心理科学进展》第12期。

计迎春，2019，《社会转型情境下的中国本土家庭理论构建初探》，《妇女研究论丛》第5期。

江虹、徐晶晶、王瑞、周雅茹、伊向仁、潘芳，2017，《城市老年人的孤独感与社会支持的增龄性变化及影响因素》，《山东大学学报》（医学版）第9期。

景怀斌、丁太平、傅承哲，2019，《中国民众现代理念20年变迁及其世代与年龄效应》，《青年探索》第3期。

库敏、周巧学、周建荣、谢世麒、吴欢，2020，《孤独感对社区老年人轻度认知障碍的影响》，《现代预防医学》第7期。

李强、徐刚、张震，2019，《城市高龄独居老人的孤独感及其影响因素研究》，《华东师范大学学报》（哲学社会科学版）第3期。

李西营、金奕彤、刘静、张星宇、皮忠玲，2022，《子女越孝顺老年人越幸福吗？老年人孝道期待的作用》，《心理学报》第11期。

刘晨、王琼、谢瑞瑞、吴炳义、刘军，2022，《生命历程视角下丧偶对老年人孤独感的影响研究》，《现代预防医学》第20期。

刘玺、刘石柱、陈羲，2022，《老年慢性病人群的孤独感现状及影响因素研究》，《南京医科大学学报》（社会科学版）第6期。

刘旭辉、于一凡，2023，《高密度人居环境条件下社区建成环境对老年人健康的影响与干预路径》，《城市发展研究》第 8 期。

刘轶锋，2022，《晚年独居意味着孤独吗？——基于社会网络的调节与中介作用分析》，《人口与发展》第 1 期。

潘露、曾慧、陈嘉，2015，《老年人孤独感对健康的影响及干预研究进展》，《中国老年学杂志》第 4 期。

唐丹、乔欣、邓雨萌，2021，《鳏与寡对老年人抑郁水平的影响：社会网络的调节作用》，《心理发展与教育》第 6 期。

唐丹、张琨、亓心茹，2022，《互联网使用对老年人社会网络及孤独感的影响：基于用途的分析》，《人口研究》第 3 期。

田晓明，2011，《孤独：中国城市秩序重构的心理拐点》，《学习与探索》第 2 期。

王春玲，2021，《居住安排与晚年孤独——基于 CHARLS 的实证分析》，《生产力研究》第 1 期。

王雪、金银姬、金美香、权海善、崔文香，2023，《老年人孤独感的概念分析》，《护理研究》第 19 期。

王予、徐洪斌，2017，《基于多元线性回归模型的社区居民孤独感影响因素研究》，《中国卫生统计》第 2 期。

韦璞，2012，《老年人孤独感差异及影响因素分析》，《社会工作》第 10 期。

韦艳、刘旭东、张艳平，2010，《社会支持对农村老年女性孤独感的影响研究》，《人口学刊》第 4 期。

吴国婷、张敏强、倪雨菡、杨亚威、漆成明、吴健星，2018，《老年人孤独感及其影响因素的潜在转变分析》，《心理学报》第 9 期。

吴捷，2008，《老年人社会支持、孤独感与主观幸福感的关系》，《心理科学》第 4 期。

夏秀，2015，《离退休老年人心理孤独感及影响因素》，《中国健康心理学杂志》第 11 期。

肖淑娟、石磊、董芳、张佳弛、薛本立、欧阳平、张持晨，2021，《慢性病对老年人孤独感的影响：认知功能的中介作用和领悟社会支持的调节作用》，《现代预防医学》第 15 期。

徐晓雯、李泽臻、高琼，2021，《互联网使用影响老年人孤独感吗？——基于 CHARLS 数据的实证研究》，《山东财经大学学报》第 3 期。

闫志民、李丹、赵宇晗、余林、杨逊、朱水容、王平，2014，《日益孤独的中国老年人：一项横断历史研究》，《心理科学进展》第 7 期。

杨可明，2021，《孤独：一个社会问题》，谢菲、陈镭丹译，西南交通大学出版社。

杨青松、王文红，2018，《农村空巢老人的孤独感与社会支持和应对方式的关系》，《中国健康教育》第 10 期。

姚远，2006，《我国老年人孤独问题的特征及对策研究》，载《中国老年学会 2006 年老年学学术高峰论坛论文集》，中国人民大学老年学研究所。

姚远，2007，《我国老年人孤独问题的特征及对策研究》，载《第八届亚洲大洋洲地区老年学和老年医学大会中文论坛讲演暨优秀论文摘要集》，第 113~114 页。

张立龙，2015，《居住安排对老年人孤独感的影响》，《老龄科学研究》第 2 期。

赵晓航、李建新，2019，《丧偶对老年人孤独感的影响：基于家庭支持的视角》，《人口学刊》第 6 期。

赵忻怡、潘锦棠，2014，《城市女性丧偶老人社会活动参与和抑郁状况的关系》，《妇女研究论丛》第 2 期。

周榕、李光勤、王娟，2020，《代际居住距离对独居老人孤独感的影响研究——基于 2661 名城市独居老人的经验分析》，《西北人口》第 6 期。

周晓丽，2015，《社区老年慢性病患者孤独感与应对方式的相关性》，《中国老年学杂志》第 16 期。

朱荟，2021，《中国老年人社会参与对其孤独感的影响探究——基于 CLHLS 2018 数据的验证》，《人口与发展》第 5 期。

朱楷文、王永益，2023，《断裂与重塑：老龄化社会的情感治理》，《南京社会科学》第 4 期。

朱智贤，1989，《心理学大词典》，北京师范大学出版社。

Aartsen, M. & Jylhä, M. 2011. "Onset of Loneliness in Older Adults: Results of a 28 Year Prospective Study." *European Journal of Ageing* 8: 31-38.

Abed Al Ahad, M., Demšar, U., Sullivan, F., & Kulu, H. 2022. "Air Pollution and Individuals' Mental Well-Being in the Adult Population in United Kingdom: A Spatial-Temporal Longitudinal Study and the Moderating Effect of Ethnicity." *PLoS One* 17 (3): e0264394.

Astell-Burt, T., Hartig, T., Eckermann, S., Nieuwenhuijsen, M., McMunn, A., Frumkin, H., & Feng, X. 2022. "More Green, Less Lonely? A Longitudinal Cohort

Study." *International Journal of Epidemiology* 51 (1): 99-110.

Bolmsjö, I., Tengland, P. A., & Rämgård, M. 2019. "Existential Loneliness: An Attempt at an Analysis of the Concept and the Phenomenon." *Nursing Ethics* 26 (5): 1310-1325.

Borys, S. & Perlman, D. 1985. "Gender Differences in Loneliness." *Personality and Social Psychology Bulletin* 11 (1): 63-74.

Bower, M., Kent, J., Patulny, R., Green, O., McGrath, L., Teesson, L., & Rugel, E. 2023. "The Impact of the Built Environment on Loneliness: A Systematic Review and Narrative Synthesis." *Health & Place* 79: 102962.

Bronfenbrenner, U. 1979. "Contexts of Child Rearing: Problems and Prospects." *American Psychologist* 34 (10): 844-850.

Buber, I. & Engelhardt, H. 2008. "Children's Impact on the Mental Health of Their Older Mothers and Fathers: Findings from the Survey of Health, Ageing and Retirement in Europe." *European Journal of Ageing* 5 (1): 31-45.

Buecker, S., Horstmann, K. T., Krasko, J., Kritzler, S., Terwiel, S., Kaiser, T., & Luhmann, M. 2020. "Changes in Daily Loneliness for German Residents During the First Four Weeks of the COVID-19 Pandemic." *Social Science & Medicine* 265: 113541.

Burr, J. A., Hwang, H. S., & Changmin, P. 2020. "Childhood Friendship Experiences and Cognitive Functioning in Later Life: The Mediating Roles of Adult Social Disconnectedness and Adult Loneliness." *The Gerontologist* 60 (8): 1456-1465.

Cacioppo, J. T. & Cacioppo, S. 2012. "The Phenotype of Loneliness." *European Journal of Developmental Psychology* 9 (4): 446-452.

Cacioppo, J. T. & Cacioppo, S. 2018. "The Growing Problem of Loneliness." *The Lancet* 391 (10119): 426.

Cacioppo, J. T., Hughes, M. E., Waite, L. J., Hawkley, L. C., & Thisted, R. A. 2006. "Loneliness as a Specific Risk Factor for Depressive Symptoms: Cross-Sectional and Longitudinal Analyses." *Psychology and Aging* 21 (1): 140-151.

Carr, S. & Fang, C. 2023. "A Gradual Separation from the World: A Qualitative Exploration of Existential Loneliness in Old Age." *Ageing & Society* 43 (6): 1436-1456.

Cohen-Mansfield, J., Hazan, H., Lerman, Y., & Shalom, V. 2016. "Correlates and

Predictors of Loneliness in Older-Adults: A Review of Quantitative Results Informed by Qualitative Insights." *International Psychogeriatrics* 28 (4): 557-576.

Cohen-Mansfield, J., Shmotkin, D., & Goldberg, S. 2009. "Loneliness in Old Age: Longitudinal Changes and Their Determinants in an Israeli Sample." *International Psychogeriatrics* 21 (6): 1160-1170.

Crimmins, E. M. & Beltrán-Sánchez, H. 2011. "Mortality and Morbidity Trends: Is There Compression of Morbidity?" *Journals of Gerontology Series B: Psychological Sciences and Social Sciences* 66 (1): 75-86.

Dahlberg, L., Agahi, N., & Lennartsson, C. 2018. "Lonelier Than Ever? Loneliness of Older People over Two Decades." *Archives of Gerontology and Geriatrics* 75: 96-103.

Dahlberg, L. & McKee, K. J. 2014. "Correlates of Social and Emotional Loneliness in Older People: Evidence from an English Community Study." *Aging & Mental Health* 18 (4): 504-514.

Dahlberg, L., McKee, K. J., Frank, A., & Naseer, M. 2022. "A Systematic Review of Longitudinal Risk Factors for Loneliness in Older Adults." *Aging & Mental Health* 26 (2): 225-249.

De Jong Gierveld, J. 1987. "Developing and Testing a Model of Loneliness." *Journal of Personality and Social Psychology* 53 (1): 119-128.

De Jong Gierveld, J., Broese van Groenou, M., Hoogendoorn, A. W., & Smit, J. H. 2009. "Quality of Marriages in Later Life and Emotional and Social Loneliness." *Journals of Gerontology Series B: Psychological Sciences and Social Sciences* 64 (4): 497-506.

De Jong Gierveld, J., Keating, N., & Fast, J. E. 2015. "Determinants of Loneliness among Older Adults in Canada." *Canadian Journal on Aging/La Revue Canadienne du Vieillissement* 34 (2): 125-136.

De Jong Gierveld, J., Vantilburg, T. G., & Dykstra, P. A. 2016. "New Ways of Theorizing and Conducting Research in the Field of Loneliness and Social Isolation." In A. L. Vangelisti & D. Perlman (eds.), *The Cambridge Handbook of Personal Relationships* (pp. 391-404). Cambridge: Cambridge University Press.

Domènech-Abella, J., Lara, E., Rubio-Valera, M., Olaya, B., Moneta, M. V., Rico-Uribe, L. A., & Haro, J. M. 2017. "Loneliness and Depression in the Elderly:

The Role of Social Network." *Social Psychiatry and Psychiatric Epidemiology* 52: 381–390.

Donovan, N. J., Wu, Q., Rentz, D. M., Sperling, R. A., Marshall, G. A., & Glymour, M. M. 2017. "Loneliness, Depression and Cognitive Function in Older US Adults." *International Journal of Geriatric Psychiatry* 32 (5): 564–573.

Dykstra, P. A. 2009. "Older Adult Loneliness: Myths and Realities." *European Journal of Ageing* 6: 91–100.

Dykstra, P. A., Van Tilburg, T. G., & Gierveld, J. D. J. 2005. "Changes in Older Adult Loneliness: Results from a Seven-Year Longitudinal Study." *Research on Aging* 27 (6): 725–747.

Elder, G. H. Jr. 1998. "The Life Course as Developmental Theory." *Child Development* 69 (1): 1–12.

Eres, R., Lim, M. H., Lanham, S., Jillard, C., & Bates, G. 2021. "Loneliness and Emotion Regulation: Implications of Having Social Anxiety Disorder." *Australian Journal of Psychology* 73 (1): 46–56.

Ferreira-Alves, J., Magalhães, P., Viola, L., & Simoes, R. 2014. "Loneliness in Middle and Old Age: Demographics, Perceived Health, and Social Satisfaction as Predictors." *Archives of Gerontology and Geriatrics* 59 (3): 613–623.

Greenfield, E. A. & Russell, D. 2011. "Identifying Living Arrangements that Heighten Risk for Loneliness in Later Life: Evidence from the US National Social Life, Health, and Aging Project." *Journal of Applied Gerontology* 30 (4): 524–534.

Gu, D., Andreev, K., & Dupre, M. E. 2021. "Major Trends in Population Growth Around the World." *China CDC Weekly* 3 (28): 604.

Gu, D., Feng, Q., & Yeung, W. J. J. 2019. "Reciprocal Dynamics of Solo-Living and Health Among Older Adults in Contemporary China." *The Journals of Gerontology: Series B* 74 (8): 1441–1452.

Hakulinen, C., Pulkki-Råback, L., Virtanen, M., Jokela, M., Kivimäki, M., & Elovainio, M. 2018. "Social Isolation and Loneliness as Risk Factors for Myocardial Infarction, Stroke and Mortality: UK Biobank Cohort Study of 479054 Men and Women." *Heart* 104 (18): 1536–1542.

Hawkley, L. C., Browne, M. W., & Cacioppo, J. T. 2005. "How Can I Connect with

Thee? Let Me Count the Ways." *Psychological Science* 16（10）：798-804.

Hawkley, L. C., Buecker, S., Kaiser, T., & Luhmann, M. 2022. "Loneliness from Young Adulthood to Old Age: Explaining Age Differences in Loneliness." *International Journal of Behavioral Development* 46（1）：39-49.

Hawkley, L. C. & Kocherginsky, M. 2018. "Transitions in Loneliness among Older Adults: A 5-Year Follow-up in the National Social Life, Health, and Aging Project." *Research on Aging* 40（4）：365-387.

Isik, K., Başoğul, C., & Yildirim, H. 2021. "The Relationship Between Perceived Loneliness and Depression in the Elderly and Influencing Factors." *Perspectives in Psychiatric Care* 57（1）：351-357.

Jeon, G. S., Jang, S. N., Kim, D. S., & Cho, S. I. 2013. "Widowhood and Depressive Symptoms among Korean Elders: The Role of Social Ties." *Journals of Gerontology Series B: Psychological Sciences and Social Sciences* 68（6）：963-973.

Jiang, F., Zhang, J., Qin, W., Ding, G., & Xu, L. 2021. "Hearing Impairment and Loneliness in Older Adults in Shandong, China: The Modifying Effect of Living Arrangement." *Aging Clinical and Experimental Research* 33：1015-1021.

Jylhä, M. 2004. "Old Age and Loneliness: Cross-Sectional and Longitudinal Analyses in the Tampere Longitudinal Study on Aging." *Canadian Journal on Aging/La Revue Canadienne Du Vieillissement* 23（2）：157-168.

Kamiya, Y., Doyle, M., Henretta, J. C., & Timonen, V. 2014. "Early-Life Circumstances and Later-Life Loneliness in Ireland." *The Gerontologist* 54（5）：773-783.

Kenyon, K., Kinakh, V., & Harrison, J. 2023. "Social Virtual Reality Helps to Reduce Feelings of Loneliness and Social Anxiety During the COVID-19 Pandemic." *Scientific Reports* 13（1）：19282.

Khalaila, R. & Vitman-Schorr, A. 2018. "Internet Use, Social Networks, Loneliness, and Quality of Life among Adults Aged 50 and Older: Mediating and Moderating Effects." *Quality of Life Research* 27：479-489.

Korporaal, M., Broese van Groenou, M. I., & Van Tilburg, T. G. 2008. "Effects of Own and Spousal Disability on Loneliness among Older Adults." *Journal of Aging and Health* 20（3）：306-325.

Li, L., Liang, J., Toler, A., & Gu, S. 2005. "Widowhood and Depressive Symptoms among Older Chinese: Do Gender and Source of Support Make a Difference?" *Social Science & Medicine* 60 (3): 637–647.

Luanaigh, C. Ó. & Lawlor, B. A. 2008. "Loneliness and the Health of Older People." *International Journal of Geriatric Psychiatry: A Journal of the Psychiatry of Late Life and Allied Sciences* 23 (12): 1213–1221.

Luhmann, M., Buecker, S., & Rüsberg, M. 2023. "Loneliness Across Time and Space." *Nature Reviews Psychology* 2 (1): 9–23.

Luhmann, M. & Hawkley, L. C. 2016. "Age Differences in Loneliness from Late Adolescence to Oldest Old Age." *Developmental Psychology* 52 (6): 943–959.

Luo, Y., Hawkley, L. C., Waite, L. J., & Cacioppo, J. T. 2012. "Loneliness, Health, and Mortality in Old Age: A National Longitudinal Study." *Social Science & Medicine* 74 (6): 907–914.

Luo, Y. & Waite, L. J. 2014. "Loneliness and Mortality among Older Adults in China." *The Journals of Gerontology Series B Psychological Sciences and Social Sciences* 69 (4): 633–645.

McHugh Power, J., Hannigan, C., Hyland, P., Brennan, S., Kee, F., & Lawlor, B. A. 2020. "Depressive Symptoms Predict Increased Social and Emotional Loneliness in Older Adults." *Aging & Mental Health* 24 (1): 110–118.

McKenna-Plumley, P. E., Turner, R. N., Yang, K., & Groarke, J. M. 2023. "Experiences of Loneliness Across the Lifespan: A Systematic Review and Thematic Synthesis of Qualitative Studies." *International Journal of Qualitative Studies on Health and Well-being* 18 (1): 2223868.

Merz, E. M. & Gierveld, J. D. J. 2016. "Childhood Memories, Family Ties, Sibling Support and Loneliness in Ever-Widowed Older Adults: Quantitative and Qualitative Results." *Ageing & Society* 36 (3): 534–561.

Nicolaisen, M. & Thorsen, K. 2014a. "Loneliness among Men and Women—A Five-Year Follow-up Study." *Aging & Mental Health* 18 (2): 194–206.

Nicolaisen, M. & Thorsen, K. 2014b. "Who Are Lonely? Loneliness in Different Age Groups (18–81 Years Old), Using Two Measures of Loneliness." *The International Journal of Aging and Human Development* 78 (3): 229–257.

Penninx, B. W., Van Tilburg, T., Kriegsman, D. M., Boeke, A. J. P., Deeg,

D. J. , & Van Eijk, J. T. M. 1999. "Social Network, Social Support, and Loneliness in Older Persons with Different Chronic Diseases. " *Journal of Aging and Health* 11 (2): 151-168.

Perlman, D. & Peplau, L. A. 1981. "Toward a Social Psychology of Loneliness. " In S. Duck & R. Gihour (eds.), *Personal Relationships in Disorder* (pp. 31-56). London: Academic Press.

Pikhartova, J. , Bowling, A. , & Victor, C. 2014. "Does Owning a Pet Protect Older People Against Loneliness?" *BMC Geriatrics* 14: 1-10.

Pinquart, M. & Sorensen, S. 2001. "Influences on Loneliness in Older Adults: A Meta-Analysis. " *Basic and Applied Social Psychology* 23 (4): 245-266.

Rius-Ottenheim, N. , Kromhout, D. , van der Mast, R. C. , Zitman, F. G. , Geleijnse, J. M. , & Giltay, E. J. 2012. "Dispositional Optimism and Loneliness in Older Men. " *International Journal of Geriatric Psychiatry* 27 (2): 151-159.

Savikko, N. , Routasalo, P. , Tilvis, R. S. , Strandberg, T. E. , & Pitkälä, K. H. 2005. "Predictors and Subjective Causes of Loneliness in an Aged Population. " *Archives of Gerontology and Geriatrics* 41 (3): 223-233.

Schafer, M. H. , Shippee, T. P. , & Ferraro, K. F. 2009. "When Does Disadvantage Not Accumulate? Toward a Sociological Conceptualization of Resilience. " *Schweizerische Zeitschrift fur Soziologie Revue suisse de sociologie* 35 (2): 231.

Shih, C. H. , Chang, M. L. , & Shih, C. T. 2010. "A New Limb Movement Detector Enabling People with Multiple Disabilities to Control Environmental Stimulation Through Limb Swing with a Gyration Air Mouse. " *Research in Developmental Disabilities* 31 (4): 875-880.

Shirazi, F. , Nasab, N. Z. , & Jaberi, A. 2023. "Comparing the Effects of Virtual Reality and Home Chair-Based Exercises on Balance, Daily Living Activities, and Loneliness among Older Adults with Balance Disorders. " *Research in Gerontological Nursing* 16 (1): 33-42.

Stanley, I. H. , Conwell, Y. , Bowen, C. , & Van Orden, K. A. 2014. "Pet Ownership May Attenuate Loneliness among Older Adult Primary Care Patients Who Live Alone. " *Aging & Mental Health* 18 (3): 394-399.

Teppers, E. , Luyckx, K. , Klimstra, T. A. , & Goossens, L. 2014. "Loneliness and

Facebook Motives in Adolescence: A Longitudinal Inquiry into Directionality of Effect. " *Journal of Adolescence* 37 (5): 691-699.

Tiilikainen, E. & Seppänen, M. 2017. "Lost and Unfulfilled Relationships Behind Emotional Loneliness in Old Age. " *Ageing & Society* 37 (5): 1068-1088.

Turkle, S. 2012. *Alone Together: Why We Expect More from Technology and Less from Each Other*. NY: Basic Books.

Victor, C. R., Rippon, I., Barreto, M., Hammond, C., & Qualter, P. 2022. "Older Adults' Experiences of Loneliness over the Lifecourse: An Exploratory Study Using the BBC Loneliness Experiment. " *Archives of Gerontology and Geriatrics* 102: 104740.

Victor, C. R. & Yang, K. 2012. "The Prevalence of Loneliness among Adults: A Case Study of the United Kingdom. " *The Journal of Psychology* 146 (1-2): 85-104.

Victor, C. R., Scambler, S., Bond, J., & Bowling, A. 2000. "Being Alone in Later Life: Loneliness, Social Isolation and Living Alone. " *Reviews in Clinical Gerontology* 10 (4): 407-417.

Von Soest, T., Luhmann, M., Hansen, T., & Gerstorf, D. 2020. "Development of Loneliness in Midlife and Old Age: Its Nature and Correlates. " *Journal of Personality and Social Psychology* 118 (2): 388-406.

Wang, H., Chen, K., Pan, Y., Jing, F., & Liu, H. 2013. "Associations and Impact Factors Between Living Arrangements and Functional Disability among Older Chinese Adults. " *PLoS One* 8 (1): e53879.

Wei, K., Yang, J., Yang, B., Jiang, L., Jiang, J., Cao, X., & Li, C. 2022. "Living Preference Modifies the Associations of Living Arrangements with Loneliness among Community-Dwelling Older Adults. " *Frontiers in Public Health* 9: 794141.

Weiss, R. S. 1973. *Loneliness: The Experience of Emotional and Social Isolation*. Cambridge, Massachusetts: The MIT Press.

Wu, B. 2020. "Social Isolation and Loneliness among Older Adults in the Context of COVID-19: A Global Challenge. " *Global Health Research and Policy* 5 (1): 27.

Yang, F. & Gu, D. 2020. "Predictors of Loneliness Incidence in Chinese Older Adults from a Life Course Perspective: A National Longitudinal Study. " *Aging & Mental Health* 24 (6): 879-888.

Yang, F. & Gu, D. 2021. "Widowhood, Widowhood Duration, and Loneliness among Older Adults in China." *Social Science & Medicine* 283: 114179.

Yang, K. 2019. *Loneliness: A Social Problem.* Taylor & Francis.

Yang, K. & Victor, C. R. 2008. "The Prevalence of and Risk Factors for Loneliness among Older People in China." *Ageing & Society* 28 (3): 305-327.

Yan, Z., Yang, X., Wang, L., Zhao, Y., & Yu, L. 2014. "Social Change and Birth Cohort Increase in Loneliness among Chinese Older Adults: A Cross-Temporal Meta-Analysis, 1995-2011." *International Psychogeriatrics* 26 (11): 1773-1781.

Zhou, G., Wang, Y., & Yu, X. 2018. "Direct and Indirect Effects of Family Functioning on Loneliness of Elderly Chinese Individuals." *Current Psychology* 37: 295-301.

Zoutewelle-Terovan, M. & Liefbroer, A. C. 2018. "Swimming Against the Stream: Non-Normative Family Transitions and Loneliness in Later Life Across 12 Nations." *The Gerontologist* 58 (6): 1096-1108.

【社会工作实习教育研究】

标准化案主法应用于儿童医院
社工实习生教学的实践探索

何姗姗 陈艺华 陈姝帆[*]

摘 要 在健康中国战略背景下,政府大力推进医务社工人才队伍建设,并将医务社工实习生视为储备人才,因此,对其培育及职业转化是医务社工人才队伍建设中的重要一环。在职业转化过程中,医务社工实习生面临教学场域向临床场域转换、学生身份向职业角色蜕变、理论知识向实务经验过渡等挑战,而儿童医院因其专科特质,对儿童医务社工实习生的个案工作能力培育提出更高要求。本文基于体验式学习理论,运用标准化案主法在儿童医院场域开展实践研究。基于儿童医院社工实习生个案工作能力培养需求评估及现有带教模式分析,本文以提升实习生个案工作能力为锚点,形成了涵盖"接案与预估、计划与干预、评估与结案"的六个通用流程、"入院初期、

---

[*] 何姗姗,华东师范大学社会发展学院副教授、硕士生导师,上海市"中国特色的转型社会学研究"社会科学创新研究基地研究员,主要研究方向为医务与健康社会工作;陈艺华(通讯作者),华东师范大学社会发展学院社会工作与社会政策专业博士研究生,主要研究方向为社会保障;陈姝帆,华东师范大学社会发展学院社会工作专业硕士研究生,主要研究方向为社会政策。

住院期间、出院前期"的三个住院阶段、多元群体类型的教学方案。经预实验及两轮前后测干预实验实施并检验教学成效，形成基于标准化案主法的教学路径，为标准化案主法本土化研究提供实践支撑，为儿童医务社工实习生培育提供方法借鉴，为标准化案主法教学场域拓展提供经验支持。

关键词 标准化案主法 儿童医务社工 实习生教学

一 研究背景

国家卫健委印发的《"十四五"卫生健康人才发展规划》明确提出开发社区健康工作者和医务社工，《上海市卫生健康发展"十四五"规划》提出加快各类紧缺人才培养，其中包括儿科及医务社工等人才队伍建设，医务社工实习生作为储备人才，对其实践培育及职业转化在医务社工人才队伍建设中占据重要一环。医务社工实习生面临教学场域向临床场域转换、学生身份向职业角色蜕变、理论知识向实务经验过渡（《中国社会工作》编辑部，2020），儿童医院场域服务对象常包括未成年儿童及其亲属，患儿住院周期短、住院医疗服务效率高的特性使促进实习生临床适应，提升其个案服务能力成为临床带教工作重点，伴随医务社会工作的科学化、系统化、专业化发展，优化儿童医院场域下医务社工实习生带教方法的需求日益凸显。

由于服务范围的广泛性、服务对象的脆弱性以及对伦理问题的担忧，模拟作为一种直接观察与分析临床实践的方法被社会工作教育领域接纳（Rawlings & Blackmer，2019），相较于一般方法，标准化案主法因其过程严谨性、高仿真性脱颖而出（雷杰等，2023；Asakura et al.，2018）。标准化案主法（standardized client method）起源于医学领域中"标准化病人"（standardized patient）的广泛应用与实践。标准化案主经培育，能够逼真、可控、可重复地模拟社工与案主在真实场景下的互动，避免学生与实际案主接触的潜在风险（Sewell et al.，2021；臧其胜，2018；林哲莹，2021）。在国际上，该法被用于社会工作者、儿童福利工作者、药剂师、兽医、护士等多职业角色培育（Rawlings & Blackmer, 2019; Asakura et al., 2021; Ibrahim et al., 2018），形成了较为规范的操作流程及评估体系，其学习者技能评估（Asakura et al., 2021; Tyler & Franklin, 2021a）、促进医疗团队合作（Pastor et al., 2016）、提供与双（多）重案主会面训练（Smith et al., 2022; Tyler & Franklin, 2021b）、数据收集与分析（Todd et al., 2021）等功能已得到验证。儿童医务社会工作教育中，高校以通才教育为主的培养模式使学生职业转化时专科医疗知识及技能教育短板日益显现（徐虹，2021），这为标准化案主法的应用提供了契机。当前我国社会工作教育领域引入该法时间较短，多为理论研究，实务上集中于课堂教学场域，以大学生人际交往障碍、手机成瘾问题、校园霸凌等学校社会工作为主要议题，评估学生接案、处遇、会谈等能力，反映出标准化案主法实践条件及环境建设仍处于逐步完善过程中、只能以较低的标准开展相关研究等问题（臧其胜，2018；万方舟、孟祥丹，2018）。

  作为一种体验式学习方法，库伯提出的体验式学习理论认为学习者通过具体经验、反思观察、抽象概括、主动实践四个阶段的循环来获取完整认知及学习体验（Kourgiantakis et al., 2020; 丘小静等，2019；刘祥玲，2020）（见图1），标准化案主法要求学生先通过仿真模拟体验个案工作过程获得具体经验，而后复盘提纲的书写、其他学习者行为观摩为反思观察提供契机，学习者、督导教师以及标准化案主的集体复盘讨论为学习者提供经验概括与抽象的机会，最后学习者通过再次模拟或面对真实个案完成主动实践过程，四个阶段依次发生并在某些阶段中隐含微观循环过程，促使学习效果的达成。

  据此，本研究基于体验式学习理论，运用标准化案主法在儿童医院场域展开实践研究，分析标准化案主法在儿童医院社工实习生个案工作能力培养中的特殊性、有效性及不足之处，为本土标准化案主法的研究提供经验支撑，并服务于社会工作实践教学路径的优化。

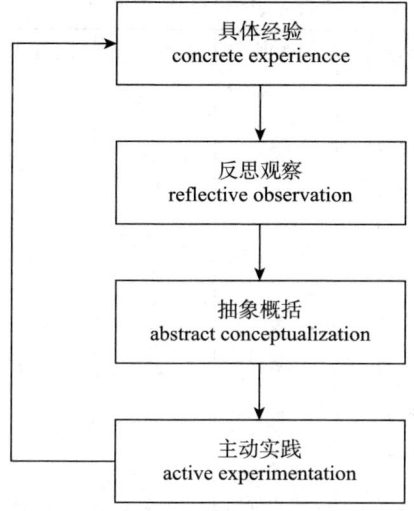

图 1　库伯体验式学习循环圈模型

二　研究设计

（一）研究方法

本研究运用质性与量性相结合的研究方法，以访谈法和实验法为主要方法。

1. 访谈法

前期需求调研阶段。面向上海市具有代表性的 F、S 两家三甲儿童医院招募 8 名有实习生带教经验的一线社工，了解现行儿童医务社工实习生临床教学过程及效果。访谈 2 名 F 医院医护人员，了解标准化病人教学方法在医院体系下的实践。

后期效果评估阶段。面向参与实验的研究对象、标准化案主扮演者、督导教师三类人群分别开展访谈，了解实验过程体验与反思、教学方法评价及建议等。利用 Nvivo 12.0 对所收集的访谈数据编码，结合实务过程形成研究结论。访谈对象基本信息如表 1 所示。

表 1 访谈对象基本信息

编码	单位	性别	年龄（岁）	工作年限（年）	带教时长
Y-H	F 医院	女	30+	—	5 年
Y-J	F 医院	女	30+	—	4 年
D2SC2-W	F 医院	女	28	3	2 年
D13-W	F 医院	女	28	4	3 年
D12SC1-Z	F 医院	女	30+	8	8 年
D-D	F 医院	女	32	5	4 年
D-W	F 医院	女	29	6	3 年
D-L	F 医院	女	25	1	5 个月
D-F	F 医院	女	50	11	10 年
D-H	S 医院	女	32	6	6 年

2. 实验法

本研究采用前后测实验设计。在正式实验开始前，以单节次预实验检验实验方案的可行性。正式实验进行两轮干预，第一轮干预实验结束后基于实验实施情况对实验方案进行优化，进而推进开展第二轮实验。

本研究实验对象共 7 人（见表 2），招募未在儿童专科医院有临床实习经历的社会工作专业学生（学习时长 1 年及以上）参与研究，其中预实验 2 人，两轮正式实验 3+3 人，预实验与正式实验重叠 1 人，共计 7 人。

表 2 研究对象基本信息

编码	年龄（岁）	年级	专业学习时长	预实验参与情况	最近一段实习场所
S-L	23	研二	5 年	参与	社会组织
S-H	24	研二	5 年	观摩	社会组织
S-S	24	研二	5 年	未参与	医院
S-D	24	研二	5 年	未参与	医院
S-Q	28	研二	1 年	观摩	医院
S-C	29	研二	1 年	观摩	社会组织
S-Y	23	研二	5 年	参与	医院

在量表的选取上，第一，选用状态-特质焦虑量表（State-Trait Anxiety Inventory，STAI）作为前后测评分依据。量表由 Charles D. Spielberger 等人编制修订并于 1979 年形成最终形式（李文利、钱铭怡，1995），于 1988 年翻译汉化（戴晓阳，2010），包含状态焦虑量表（State Anxiety Inventory，S-AI）、特质焦虑量表（Trait Anxiety Inventory，T-AI）两个分量表，共计 40 题。状态焦虑量表关注填答者即刻的焦虑感受，特质焦虑量表关注填答者较为稳定的焦虑特质，得分越高则焦虑水平越高。本研究回收有效量表的克隆巴赫系数为 0.824，具有较高可信度。第二，选用社工临床/实务能力清单（CCBC）评分标准及意见表（刘华丽等，2015）作为研究对象个案工作能力测量工具，该量表经检验被认为是一种较全面、客观、有效的实务能力检测工具，能够服务于高校或社工机构的教学与评估工作，该量表涉及访谈技巧、文化洞察能力、知识及干预能力、评估能力、自我觉察能力、整体评估六项，每项单独记分，分数不累加，每项可赋 1~9 分，分数越高即证明该项表现情况越好。基于量表数据，本研究采用 SPSS 19.0 进行分析，得出研究结论。

（二）干预设计

1. 干预依据

基于体验式学习理论，本研究结合标准化案主法模拟的通用流程形成了一套干预模型（见图 2）。在实验设计上，模拟体验帮助学习者在探索中获得实践的具体经验，觉察自身认知能力与实际能力的偏差；通过对他人模拟过程的直接观摩与完整视频回顾，形成对自我实践的反思复盘；借助集体复盘环节，学习者从督导教师、标准化案主、朋辈及自身多维度获取反思经验，形成对实践经验的抽象概括；最终通过新一轮的模拟探索或者直接投身临床实践，达成对新经验、新理念、新认知的主动实践与调适，巩固习得成效。在此循环过程中，学习者完成对自我认知及知识认知的偏差识别与修正、经验技能的习得捕获与调适自洽，最终达成个案工作能力的提升。

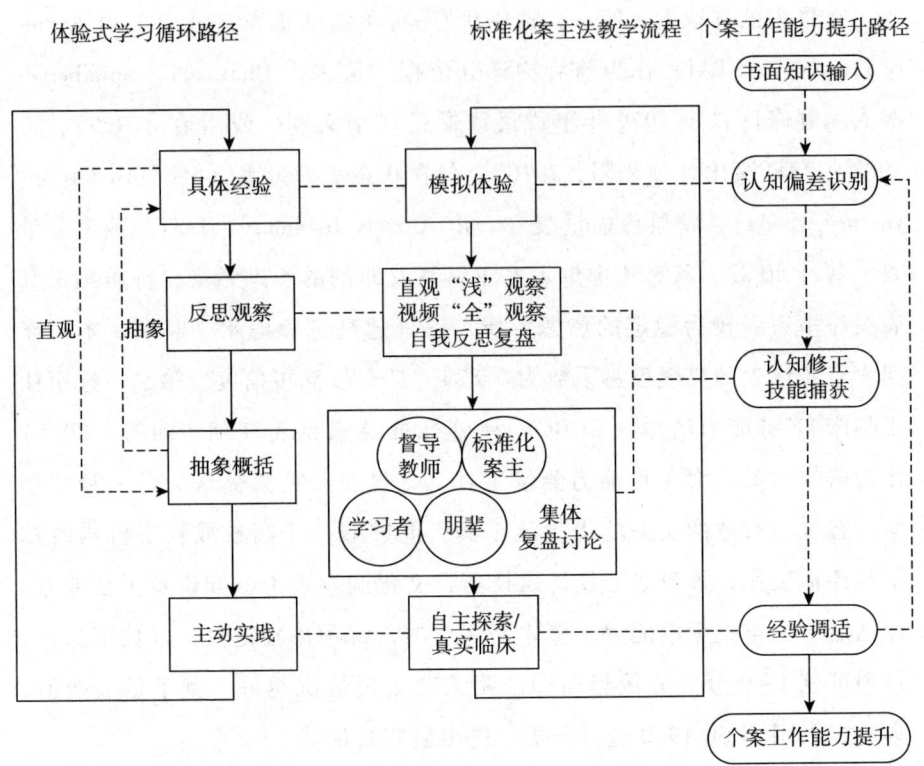

图 2　基于体验式学习理论的干预模型

2. 干预方案设计

本研究设计预实验一轮，正式实验两轮，伴随实验轮次递进完善实验方案。

（1）预实验设计与实施

预实验主要目标为检验标准化案主法教学在儿童医院场域应用可行性，通过分析参与学生的田野笔记，形成基于教学方法价值评价、问题探讨、对策建议为核心的预实验评估结果，总结改进策略为：第一，在实验场景上，更换实验地点为F儿童医院临床技能培训与考试中心教室，利用真实道具最大限度还原病房陈设；第二，在内容设计上，增设一名标准化案主扮演家属角色，以贴合儿童医务社会工作实务场景；第三，在观摩方式上，选用双面镜教室，使研究对象进入模拟空间后视觉上仅能见到模拟场景与标准化案主，最大限度减少环境因素对模拟效果的干扰。另外增设模拟摄像录制，便于研究对象对模拟过程的全盘回顾，促进比较观察与自我反思。

（2）正式实验设计

正式实验共包含三节（见表3），基于需求评估在教学主题上涵盖接案、预估、计划、干预、评估、结案六大社会工作实务通用流程，契合患儿入院初期、住院期间以及出院前期三大时间阶段，使标准化案主的模拟呈现实践还原的系统性。另外，在标准化案主的角色选择上相对具有多元性，患儿包含学龄期与青春期的男性、女性患儿；照护者则包含母亲与祖辈（祖父）等不同家庭角色，具备新手照顾者或资深照顾者的不同属性。

表3 干预实施方案

阶段	教学主题	模拟目标	脚本
第一节	对入院初期案主的接案与预估	1. 自我介绍并与案主建立关系 2. 开展心理社会评估，了解案主需求与问题 3. 依据接案流程与技巧进行开案、转案或结案	不愿接受骨穿检查的女孩
第二节	对住院期间案主的计划与干预	1. 基于背景资料对案主所面临的问题进行排序 2. 运用社工技巧与伦理，处理其中的1~2个问题	只有爷爷一人照顾的8岁男孩
第三节	对出院前期（大龄）案主的评估与结案	1. 评估个案问题解决的情况，是否达到预设目标 2. 调适案主因专业关系中断及失去医务社工支持而产生的忧虑 3. 帮助案主进行出院计划的梳理	孤独的15岁大男孩

干预方法实施具体步骤如下。第一，案例选取。选取标准包括：其一，真实性，案例源于真实生活实践，具备一定的完整性；其二，教学性，符合儿童医务社会工作专业服务范畴，涵盖儿童医务社工所需职业能力；其三，典型性，即在明确类型案例共性的基础上选取最能体现所

有共性特征的案例。H 高校医务社工实习生案例库①共有案例 126 例，其中排除案例 45 例（排除标准：患者大于 18 岁），属于入院初期案例 19 例，住院期间案例 59 例，出院前期案例 7 例（有 2 例案例包含住院初期、住院期间，2 例案例包含住院期间、出院前期，重复计数）。基于对案例库中案例信息的检索和分析，总结患儿及家属住院不同阶段的常见问题及表现（见表 4）。

表 4　住院不同阶段患儿及家属特征

阶段	患儿常见问题或表现	家属常见问题
入院初期	（1）疾病、住院适应问题 （2）保护性个案	（1）对社工角色定位不清 （2）疾病适应问题 （3）住院适应问题 （4）经济问题
住院期间	（1）疾病、住院适应问题 （2）社会支持问题	（1）疾病适应问题 （2）经济问题、福利咨询问题 （3）社会支持问题、家庭问题 （4）医患沟通问题 （5）伦理问题
出院前期	出院适应问题 ·出院期待 ·与社工的分离焦虑	（1）出院准备问题 （2）出院转院问题

第二，脚本编制。基于所选案例情节，刻画某些特定情境下患儿及家属的语言、神态、动作，预留标准化案主临场发挥空间。在实际情况中，案例记录往往缺失细节信息，因此脚本编制基于选定案例，融合 1~2 个同类别案例，参考文献资料、一线社工经验反馈，辅助细节仿真还原以及患儿、家属刻画。

第三，标准化案主招募及培育。招募患儿及家属标准化案主，扮演者应当在性别、年龄、外形、社会身份上与角色设定尽量贴近。基于伦

---

① 该案例库是第一作者入选教育部 2021 年第二批产学合作协同育人项目（"医务社会工作"课程案例教学模式创新）的项目成果。

理考量，招募成年扮演者。本研究共涉及标准化案主角色6人，主要面向一线儿童医务社工、社会工作专业学生招募，其中社会工作专业学生专业学习时长至少三年，且在儿童医院社会工作专业实习时长至少2个月，具备临床服务经验。考虑标准化案主招募与培育的成本，每位扮演者可能在不同轮次实验中扮演多个角色。通过培训与预演使标准化案主依据脚本披露适当而可控的案主信息，模仿案主情绪与情感。允许标准化案主即兴发挥、发表符合案主角色的观点（Tyler & Franklin，2021a），但需要保证多次表演间披露信息的一致性。督导教师、标准化案主构建一致的评分标准，结合不同阶段的实际情况，结合剧本剧情，对考核要点中的对知识及干预能力的评分细则进行一定的删减或补充解释。标准化案主基本信息如表5所示。

表5 标准化案主基本信息

编号	性别	年龄（岁）	专业	社会工作就业/实习时长	承担角色
D2SC2-W	女	28	社会工作（硕士）	就业3年	第一轮第一节母亲
SC2-L	女	24	社会工作（硕士在读）	实习5个月	第一轮第一节患儿 第一轮第二节爷爷 第一轮第三节母亲
SC23-S	男	20	社会工作（本科在读）	实习2个月	第一轮第二节患儿 第二轮第二节爷爷 第二轮第三节患儿
SC3-J	女	23	社会工作（本科）	实习3个月 就业2个月	第二轮第一节母亲 第二轮第二节患儿
SC3-G	女	22	社会工作（本科在读）	实习2个月	第二轮第一节患儿 第二轮第三节母亲

第四，场景创建与模拟实验程序。F儿童医院临床技能培训与考试中心作为场景基地。模拟开始前，完成模拟准备、背景介绍等，模拟过程中，研究对象需在15分钟内独立完成标准化案主模拟，还剩5分钟时予

以提示。督导教师在单面镜后观察并评分,并在过程中简记要点供点评时向学生反馈。每次表演结束后标准化案主、督导教师有 5 分钟时间基于社工临床/实务能力清单（CCBC）评分。模拟结束后,研究对象填写《复盘提纲》并在集体讨论中汇报。集体讨论环节后标准化案主反馈、督导教师面向全体成员基于模拟过程进行点评和技能演示与教学,引导研究对象集体讨论。模拟结束后,研究对象将通过观看所有参与者的模拟视频,以第三人称视角反思模拟过程并学习朋辈干预经验。

3. 干预过程

（1）第一节标准化案主训练：不愿接受骨穿检查的女孩

本节聚焦社会工作通用过程中接案与预估能力与技巧的训练,标准化案主角色为入院初期的患儿与家属,情节设计重点关注研究对象自我介绍、与案主建立关系、开展心理社会评估等方面能力与技巧掌握情况。案例摘要为滢滢 10 岁,因发烧不退至医院住院排查病因,由母亲陪护,近期医生察觉告知滢滢将要接受骨穿检查后,滢滢表现出心情不佳,较为敏感,不愿与医护人员交流,母亲也较为担忧、焦虑。骨穿检查的日子即将到来,滢滢的情绪及病情不稳定,主治医师因"患儿对骨穿检查存在恐惧,情绪波动较明显"申请转介社工,进行心理社会评估。

研究对象在模拟中呈现的共性问题包括：回答案主有关医疗信息的提问、对待儿童的语气不适当、提问跳跃不具有连贯性。实验过程反馈问题包括：研究对象对 15 分钟在首次会面的定位存在分歧、非模拟环节研究对象间的干扰、模拟现场收音效果不佳。在后续模拟中均加以改进。

（2）第二节标准化案主训练：只有爷爷一人照顾的 8 岁男孩

本节聚焦社会工作通用过程中计划与干预能力与技巧的训练,标准化案主角色为住院期间的患儿与家属,情节设计重点关注研究对象文书阅读能力、案主问题识别与预估、基于某种理论或技术的临床干预能力。案例摘要为陈小翔 8 岁,患纵隔肿瘤,由爷爷陪护。首次介入原因为主治医生因"患儿住院时间较长,由爷爷一人照顾,爷孙两人关系不佳,存在不按医嘱饮食的情况"转介医务社工干预。案例信息中提供社工实习生与案主初次会面后的服务记录单,其中罗列案主存在家庭、社会支持、经济、医疗恐惧等8项潜在问题，案例模拟社工实习生与案主第二次会面的情境，要求研究对象基于现有资料对案主问题进行排序，并干预其中1~2个问题。

模拟中反映出参与对象的共性问题包括：处理患儿与爷爷亲子关系问题较为割裂、结束会谈较为仓促，缺乏总结与回应。实验过程反馈主要问题为标准化案主在培育过程中参与度较低，在后续培育中通过播放第一轮模拟视频，邀请标准化案主发表对模拟过程的看法，转变被动信息输入的过程，使问题得以解决。

（3）第三节标准化案主训练：孤独的15岁大男孩

聚焦社会工作通用过程中评估与结案能力与技巧的训练，标准化案主角色为出院前期的患儿与家属，情节设计重点关注研究对象处理案主结案时不良反应、动态评估案主状态、制定出院计划等方面能力与技巧掌握情况。案例摘要为15岁的楠楠因排便排尿困难至当地医院检查发现盆腔恶性肿瘤，于去年转入医院普外科完成肿瘤切除术，后转入血液科进行化疗，目前案主处于化疗第五期。首次介入原因为主治医生因"患儿表现出对生活的绝望、不想继续治疗，患儿母子情绪均不稳定"转介社工进行干预，通过个案工作记录单的形式呈现社工实习生前三次会面时的服务内容，本节案例模拟社工实习生与案主在出院前的最后一次会面的情境，要求研究对象基于现有资料及探访评估个案目标是否达成，并相应进行个案过程回顾、梳理出院计划、评估与结案等流程。

实验过程反馈主要问题为研究对象反应超出预期，将重要道具带出场地。在社工道别、退场环节，设计案主送礼的情节，有研究对象误将水果道具带出场地，易对后续研究对象造成干扰，因此实验过程中对该行为及时制止并在后续模拟设计中通过规范实验过程，规避该问题。

三 研究发现

（一）标准化案主法应用需求评估

基于调研及文献资料分析，儿童医院社工实务工作特点包括：医院床位周转快，个案工作具有高时效性；医疗团队构成多元，专业伦理存在差异；服务面向患儿与家属，常以家庭为中心。在传统观念中，学生的教学工作应当归属于学校教育体系，而考虑到现实特点及需求，在医院场域内培育儿童医务社工实习生的目的包括：由实习生承担基础工作，分担实务工作压力；增加医疗跨学科团队互动，促进专业合作；拓展临床服务边界，激发服务活力；促进医校合作，提升服务品质；等等。

1. 现有带教模式分析

通过访谈资料梳理，F儿童医院与S儿童医院在社工实习生带教模式上既有共性也有差异。S儿童医院社工部现有带教社工3名，服务科室以肾脏风湿科和血液肿瘤科为主。受社工数量限制，呈现师徒式的个人带教模式，带教流程由个人独立完成，且每批次招收实习生数量较少。F儿童医院则因一线社工及实习生队伍更具规模，作为6所上市高校的社会工作专业实习基地，每年接收并培养约20名实习生，因此带教过程中的部分环节以集体带教的方式呈现，以提升带教工作效率。但无论何种方式实习生带教流程中具有一定共性并呈现阶段性特点，总结儿童医院现有带教模式如图3所示，分为入职培训、探访准备、独立探访和效果评估四个层层递进的阶段，入职培训阶段注重临床前促进实习生对环境和人员熟悉的培训，探访准备阶段注重临床探访的专业性技术和要求的培训，独立探访阶段注重临床实战的培训，效果评估阶段注重独立探访实践效果的评价与反馈。

2. 带教需求评估

综合来看，无论倾向于何种带教模式，在整个带教过程中以带教老师一对一教学为主要形式，而这种现象反映出的现行儿童医务社工实习生带教中尚不完善之处包括以下几个方面。

（1）受个体因素影响重，缺乏系统的内容设计

个人带教模式对带教老师时间成本、个人责任感、个人临床经验有较高要求。带教老师驻扎在临床的时间有限，带教过程依靠带教老师与实习生的配合。由于带教老师使用不同的教学方法，对临床实践有个体化理解，因此同一批实习生所接受的临床训练与指导有所差异。而受制

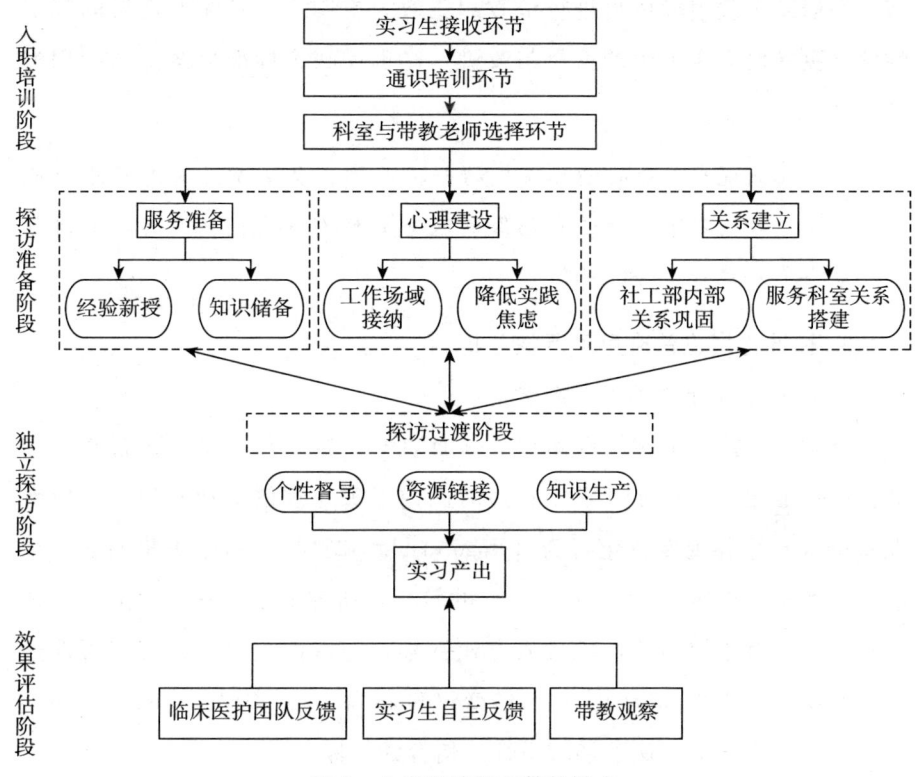

图 3　儿童医院现有带教模式

于临床带教资源有限，实习生服务范围基于带教老师的工作范畴往往局限于 1~2 个科室，其临床体验具有局限性。

（2）实习生进入临床的心理需求状态常被忽视

主要体现为缺乏对实习生进入临床前的心理准备教育。资历较老的带教老师可能会留意实习生进入临床前的状态（如恐惧、退缩或积极亢奋），但多数带教老师在访谈中坦诚表示，未能加以重视，一般以统一的时间节点为基准要求实习生进入临床，独立开展服务，缺乏针对实习生服务能力、服务质量的评估机制与监督。

（3）依靠实习生主动性，效果反馈存在滞后性

通过面授（知识传授、提问与解答）、示范与观摩等方式教学，实习生往往进入临床后才有较为明显的问题暴露，而教学效果的检验依赖实习生的问题自觉与主动反馈。另外，在访谈过程中有督导教师总结经验：

实习生遇到实践困境后再进行带教纠正效果更明显,具体遇挫后的针对性辅导更能促进实习生的反思与改进。这也反映了标准化案主法应用的必要性。

> 比如说我们后面进入临床的一段时间,其实都没有老师跟着我们了,我们都不太知道自己做的服务到底有没有问题,其实有时候也会有点担心。(SC2-L)

3. 标准化案主法应用可行性分析

(1) 契合职业角色培育需求

课堂内的社会工作教育侧重于书面知识"教"与"学"的过程,因此借助标准化案主法促进学生在短时间内形象化理解专业知识,形成专业身份认同并展现专业化行为(Bogo et al., 2014)。对于医院而言,社会工作教学侧重于"学"向"用"的转化。研究显示,标准化案主模拟能帮助教学对象较为轻松地带入专业社会工作者的角色中,因而可促进其学生身份向职业身份的衔接与转变(Bogo et al., 2014; Tyler & Franklin, 2021a),服务于医院场域下社工培育的目标。

(2) 具备模拟教学实践便利

主要体现在以下两点。第一,督导及医疗团队优势。相较于课堂中实施的标准化案主模拟,在医院场域内的模拟为学生提供了与一线医务社工接触的机会。学生接受其临床督导,感受医疗体制内的工作氛围和跨学科团队中成员不同的价值观念等。本研究中即邀请一线专职社工作为督导。第二,场景搭建便利性。相较于学校教室环境,医院场域下的标准化案主场景搭建更具有仿真性、经济性与适用性。

(3) 标准化模拟的实践传统

标准化案主法起源于医学,以 F 医院为例,标准化病人教学已应用至规培医生、新入职护士的职业培养体系。医学场域内的标准化探索为社工部提供了教学示范,其教学方案、考核规范、人员配置、场景设置、资源调配等可提供制度规范上的借鉴,多年运行下的经验也可以为医务社工实习生的培养提供实践指导。

（二）标准化案主法可行性评价

1. 标准化案主法教学仿真度评价

（1）教学设计仿真能够满足教学需求

模拟结束后督导教师基于现场实施情况，填写实验场景开发评价。仿真度评价答案分为"完全不仿真""少部分仿真""半数仿真""大部分仿真""完全仿真"五项，分别赋值1~5。由于标准化案主法实验共开展两轮，因此两轮所得数据取均值。

两轮实验中共有3名督导教师参与评价，由表6督导教师对标准化案主法实施仿真度评价可见，场景的真实程度（$M=4.0$）、标准化案主的呈现（$M=3.8$）、标准化案主的回答（$M=3.7$）均超过均值2.5，即标准化案主法实验呈现的仿真度能够满足儿童医务社工实习生带教需求。

表6 督导教师对标准化案主法实施仿真度评价

节次	场景的真实程度	标准化案主的呈现	标准化案主的回答
第一节	4.5	3.5	3.5
第二节	3.5	4.0	3.5
第三节	4.0	4.0	4.0
均值	4.0	3.8	3.7

对研究对象而言，仿真度取决于能否还原首次探访时的环境压力。绝大多数研究对象基于模拟时的紧张、焦虑情感体验认为模拟具有一定的仿真效果。

> 我在医院实习，在临床过程中也会有这种体会，就没想到这次哪怕只是假装的，也会让我有那种很紧张的感觉。（S-Y）

（2）较真实情境仿真度仍有提升空间

不可避免地，标准化案主模拟与真实情境仍存在差距，集中表现在以下几个方面。第一，限定时间内案例"浓缩"呈现。参照标准化案主模拟通用流程，单次模拟时间为15分钟，与实际个案工作存在差异。第二，标准化案主的下意识"引导"。虽然接受过培训，但具有社会工作专业教育背景的标准化案主仍在不自觉中展现配合意愿，辅助会面过程推进。这一现象对于有医务社工临床服务经验的研究对象而言会更为明显。第三，扮演者与案例角色形象差异。受限于伦理、成本问题等的考量，尤其在儿童角色上，难以做到扮演者与角色在性别或年龄上的匹配，较大跨度的装扮易导致研究对象出戏。以上问题在初次接触标准化案主模拟时反馈较为明显，而伴随着模拟推进得到部分改善。

2. 标准化案主教学适用性评价

（1）契合现有带教模式需求

第一，削弱带教老师个人因素对带教效果的影响。标准化案主模拟以其时空可控性、教学内容的统一性，使教学经验可以以集体知识生产的方式逐渐累积与更新，扩大个体化实践经验价值，提升教学公平性，保障教学质量。模拟不同服务类型、病种的教学案例，则可有效改善实习生临床经验获得的局限性问题。

第二，重视实习生进入临床前的心理教育。实习生在安全环境内提前感受并适应临床氛围，熟悉个案工作流程，可形成内在心理预期。模拟过程既是"揭露"的体验又是"愈合"的过程，朋辈同质化情绪状态反馈促进实习生的自我接纳，借助督导教师引导，增强其面对真实场域的心理韧性。

第三，提高学与做转化效率，激发实习生学习动力。标准化案主法以丰富的内容、生动的形式，向实习生提供了主动参与教学过程的机会，促进了师生及实习生朋辈群体间的有效互动。

（2）实地应用存在阻碍因素

高时间成本是影响标准化案主法教学应用的主要问题。访谈中 3 位督导教师不约而同地提出标准化案主模拟训练需耗费较高的时间成本，当缺乏体系支持时，督导教师较难提供整块时间段用于模拟训练，督导教师也提出将标准化案主模拟训练设计在学校场域内完成、将不同节次模拟拆分穿插在实习生临床的不同阶段实施等建议，以提升督导教师培育实习生效率，适应本土化需求。

督导老师参与这件事情，我觉得其实就是一个时间成本（问题）。（D2SC2-W）

因为这一套后面的实施肯定是要由我们办公室负责带教（的老师实施），这样子带教老师花费的时间会比较多。（D13-W）

其实放到医院来，我客观地说对带教老师的工作量来说是很大的，因为你要花三个半天的时间，所以我觉得把它放到医务社工选修课的这种课堂里进行会更好。（D12SC1-Z）

3. 标准化案主法教学满意度评价

绝大多数研究对象表示对标准化案主法的接纳，认同该教学方法的教学效果，对教学体验有较高的评价。有一名研究对象对该教学方法在实践过程中转变考核工具表示担忧，即教学对象为获取更高的得分，采用应试的技巧对待模拟过程，阻碍自身问题的暴露，因此削弱教学效果。

它是一种很好的测量手段，但是我害怕学生知道了这个是拿来测量我的，会不会以一种考试的心态去进行标准化案主。（S-Y）

督导教师认为，标准化案主法在促进儿童医务社工实习生带教的过程中，对带教老师个人职业发展也起积极作用。标准化案主模拟的讨论复盘环节为实习生就同一事件与督导教师展开专业探讨创设机会，实习生所持观点往往偏向于理论化与书本化，带教老师的输出则常以实践经验为基础，二者的互动过程利于理论经验与实践经验的相互转化补充。

（三）标准化案主法教学效果分析

1. 仿真教学干预对提升实习生个案工作能力具有一定成效

对医务社工实习生个案工作能力的测量包含督导教师评价、标准化案主评价、研究对象自评三大部分，包含量性数据与质性数据。其中量性数据源于标准化案主、督导教师参照社工临床/实务能力清单（CCBC），形成评分。质性数据源于模拟结束后督导教师对研究对象的整体评价、标准化案主评价，以及研究对象对自我表现的评价。

由表7可见，研究对象在三节次标准化案主模拟中，整体评估一项的满分为9，均值得分分别为第一节4.83、第二节6.25、第三节7.67，得分呈逐渐升高趋势，即伴随标准化案主模拟三节次推进，标准化案主的临床表现有所改善。经过标准化案主训练后，研究对象能够察觉自身问题，而在复盘讨论环节，研究对象能够获取其他研究对象面对案例时的处理方式、标准化案主基于案主感受的评价、督导教师整体评价，得到针对性专业建议与指导，继而在后续的模拟中呈现更专业的服务。

表7 CCBC清单督导教师"整体评估"得分均值

节次	M（SD）
第一节	4.83（1.21）
第二节	6.25（1.07）
第三节	7.67（0.90）

从效果上看，因为是分了三轮次，然后三轮次其实还是有非常明显的进步的。虽然三个三轮次的案例是不一样的，但还是能看到他们整个过程的连贯性、时间的把控、技术的应用，还有一些目标的达成，这些都比上一次更好一些。(D13-W)

首先是自我反思，其次是老师对你的这样一个指正，这两个结合起来你就能在每一次中收获很多，然后在下一次做得更好。(S-S)

2. 干预利于降低实习生进入临床前的焦虑水平

研究对象在实验开始前后填写状态-特质焦虑量表（STAI）以此形成前后测对照数据。由表8可见，除2名研究对象状态焦虑量表（S-AI）得分升高外，4名研究对象的状态焦虑量表（S-AI）得分有不同程度的降低，即较多数研究对象参与标准化案主模拟后认为自身焦虑感受有所减轻，经过仿真训练，其面对儿童医务社工个案工作的压力有所降低。

而对于状态焦虑得分升高的研究对象，经事后访谈得知，填写量表时研究对象仍沉浸在对第三节次自身表现的反思中，因此影响了量表得分的呈现。排除影响因素，该法对改善实习生进入临床前的焦虑状态具有一定成效。

第三节模拟我觉得自己表现得特别不好，所以感到特别紧张焦虑，也就反映在量表填写上了。(S-C)

表 8 状态焦虑前后测分析

代码	S-AI 前测	S-AI 后测	差值（后测-前测）
S-H	38	23	-15
S-S	39	42	3
S-D	28	22	-6
S-Q	39	37	-2
S-C	51	53	2
S-Y	34	32	-2

经过仿真训练，其面对儿童医务社工个案工作的压力有所降低，作为未接触儿童医务社会工作实务的研究对象，其大多在事后访谈中表示经模拟过程，对着手实务工作建立了一定信心。

多数研究对象阐述了自身通过模拟由担心到对自身能力确认、有信心面对临床工作的认知转变。经过对个案流程的由不熟悉到熟悉的确认，实习生更有能力从自我关注转移至服务对象关注，从被动的环境接纳转变为积极的改变尝试。

我的情绪状态三次也变化得很明显，第一次非常紧张，然后也很无措，经过这个练习，我就觉得至少在第二次第三次之后，我首先在情绪上没有那么紧张，然后我能更加专注地将自己集中在跟案主他们的互动上面，而不是说我好紧张该怎么办。(S-H)

伴随实验进程，研究对象对模拟与临床实务过程形成认知，模拟过程直观化展现了个案服务的流程，打消了实习生进入临床的顾虑，实习生有机会提前经历独立进入临床初期的困境，并学习面对挑战的技术，学习运用督导、朋辈资源的方法，心理韧性得以增强。

3. 标准化案主扮演者的专业收获

由于研究所招募的标准化案主除 1 名一线社工外均为 F 医院儿童医务社工实习生，因此研究者对教学方法对实习生扮演者的影响展开探索。

主要包括以下两个方面。第一，具体经验技巧的收获。4名实习生身份的标准化案主扮演者均表示，通过标准化案主法教学过程，尤其是复盘讨论环节，获得了临床中所遇相似问题的解答，收获了更具细节化的实务技能。第二，促进站在案主的角度进行问题思考。标准化案主培育及扮演的过程，也是要求扮演者理解角色，体察角色情绪态度转变、行为表现动因的过程。扮演者体验到不同服务风格下的案主体验差异，例如，在讨论环节，扮演者常提出研究对象在过程中对自己的排斥与冷落，以及站在案主的角度发出行为的辩驳，这些都促使实习生扮演者对自身服务过程进行反思。

> 我会更加了解我的案主，我开始站在他们的视角去思考他们为什么会说出这种话，更加理解我们案主的想法，从而帮助我更好地进行服务。(SC3-G)

> 基于我已经有一定临床经验，它能够帮助我更好地去理解。案主当时可能会因为什么点触发了一些情绪化的事件。(SC3-J)

四 讨论

(一) 标准化案主法提升儿童医务社工实习生个案工作能力机制

1. 从问题暴露到问题意识的觉醒

正如库伯所言，体验式学习是一种过程而非结果。标准化案主模拟的目的不在于知识数量的增长，而是在安全的环境内为学习者提供实践探索的机会，改变对知识学习的价值观，在实践中发扬质疑精神、探索精神，促进个体性的知识生产。在新知识学习中，实习生首先关注的是主观认知中尚未习得的内容，由于实务过程中朋辈比较的机会相对匮乏，实习生的自我反思相对片面。相较于现有的临床带教模式，标准化案主法能够直观展现实习生临床工作的全貌，与问题出现—问题求教—问题解决的传统带教模式不同，实习生有更多机会被指出个案工作中尚未觉察的问题，以及在客观观察中觉察现有服务过程中可以被优化的内容，调适实习生对个人个案工作能力的认知，带教指导的完整性更强。

2. 从问题察觉到问题纠正的转变

在学习者习得方面，通过模拟过程呈现的问题，教学对象获取新知后有机会在安全环境模拟中尝试新方法并修正，而多次实践机会所提供的容错空间也可以帮助实习生寻找适合个人的最佳行动策略，巩固所学并转化为个人经验与能力。实验效果中反馈出的研究对象在同理心、服务完整性、服务姿态、服务节奏把握等方面的提升可验证这一效果。

在教学者指导方面，通过模拟过程可见实习生在初次尝试探访时所暴露的问题具有共性，如自我介绍不恰当、急于问题干预而信息收集不足等，对于督导教师而言，通过个人带教过程，需要经历几代实习生的经验积累才能总结共性问题，而在模拟中则更易被识别，由此带教老师可基于常见问题，适时调整教学内容，提供相应强化训练，提升学习者行为纠正的效率，也为标准化案主法教学设计优化提供机会。

3. 高反馈效率催化内外在学习动机

相较于标准化案主法的课内实践，医院场域内的实践更具教学效果的优越性。基于体验式学习理论，其应用条件包含学习者投入动机、学习目标及内容与学习者的关联性、学习情境真实性三项（赵天翔，2017），在医院场域的教学中，儿童医务社工实习生首先明确学习目的为及时实践应用而非单纯的知识储备，且规避了"搭便车"等学习懒惰的可能性，面对即将进入临床的挑战，事前模拟教学无异于"雪中送炭"，环境压力实际上催生了学习动力。其次，经过首次模拟后，实习生可通过再次实践修正错误，单节次中实习生所遇卡点、难点将通过新一轮的模拟尝试转化为新经验。研究对象均反馈在督导教师积极引导后，能够树立处理问题的信心，实践自我效能感提升，能够通过自我反思激发自主学习、自我探索的内在学习动机，并在实践循环中推进新知识生产过程。

4. 基于标准化案主法的儿童医务社工实习生带教策略

第一，依托前期知识教学，提供模拟实践基础。标准化案主法教学主要针对个案工作能力的提升，学习者需具备充分的理论知识，并内化为个性认知，才有可能通过实践过程完成认知偏差识别—认知修正—认知平衡的自我实现过程。本研究对象及标准化案主扮演者均有医务社会工作专业学习或医院临床实习经历，即对模拟过程并非全然不知，因此反思讨论环节的经验与知识生产过程效率更高，针对性更强。在标准化案主法实施前，需保障实习生完成入职培训阶段，保障儿童医务社工实习生对实际服务流程有基本认知。

第二，重视督导环节教学质量，警惕个案过程程式化认知。面对同一标准化案例，不同研究对象基于个人风格提供了差异化的处理方式；而在复盘讨论环节，不同的督导教师对于服务的侧重点以及服务经验的传递也同样存在差异。在标准化案主法教学过程中，可融合传统带教模式中的轮流带教过程，通过邀请多位有经验的社工担任督导，共同参与复盘讨论过程，为实习生提供多样化的经验指导，实习生在不同服务介入策略的碰撞中寻找适用于自我发展的方法。另外，督导教师也应警惕滑入"标准"的陷阱。督导教师应当加强对学习者个性化服务方式的保护，重视对多样化处理方式的认同，营造互助友好的学习氛围。

第三，提供适应性的配套课程，灵活安排教学过程。标准化案主模拟的时间控制在 15 分钟以内，而实际的介入时长可能在 50 分钟左右，且模拟情节具备一定"触发性"，为充分利用标准化案主法教学，可设计配套课程内容，添加规范化演示，供实习生参考学习，帮助实习生对代表案例进行充分探索，达到举一反三的教学成效。在教学环节安排上，可根据实习生的反馈灵活调整进度。

第四，注重模拟与临床实践衔接，多维度评估培育效果。标准化案主模拟是教学过程而非教学目的，因此带教老师应当关注实习生进入临床后的真实表现。一方面，在教学安排上，可将标准化案主法教学与独立探访阶段的教学工作结合，将模拟内容划分阶段，并根据临床实践需求提供模拟教学，注重教学的实际应用效果；另一方面，标准化案主法教学不能取代实习生临床过程中的个性督导过程，因此在标准化案主法教学后，应充分发挥师徒式带教优势，鼓励带教老师关注实习生的具体问题并给予针对性支持。

（二）研究局限与研究展望

本研究验证了由具有临床经验实习生担任标准化案主的可行性和初步的有效性，通过社会招募、志愿者招募或可较好地节约应用成本，但存在一些局限。首先，标准化案主法在国内的实践探索尚不充分，可参考的教学设计与教学经验相对匮乏，本研究以小规模样本进行试点教学与探索性尝试，为标准化案主法的应用提供了一些经验借鉴，后续可通过模拟场景复制，实现多实验室同步开展等方式扩充干预样本数量，提升干预效果的统计学意义；其次，标准化案主法教学过程对教学场所的人力成本、时间成本要求较高，部分研究参与者将其"误解"为对原有教学方式的完全附加，而忽视了新教学方法对传统带教过程的部分可替代性，未来可尝试在此方面进行正向引导，进一步宣传标准化案主法的积极作用。

标准化案主法应用于儿童专科医院实习教学在教学方案可行性、教学成果有效性、教学满意度等方面的价值得到一定程度的验证。未来研究可关注以下几个方面。第一，完善标准化案主模拟配套能力测量标准，在现有评价标准基础上，针对模拟案例生成配套评价体系，检验其评价效果并服务于儿童医务社工实习生标准化案主模拟教学体系。第二，推进社会工作多实务领域下的探索与实践。将该法逐步推广至其他类专科科室及医院，应用于老年、残障等多元群体，服务于学校社会工作、矫治社会工作等多领域个案工作实务教学。第三，辅助医务社会工作者的从业资质认证体系建设。标准化案主法既是教学方法亦可成为实务能力的考核工具，通过系统化的标准化案主模拟可为参与者提供工作能力的量化指标，伴随社会工作职业化发展，该法可作为职业社工考核的参考依据。

参考文献

戴晓阳，2010，《常用心理评估量表手册》，人民军医出版社。
雷杰、李学斌、苏振浩，2023，《以能力为本的社会工作模拟方法——一项基于

1990—2020 年中英文经验研究论文的范围综述》,《华东理工大学学报》(社会科学版) 第 2 期。

李文利、钱铭怡,1995,《状态特质焦虑量表中国大学生常模修订》,《北京大学学报》(自然科学版) 第 1 期。

林哲莹,2021,《结合客观结构式临床测验与反映团队建构学用合一的学校社会工作课程之研究》,《发展与前瞻学报》第 34 期。

刘华丽、薄艾、卢又华,2015,《社会工作客观结构式临床评估在实务教学中有效性的研究》,《华东理工大学学报》(社会科学版) 第 4 期。

刘祥玲,2020,《大卫·库伯的体验式教学》,山西人民出版社。

丘小静、陈淳、周慧,2019,《体验式学习视角下的地理研学旅行设计——以广东省河源市新丰江水库研学为例》,《地理教学》第 16 期。

万方舟、孟祥丹,2018,《"标准化案主"方法在社会工作教学中的应用研究》,《劳动保障世界》第 17 期。

徐虹,2021,《我国儿童医务社会工作的困境与对策》,《中国社会工作》第 18 期。

臧其胜,2018,《证据-表演-服务：社会工作临床技能教育与评估的生态系统模式建构》,《社会工作》第 1 期。

赵天翔,2017,《体验式学习理论观照下的教师培训模式创新》,《中国成人教育》第 23 期。

《中国社会工作》编辑部,2020,《医务社会工作专业实习困境怎么解》,《中国社会工作》第 36 期。

Asakura, K., Bogo, M., Good, B., & Power, R. 2018. "Teaching Note-Social Work Serial: Using Video-Recorded Simulated Client Sessions to Teach Social Work Practice." *Journal of Social Work Education* 54 (2): 397-404.

Asakura, K., Gheorghe, R. M., Borgen, S., Sewell, K., & MacDonald, H. 2021. "Using Simulation as an Investigative Methodology in Researching Competencies of Clinical Social Work Practice: A Scoping Review." *Clinical Social Work Journal* 49 (2): 231-243.

Bogo, M., Rawlings, M., Katz, E., & Logie, C. 2014. "Using Simulation in Assessment and Teaching: OSCE Adapted for Social Work." Council on Social Work Education.

Ibrahim, I. R., Palaian, S., & Ibrahim, M. I. 2018. "Assessment of Diarrhea Treatment and Counseling in Community Pharmacies in Baghdad, Iraq: A Simulated Patient Study." *Pharmacy Practice-Granada* 16 (4): 1313-1318.

Kourgiantakis, T., Sewell, K. M., Hu, R., Logan, J., & Bogo, M. 2020. "Simulation in Social Work Education: A Scoping Review." *Research on Social Work Practice* 30 (4): 433-450.

Pastor, D. K., Cunningham, R. P., White, P. H., & Kolomer, S. 2016. "We Have to Talk: Results of an Interprofessional Clinical Simulation for Delivering Bad Health News in Palliative Care." *Clinical Simulation in Nursing* 12 (8): 320-327.

Rawlings, M. A. & Blackmer, E. R. 2019. "Assessing Engagement Skills in Public Child Welfare Using OSCE: A Pilot Study." *Journal of Public Child Welfare* 13 (4): 441-461.

Sewell, K. M., Sanders, J. E., Kourgiantakis, T., Katz, E., & Bogo, M. 2021. "Cognitive and Affective Processes: MSW Students' Awareness and Coping Through Simulated Interviews." *Social Work Education* 40 (5): 641-655.

Smith, T., Wells, L., Jones, K., Jaouich, A., & Rush, B. 2022. "Assessing the Perception of Family and Caregivers' Experience with Mental Health and Substance Use Services." *International Journal of Mental Health and Addiction* 22: 130-145.

Todd, S. L., Occhiuto, K., Asakura, K., & Grassau, P. 2021. "Navigating Uncertainty in Clinical Social Work Practice: A Pilot Simulation-Based Study." *Clinical Social Work Journal* 49 (2): 286-297.

Tyler, T. R. & Franklin, A. E. 2021a. "Formative Assessment and Learning in a Parent-Bisexual Child Dyadic OSCE-SW." *Journal of Social Work Education* 57 (3): 569-584.

Tyler, T. R. & Franklin, A. E. 2021b. "Research Note-Dyadic OSCE Subscales: Measuring Students' Ability to Work with Parents and LGBTQ Children." *Journal of Social Work Education* 57 (4): 809-816.

【社会工作实务过程研究】

社会服务记录中的知识生产与转化

——基于对 16 个非虚构个案的叙述学分析

严艺文[*]

摘　要　模板化的社会服务记录难以提取出有效的在地知识，而非虚构写作的方法可以改善这一困境。本文基于"书写—转化—阅读"的分析框架，从 277 个案例集中筛选出 16 个涉及非虚构写作要素的个案开展叙述学分析，以探索服务记录中知识生产与转化的特征。研究发现，第一，知识转化在人称视角、呈现形式和叙事逻辑方面存在差异，从而划分出现象提炼型、转述总结型、自我叙事型和案例教学型四类知识转化类型；第二，时间聚合串联起故事情节，而空间聚合整合了书写者与阅读者的意义表露，二者共同建构了知识转化路径。总的来说，非虚构写作对知识生产的作用在于，其可以改善实务信息总体表述模糊的现状、弥补主客观失衡、避免对先验理论进行重复验证等问题。

关键词　非虚构写作　社会服务记录　社会工作案例　知识生产　知识转化

---

[*] 严艺文，南开大学社会学院博士研究生，主要研究方向为社会服务设计与评估、社会工作干预研究等。

引 言

社会服务记录（social service records）是社会工作者的日常生活（Kagle & Kopels，2008：1），具有促进有效治疗、推动形成批判性思维和改善社会的三大目的（Sheffield，1920：5-6）。一方面，服务记录是自我发展、监督和研究的实践改进工具，也是绩效监测、管理以及评估社会工作干预的必要性和结果的基础（Hoyle et al.，2019；Calder，2004）；另一方面，服务记录可以帮助辨识社会问题和需求，以促进社会改善（O'Rourke，2010：2）。

服务记录是承载服务经验和实践智慧的基本载体，其知识生产路径与社会工作专业知识的修正和建构具有一致性（何雪松等，2017）。首先，修正路径是指在外借先验知识本土化过程中进行应用性检验，被认为是具有预设思维的应用理论解决问题的过程（安秋玲，2016），也是丧失了文化主体性的他者中心主义的殖民性依附式发展逻辑（徐选国，2023；周利敏，2009）。例如，使用通用过程模式框架[①]来进行服务记录的做法极具保守的结构功能主义色彩（郭伟和，2018）。其次，建构路径是指在脉络化的日常生活实践中进行自主知识建构（施旦旦，2017；童敏，2024）。作为构成社会生活基础的社会过程分析进路，这种方式对理论的建构具有重要的启示意义（吴飞，2009）。相较而言，建构路径才是本土自主知识体系建设的核心路径。

建构知识注重记录并分析社会工作实践的过程。社会工作既要关注案主个别化的生活体验并赋予其意义，也要注重社会工作者作为行动者的自我反思（熊跃根，2016），这对作为经验载体的服务记录形式和内容提出了较高要求。社会工作者深入案主的生活，其生产出的服务记录（包括案例）应充实饱满且对现实有所启发，但实际上缺乏深度和多样性，只有少数个

[①] 通用过程模式是指一套标准化的记录方式，按照"接案、预估、计划、介入、评估、追踪"的步骤开展实践和记录。

案对社会工作者的实践描述有意义且完整（Boxall et al.，2018），这严重阻碍了本土知识生产中建构取向的发展。具体表现为服务记录趋于统一化，即理论脱嵌于案主的生活实践，社会工作是实践先行的专业，但在进行服务记录生产时出现了倒推理论的现象（徐选国、陈雪，2024）；此外，实务工作者对服务过程缺少反思的主动性和敏感性，也缺少将实践转化为理论的能力，由此被排除在服务递送的知识生产之外（侯利文、徐永祥，2018）。在探讨本土知识体系建构的背景下，要重拾案主生活世界所独有的色彩，应适度控制使用先验的框架式和模板化的工具套用方式，挖掘个体经验层面的建构性叙事方法以支持知识生产，避免知识提取失灵。

一　社会服务记录史中的知识提取差异

社会服务记录的结构和形式随专业发展而不断变化，但记录作为一种理性始终存在。依据记录形式的差异，可以将其划分为整全阶段和效率阶段，阶段的转向使服务记录逐渐出现形式化、模板化与经验反思匮乏等问题。

（一）整全阶段：强调信息的全面性与个别化

起初，社会服务记录的书写是一种整全主义导向下的个别化诠释。一是强调完整和全面的记录。1925 年，里士满（2018：18~20）认为最完整和最详细的服务记录才有助于帮助她提炼出有用信息。1927 年，伯吉斯（Burgess，1928）也强调社会个案服务逐字记录事实的价值性和情感性意义，他认为逐字记录比选择性叙述更利于社会学分析。二是强调记录信息的个别化。汉密尔顿（Hamilton，1936：2）认为记录的内容和结构应极具个性，不主张模板式记录（model record），认为这不能使案例更加清晰和易于理解，强调服务记录应当依据具体情境而不是依据理论模式来书写。

在此阶段，督导会依据社会工作者的原始记录提炼出有用信息。早期社会服务记录质量很差，门罗（Munro，1951）认为社会工作者受限于有限的辨识力，只有通过详细记录才可能和督导或机构管理者一起评估服务的细节，由此，才可能逐渐凝练出更简短、更有针对性和选择性的要点式服务记录，她强调将转化记录的责任交由督导或管理人员来完成。此时，一线社会工作者是服务的原始记录者，督导、机构管理者或其他权威者是记录的监察者和提取转化者（Kagle & Kopels, 2008: 16），二者之间的互动构成了服务记录的知识生产与转化过程，督导需要具备一定的能力以支持其从详尽的原始文本中提炼有用信息。

但是，这种记录形式被批判为制作成本高、偏离了治疗的目的、难以同时保证客观性与主观性（Eliot, 1928; Swift, 1928）。这些现实问题在一定程度上也促成了服务记录的演变。

（二）效率阶段：强调信息的系统性与标准化

随着干预有效性的要求和循证实践的发展，服务记录更偏重于用系统性的记录来取代具有诊断性的原始记录或经由加工的分析记录。此外，信息技术（ICTs）等的应用也导致服务记录更加趋于统一化。

20世纪50年代，服务记录开始初具分析性，社会工作者处理个案的方法展现了其诊断思维，同时，服务记录也成为督导监督的重要依据，大多数服务记录由督导阅读并对社会工作者的思维过程进行回顾性重建，是在社会工作者服务完成之后的一段时间才进行转化的。逐渐地，实践开始推崇使用各类指南或特定指导，社会工作者倾向于选择被广泛认可的最佳实践或记录。例如，按照SOAP格式[①]来定期记录治疗进展（Hartman & Wickey, 1978），该记录形式虽然超越了以问题作为记录依据的方式，更关注人本取向的主客观数据，但由于社会工作者选择依赖机构的"最佳实践"指南、监督以及独特的知识，反而致使其缺少了批判性思维（Kagle & Kopels, 2008: 27）。记录更多的是为满足官僚主义、资金和法律要求而制定，偏离了有效治疗的直接目的，案主的信息及个别化的问题容易被忽视。80年代，英国社会工作协会（BASW）建构了"道德记录系统"的原则，建

[①] SOAP格式的进度记录是一种以人为本的记录方法，而不是面向问题的记录，其包括四个维度：主观数据（subjective data）、客观数据（objective data）、评估（assessment）和计划（plan）。

议向案主开放服务记录信息（O'Rourke，2010：6），这进一步增加了社会工作者主观表达的难度，因考虑到保密、敏感性而使记录的边界逐渐缩窄。在各种技术和要求涌入的背景下，效率看似成为记录的优先考虑，但是，社会工作者记录的时间并没有减少，记录反而出现了杂乱无章、不精确等问题，既没有独特的个性化信息，也低效且无序。

综上所述，从服务记录的变迁来看，知识提取失灵主要面临真实性（客观）与建构性（主观）两难的冲突。真实性代表基于案主客观现实的描述，而建构性代表基于社会工作者主观认知的加工，要在故事的详尽描述中突出服务记录的现实感，同时又具有记录者独特的个人反思和创造性，这是一个难以两全的困境。那么，何种方法或记录形式可以兼顾真实性与建构性，以摆脱这种困境呢？笔者通过分析非虚构叙事的方法在社会工作个案服务案例中的应用，试图具象化自主知识从故事中转化的再生产路径，这对于建构中国社会工作自主知识体系具有重要的方法意义。

二　分析框架与研究方法

（一）分析框架："书写—转化—阅读"的知识提取过程

社会服务记录是一种文化的载体。米歇尔·德·塞托（Michel de Certeau）把文化的生产与消费置换成一种书写与阅读的关系，他引用房客与其所租公寓的关系来说明阅读是将"生产者/书写者"的场所转变为"消费者/阅读者"之空间的做法（吴飞，2009）。其中，阅读者具有吸纳和挪用能力，即利用一系列工具和战术对文化产品进行选择、改编和重新配置，产生与原初产品不一样的效果（赵丽华，2020）。例如，房客可以通过自己的举止和记忆来改变和修饰公寓（塞托，2015：42）。虽然阅读者不直接重塑书写者所生产的原始文本，但阅读者创造了原始记录意图之外的东西，使文本与其初衷相脱离（塞托，2015：263）。这种观点的隐喻在于，书写与阅读之间存在转化关系，转化发生在书写者与阅读者之间，是一个通过文本再生产来重新生成意义的过程，也即塞托所言的"二次生产"或"无言的生产"。据此,本文进一步建构"书写—转化—阅读"的分析框架,用以分析在地知识转化的过程。

首先,转化是书写者与阅读者高频互动的结果。一个完整的生产过程包含了原始记录者(书写者)及二次创作者(阅读者)的互动,以此生成意义。第一,从书写过程涉及的主体数量来看,既包括由一人承担记录实践经验的单一书写过程,也包括由两人或以上成员在同一实践中共同书写的共识性记录过程。第二,从转化的实现过程来看,书写者可自行赋予客观实践记录以主观意义,也可以经由权威者对实践记录的客观经验事实进行加工提炼。第三,从阅读者及其先后顺序来看,第一类是初次阅读原始记录的人,他们往往承担了记录监察与转化的责任;第二类是阅读加工后具有分析价值的成熟素材的人,既包括服务记录的当事人(如社会工作者和案主),也包括更广泛的社会受众。

其次,转化是时间、空间与记忆综合作用的过程,并进一步形塑了记录结果。[1] 记忆在源自他者(环境)并失去(只剩下回忆)的过程中形成(塞托,2015:131),意味着记忆发挥了不断构建意义空间的功能,因而该空间实则也是主体文化交互过程中形塑的意义空间。例如,一开始社会服务记录所形塑的意义是基于案主和社会工作者视角的原初时刻的时空作用的结果,而后经由他者的记忆加工逐渐增加了督导视角的新的主体意义。由此,服务记录在单个或多个意义空间交互的行动中得以实现生产和再生产。

(二) 案例选择

本文选择非虚构写作作为一种建构性方法来进行分析,原因在于非虚构写作可以弥合社会服务记录真实性与建构性的两难困境。社会服务记录作为一种实践的叙述化,重要的不是通过文本所展示的"真实"来

---

[1] 塞托认为,"记忆"(memory)是赋予实践以主观意义,"恰当的时机"(kairos)决定了行动的策略,并以时间节点串联故事情节,而"效果"(effect)则是地点、记忆和时机相互作用的结果,共同塑造了社会文化现象。据此,社会服务记录作为一种文化载体,其记录的结果也是在时间、空间和记忆相互作用的过程中形成的,例如,服务过程中社会工作者与案主的互动、督导过程中督导与社会工作者的互动。

使其广为流传。相反，被叙述的故事建立在一个虚构的空间中，叙述不仅是描绘了一次"事件"，而且是造就了这一"事件"（塞托，2015：151）。由此，实践的叙述化强调既需拥有文本的真实性，也要保持主体的建构性。这和非虚构写作的理念具有一致性。非虚构写作一般也称创意非虚构（creative nonfiction）或非虚构叙事（Kotišová，2019），① 是对日常生活进行深度挖掘的一种叙事策略和写作方法，必须忠于它所包含的信息的有效性与完整性（洪治纲，2021；严飞，2021）。其与社会工作实践的一致性表现在两个方面。

一是非虚构是对现实世界故事的反应，具有参照真实性，而社会工作者同样是接近并深入案主生活情境的行动者。非虚构写作被认为是经过科学严谨论证后重建的数据，具有客观性（Kotišová，2019），是将创作主体置身于现场的"元叙事"策略，指创作主体带着天然的合法性身份，置身于叙事现场，他们不停地张罗人物的进出、材料的调配、现场的呈现和叙事的连贯（洪治纲，2021）。社会工作者作为创作主体，强调"人在环境中"，具有"元叙事"的合法性，在服务叙述的过程中，主要通过使用不同的叙事策略来帮助案主澄清、重构生命故事，以达到扭转不良局势的目的（Kahle & Robbins，1998）。总的来说，社会工作具备获得真实信息的优势。

二是真实性透过想象得以被强化，使其更具有现实感。非虚构写作是对现实生活中的真实人物进行想象性写作，由此具有一定的虚构成分，这种建构性可以增强故事的真实感，二者相辅相成（Kotišová，2019）。非虚构写作巧妙地传达叙事的主题、自我的价值立场，以及个人的感受与思考。这种"虚构性"是一种建构性，是对"真实性"的一种张扬，局部层面的虚构不会对整体造成影响（洪治纲，2021）。社会工作强调自反性和批判性，非虚构写作的建构性可以帮助社会工作者依据服务记录来完善和推进服务，增加个别化的叙事色彩。综上，非虚构写作可以作

---

① 创意非虚构中的"创意"表现在作者构思想法、总结情况、塑造个性、描述地点、表达和展现信息的技法上。第一，"创意"不意味着无中生有，报道和描述不存在的事情，不意味着作者有说谎的权利；第二，"非虚构"一词意味着素材真实。参见 Kotišová（2019）。

为平衡服务记录真实性与建构性两难的一种写作方法。其既能最大限度地保留案主的真实故事，又能赋予这些故事以意义和传播价值。

（三）研究方法及过程

本文使用叙述学方法进行分析。知识本质上是一种叙述的故事（Lyotard，1984：74），在社会学和心理学中，叙述学把人的叙述作为研究对象，在经验细节中寻找秩序、意义和目的，把它们编成情节，构筑一个具有内在意义的整体（赵毅衡，2013：13~15）。笔者依据"书写—转化—阅读"的分析框架，以总结非虚构个案服务案例中书写者与阅读者之间的转化特征。首先，本文在"皮书数据库""读秀""中国专业学位案例中心""文泉学堂""超星"五个数据库中进行标题检索，[①] 检索词为"社会工作 AND 案例 OR 故事 OR 服务"，共纳入 275 本案例集（图书），并从其他来源补充了 2 本案例集；紧接着，通过删除重复项、阅读目录并排除不符合纳排标准的案例集，筛选出 56 本案例集 472 个个案案例，在阅读个案案例的叙述框架及小标题后，最终纳入 16 个符合非虚构写作的案例。筛选过程如图 1 所示。

本文的纳排标准如下。第一，仅纳入个案工作[②]案例，原因在于该服务是社会工作者进入案主系统开展的真实微观行动，更可能涉及诸如详细的生命史等细节信息，并且从服务记录中提取知识的做法起源于个案服务。第二，纳入具有详细且完整故事介绍的案例，排除通用过程型、理论介入型案例[③]，以及排除只提供概要信息的案例，或仅将碎片化案例

[①] 本文未选择在线上平台进行服务记录检索，原因在于线上平台（如公众号案例等官方推送）一般是机构对外披露公众责任的载体，是问责制要求下的最佳范本，大多是格式化和标准化的写作逻辑，不符合本文提取经验的思路；而且，由于线上平台的受众大多基于在地社区，对服务的保密性要求较高，以至于对案主信息披露较少，难以进行综合分析。因此，本文选择案例信息更为丰富且完整的公开出版图书进行检索。

[②] 此处的个案工作（case work）区别于个案研究（case study），前者是社会工作的专业服务方法之一，偏重于对服务的记录和反思，后者是一种质性研究方法，涉及基于案例的实证分析，二者不等同。

[③] 例如，使用个案通用过程模式（接案到结案完整流程）、理论或相关模式进行干预，使用问题或需求分析等思路安排写作。这些均为"自上而下"的写作逻辑，缺乏"自下而上"的提取视角。

作为经验事实佐证的研究性论文。第三，排除纯虚构的故事。服务记录可以是基于主体（包括实务工作者或研究者）服务提供或信息收集的真实案例产生的主观反思，也可以是基于案主视角的第三方转述，但需要保证真实性。

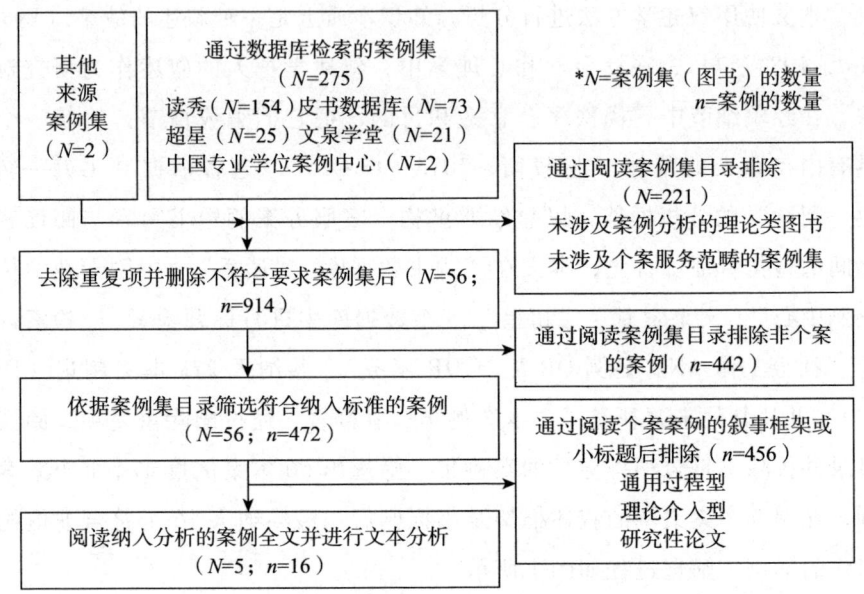

图 1　筛选分析案例的流程

最终，在筛选的 277 个案例集中，仅 5 本案例集（图书）的写作具有非虚构叙事的特征，占总案例集的 1.8%。其中，在纳入筛选的 914 个案例中，个案占 51.6%，在最终纳入筛选的 472 例个案中，采用非虚构写作方法的仅占 3.4%。这说明当前绝大部分服务案例仍是按照西方理论模式的逻辑来总结的，缺少遵循本土化建构取向的可操作的记录方法。

三　非虚构个案服务案例的知识提取表征：类型与路径

（一）在地知识书写、转化与阅读的总体概况

首先，在 16 个案例中，单一书写者占比为 81.25%，联合书写者

占比为18.75%（见表1）。绝大部分案例的写作以单一书写者为主，这与我国社会工作人才队伍的配置和服务策略有关。此外，联合书写存在两种表现，第一种情况是一线团队协作，他们共同参与服务记录，例如，使用轮班记录的方式来保留服务痕迹并实时更新服务动态。

> 因为我们两个每天都要轮值早晚班，早上跟晚上独自值班时发生的事情，便需要通过书写让对方上班时就可以看见而接续上……除此之外，我们每天下班后也都会用Line（一个即时通信平台）把当天发生的比较紧急的事件告诉对方，并在通信软件上不断讨论，也通过讨论给彼此力量，这些对话内容记录了我在社区中的故事与我的想法，更清楚地记录了我的行动路径……（Case 5）

第二种情况是通过案例教学实现在课堂上进行转化，学生和教师进行联合书写（Case 1），这种方法被概括为"行动案例教学法"，案例不是既定的，而是伴随教学被生产出来的，是过程性的（任敏等，2023）。

其次，在转化主体方面，自我转化和他人转化各占50%。大多数作者由高校教师或学生承担，他们在亲历服务后通常具备自我转化的能力；反之，如果该服务记录的作者是社工、咨询师或新闻记者，那么，通常需要经由抽象能力更强的研究者来实现转化。在16个案例中，有几种典型的转化类型，第一，实务与研究间转化，即初始记录者（社工、咨询师、新闻记者等）与高校教师之间的转化，后者基于前者的服务记录进行加工提炼，是一种典型的实务与研究关系；第二，教学转化，即教师将自己收集的或经由转化形成的案例作为知识传递给学生，教师既可能是初始记录者，也可能是在阅读中实现知识再生产的转化者；第三，督学转化，如学生将参与实习实践中遇到的问题求助教师，是一种典型的督（导）学关系，学生是初始记录者，教师是转化者。这三种知识转化的形式也是当前知识生产与转化过程中最为常见的。

表1 "书写—转化—阅读"框架下非虚构叙事案例特征

单位：个，%

书写—转化—阅读	类型与序列维度	频次	占比
书写者			
书写者类型	单一书写者	13	81.25
	联合书写者	3	18.75
转化者			
同一主体	是	8	50.00
	否	8	50.00
阅读者			
转化阅读者	督导/高校教师	14	87.50
	学生	1	6.25
	不清楚	1	6.25
其他阅读者	社会公众	6	37.50
	学生	10	62.50
转化类型			
人称视角	第一人称	3	18.75
	第三人称	13	81.25
呈现形式	故事型	14	87.50
	对话型	2	12.50
叙事逻辑	现象提炼型	2	12.50
	转述总结型	3	18.75
	自我叙事型	1	6.25
	案例教学型	10	62.50
转化路径			
时间聚合	插叙	2	12.50
	顺叙	10	62.50
	倒叙	4	25.00
空间聚合	单空间	11	68.75
	多空间	5	31.25

最后，在阅读者方面，重新赋予原始记录新的意义的人被称为"转化阅读者"，而不进行二次生产的人则是"其他阅读者"，从三种知识转化关系来看，督导/高校教师占据了初次转化的主导地位（87.50%）。而后随着教学的开展，知识传递发生在教师与学生之间，学生作为其他阅读者（62.50%）接受教师传递的在地知识；如果知识传递更为泛化，则社会公众作为其他阅读者（37.50%）通过案例学习获取在地知识。

（二）主体互动中的知识转化类型

作者与读者在主体互动的过程中逐步实现知识转化。第一，在人称视角上，81.25%的案例使用了第三人称叙事，是指作者置身故事之外，以旁观者的身份讲述故事；只有18.75%使用第一人称，是指作者置身故事之内，以故事中人物的身份来讲述故事（赵炎秋，2002）。第二，在呈现形式上，故事多于对话，讲故事的人（作者）很少明确在对话中表达故事寓意，其意义主要依托于故事本身来呈现（Polletta et al.，2011）。但是，巴赫金（Bakhtin，2010：106）认为文本在两种意识和两种主体边界上发展，意味着作者和读者之间的关系是一个已经产生的文本和读者创造的反应性文本（reactive text）之间的对话（Ochs & Capps，2001：3）。例如，Case 1 的文本就是典型的对话型呈现，通过教师和学生的交流展现了从案例中提取出知识的过程（见表2）。第三，叙事逻辑反映了知识生产和转化的过程，依据在地经验的总结过程来看，大致可以分为现象提炼型、转述总结型、自我叙事型和案例教学型四个类别。

1. 现象提炼型

现象提炼型是指在对已有问题或现象的叙事中，通过制造悬念、反向提问或其他吸引读者眼球的方法讲述故事，随后基于实践中的行动或反思对该故事中涉及的现象进行分析提炼，这通常发生在第一人称叙事中，并且同时涉及作者的主客观描述。例如，在 Case 3 中，作者通过叙述留守儿童的性格来提出一个"矛盾"的问题，即"她们看起来很阳光啊，真的是留守儿童吗？"。随后，在分析部分，作者在与转化阅读者（督导）的对谈中，提出"替代善意"的概念来解释该现象："替代善意

能够修复孩子因为关怀性关系缺失而丧失的对环境的信任和深层联结。"（Case 3）

2. 转述总结型

转述总结型通常是指作者本人并不是转化者，而是由初次阅读该案例的读者进行总结，通常是一种基于访谈的知识提取过程。例如，Case 2 通过分析在地医务社工的服务经验，由此讨论针对该独特案例的服务边界和行动原则，并试图总结出更广泛的应用方案。

> 在场的情境是与当时状况直接相关的那些信息、氛围等，具有易变性。如在本案例中，通过观察和分析孩子当时的情况、母亲和父亲的形象和神情，以及二者之间的结构性特征，当时孙老师就判断工作的重点是安抚母亲。（Case 2）

一线工作者往往受限于自身的抽象能力、敏感性及服务经验，难以将行动中的实践智慧转化为更深层次的服务模式，这种知识提取的方式可以避免实践经验的流失。

3. 自我叙事型

自我叙事型是指以书写者本人为主线的叙事逻辑。受人本主义取向的影响，社会工作服务强调以案主为本，故大多数服务记录是以案主的家庭背景信息、问题及需求、面临的创伤事件等为主线进行书写的。但是，社会工作者在服务中产生的情绪和专业反思也应当被看见。自我叙事型是以社会工作者为主线的故事叙述，强调社会工作者自我的生命历程与主观体验。在纳入分析的 16 个案例中，只有 Case 5 是以自我的人生体悟和经历来陈述的，这种叙事逻辑的优势在于其中包含了非常多的主观建构性成分，有利于从社会工作者的视角来反思服务策略的有效性。

4. 案例教学型

案例教学型是指案例书写或转化是以教学为目的，这类案例既可能是教师作为书写者亲历的，也可能是通过转述或其他渠道获得的，但最终接收案例的阅读者是学生。例如，Case 7~16 就是案例教学的典型写作形式。

（三）时空聚合中的知识转化路径

一个完整的故事陈述及分析是时间和空间的聚合。首先，时间链条反映了一个故事的叙事脉络；其次，空间除了包括故事发生的物理空间或社会空间，也包含个体基于自身文化的理解产生的主观性的意义空间，例如，每个人对同一件事的感受和反馈是不同的。时间和空间的聚合共同促成了故事和意义的生产。

1. 时间聚合：故事的生产

事件的发生是连贯的、流畅的和完整的，其中会涉及多个重要的时间节点，这些时间节点即与事件的起承转合有关的情节（plot），是将原本只是发生的事件转化为故事叙述中的时刻的手段（Polletta et al., 2011），这些时刻的呈现均反映了主体的体验。在社会服务记录的过程中，情节往往表示一个具有仪式性的时刻，是服务过程的关键点或最为突出的部分，可能涉及更多样且丰富的主观感受。但是，在模板化的记录中，大量的情节被记录的格式化要求所掩盖，使个体生命故事的呈现不完整，事件的排列跳脱且缺乏情感。

在非虚构写作中，事件的时间聚合促成了独特的故事叙述。其书写更强调对某一时刻人物的语言、行为和感受的刻画，这些时刻的排列通常有顺叙、倒叙和插叙三种方式。第一，顺叙是按情节发生的时间顺序来叙述，例如，Case 15按照"结婚—离婚—约会—新家庭"的顺序来展示"明雪"（案主）从一段婚姻的终结到另一段婚姻的过渡，四个不同的时间节点呈现了明雪复杂的心理过程，这有利于帮助读者把握案主个别化叙事中的独特情感。第二，倒叙是先突出现状，而后陈述这种现状出现的原因。例如，Case 7先是讲述了流浪儿童已在上海流浪一年半的现状，而后讲述他离家的动机和经历，从其家庭和生命故事中理解其波折的历程。读者可以先整体感知故事结果，而后去思考该结果产生的原因。第三，插叙在故事的生产中也较为常见，一般情况下插入新的故事是为了更清晰地佐证中心故事，如Case 1就讲述了在课堂上生产案例的全过程。

表 2 涉及非虚构写作要素的社会工作案例

序号	作者	年份	案例标题	服务领域/对象	知识转化类型			知识转化序列	
					人称视角	呈现形式	叙事逻辑	时间序列	空间序列
1	任敏	2021	面包可以掉在地上吗	学龄儿童	第一人称	对话型	现象提炼	插叙	多空间
2	赵嘉伟 杨加一	2021	社工如何化解医患冲突	医患冲突	第三人称	故事型	转述总结	插叙	多空间
3	杨加一	2021	陪伴留守儿童	留守儿童	第一人称	故事型	现象提炼	顺叙	多空间
4	刘华丽	2017	QQ 的秘密	家庭治疗	第三人称	故事型	转述总结	顺叙	多空间
5	颜采宜	2017	一个侠女社工行走社区江湖的自我叙事	社区服务	第一人称	故事型	自我叙事	顺叙	单空间
6	何思斯	2017	龙虎凤传奇	精神健康	第三人称	故事型	转述总结	顺叙	多空间
7	程福财	2008	何处是乐土：流浪儿小刚的故事	流浪儿童	第三人称	故事型	案例教学	倒叙	单空间
8	黄安安	2008	阿明与吸药	戒毒	第三人称	故事型	案例教学	倒叙	单空间
9	潘佳雁	2008	张小明——我来自农村	新生适应	第三人称	故事型	案例教学	倒叙	单空间
10	王曦影	2008	爱与暴力：叶子的故事	青年婚恋	第三人称	对话型	案例教学	倒叙	单空间
11	裴谕新	2008	朱丽亚：艾滋女生	公共卫生	第三人称	故事型	案例教学	顺叙	单空间
12	丁瑜	2008	迷失的自我：阿霞的小姐生活	性工作者	第三人称	故事型	案例教学	顺叙	单空间
13	丁华 丁慧敏	2008	大宝打工记	农民工	第三人称	故事型	案例教学	顺叙	单空间

续表

序号	作者	年份	案例标题	服务领域/对象	知识转化类型			知识转化序列	
					人称视角	呈现形式	叙事逻辑	时间序列	空间序列
14	吴海雅	2008	美玲：处女妻子	家庭治疗	第三人称	故事型	案例教学	顺叙	单空间
15	胡一倩	2008	明雪：离婚妈妈	家庭治疗	第三人称	故事型	案例教学	顺叙	单空间
16	刘红	2008	古稀老人回娘家	老年	第三人称	故事型	案例教学	顺叙	单空间

资料来源：Case 1~3，《行走的社工：专业·爱·成长》；Case 4，《冲突与弥合：家庭社会工作案例研究》；Case 5，《"格格"不入：一个侠女社工行走社区江湖的自我叙事》；Case 6，《中国取向复元模式实践：精神健康社会工作案例研究》；Case 7~16，《中国社会工作案例》。案例作者观点并不代表笔者观点。

2. 空间聚合：意义的生产

非虚构叙事的文本是一个意义空间的交互。当前写作中并非所有案例都涉及了分析性的主观建构，呈现两种意义生产的表现形式。一是单意义空间，即转化者并未进行案例的主观建构，只涉及初次书写者所建构的文化特质，案例代表了书写者个人基于服务或转述的分析；例如，Case 7~16均为课堂案例，但不涉及课堂交互，只是教师基于案例的自我理解和客观呈现；二是多意义空间，即转化者对案例进行提炼或重新书写，除了包含初次书写者所赋予事件的意义外，转化者的分析也使案例的主观性更强，是一个作者与读者共同建构意义空间的过程。这既包含社会工作者在服务情境中具体考量的服务性意义，也包括由转化者总结出的分析性意义。例如，Case 1~3是将案例"搬"到课堂，而后进行加工生产的过程，是学生、社工与教师等互为作者与读者共同建构知识的过程，这就是多意义空间交互的具象形式。

四 社会服务记录的生产困境与知识转化进路

僵化的社会服务记录正在影响在地知识提取。社会工作是一个具有现实关怀且深入案主生活情境的专业，理应向社会公众披露具有社会正义观的问题，并刻画不同弱势群体的画像，但因僵化的写作模式而陷入案例传播受限、影响力薄弱且缺乏细节刻画等问题。非虚构写作的方法可以在一定程度上弥补此类问题，提供改善服务记录与案例写作的方向和契机。具体来看，非虚构叙事的补足作用表现在三个方面。

第一，创意非虚构的真实表达增加了服务记录的生动性，通过细节刻画可以改善总体性表述的模糊特征。僵化记录均有一个共同点，即只是按照标准化模板粗糙地罗列案主的信息，如"问题/需求/背景—理论基础—服务目标/计划—过程—评估"，并未展现其日常生活的全貌和细节。这导致读者阅读的感受是冰冷且片面的，难以共情案主的遭遇。

一方面，标准化限制了社会服务记录的专业影响力。这种逻辑虽然提供了行动者实践和记录的工具参考，但也缩小了社会服务记录的扩散范围。服务记录局限于专业内部学习和使用，目的在于使社会工作者都掌握统一化的记录方法，导致案例的灵活性、趣味性和创造性逐渐降低，这忽视了面向社会的意义传递，难以提升专业影响力。对于非专业人士而言，他们难以从通用过程模式写作中感受到个性化叙事的情感意义。另一方面，行政化的效率趋势限制了模板化的框架结构更新，难以实现创造性转化。政府购买的指标要求对每一次服务的产出进行验收，导致在短时间内很难形成知识转化，这导致大量文本记录对知识生产而言是无效的。

对比而言，非虚构叙事可以解决上述两方面问题。一是非虚构写作强调对案主日常生活的细节刻画，可以在一定程度上缓解大而空的事实罗列，使案主是鲜活的、真实的且具象的，例如，Case 3 描述了医务社会工作者在面临在重症监护室外纠缠的母亲时，展现了其变化的心理状态和语言。非虚构写作降低了阅读的门槛，其社会可接受度更高。

"重症监护室是外人不能进的，也没有窗户可以看到。如果你担心，我可以帮你去看孩子……你希望我带给孩子什么吗？"听到最后那句话，孩子母亲原本紧绷的情绪一下子缓和下来，流露出对孩子安危的担心。她从包里拿出一个苹果,说:"我这里什么她喜欢吃的都没有,只有一个苹果,但她平时最不喜欢吃苹果了。"很短的停顿后,孙老师说:"那你先削皮切小块放保鲜袋里,我带进去看她会不会吃一点?"有点奇怪呀,为什么会这样呢?一个母亲,自己的孩子在重症监护室,她却没有为孩子准备爱吃的食物,偏偏只有孩子不爱吃的苹果。但是孙老师按捺住自己的好奇心,没有追问,接过切好的苹果,去了重症监护室。(Case 3)

二是非虚构的建构性特征也保证了主体基于原始记录的创造力,可以进行能动改造,实现服务记录的提取与更新。例如,Case 5 就描述了工作中已有的模板与现实之间的差距,而这种创造性表达取决于书写者本身的能力和专业素质。

> 工作上被要求的书写也会影响我的反思,虽然仅有联系记录以及评估处遇两栏需要填写,但当时我跟玲安(同事)觉得表格不适合填写,因此我们便自己设计了一个表格供我们每天上班时填写,两栏分别是"发生了什么事""我怎么想的"……例如,"有小孩因为未成年骑车,他的家长到办公室跟他大吵并将他带到警局",在一般的访视记录上会填写"陪伴小孩跟家长进行沟通",但在我们自己设计的表格里,开始反思"为什么未成年人不能骑车""他骑车代表着什么",有很多自己对这件事的解构和对话。(Case 5)

第二,非虚构的情感表达可以改善记录存在的客观性较强的失衡状况。在大多数被筛除的案例中,故事的叙述逻辑都是第三人称,案主是一个无生命力的符号或代码,缺少主观性的视角,即使在涉及非虚构写作的 16 个案例中,第三人称的叙事也高达 81.25%(13 例),但相较而言,第一人称的叙事更容易使人共情其遭遇。一方面,自述的情感流露更易使读者共情到自我的意义空间,使情感表达在主观性中得以传递和流动;另一方面,以主体生命故事为支线的文学性表达,在积极与消极情感词的共现中提升了案例的饱满性。同时,社会服务记录的客观叙述也非常重要,如果只是一味强调第一人称叙事并不是有效的解决办法,非虚构的文学性可以弥补客观性过多导致的情感缺失，例如，案主在异乡生存的煎熬和折磨的生命故事在文学性表达中得以升华。

> 大宝（案主）没有想到自己会在建筑工地上度过 12 年，整个青春都留在了自己那盖起一栋又一栋高楼的布满厚茧的粗糙大手上，留在了自己那睡过一年又一年的蚊蝇成群、老鼠横行的地下室中。（Case 13）

第三，针对社会服务记录存在的先验理性问题，非虚构的建构性取向使在地经验拥有被总结和提炼的可能性，而非一味地按照既有先验理论做重复性验证。例如，Case 1 基于幼儿园儿童与清洁工阿姨的需求差异，创造性地提出"多元需求平衡"的中层理论模式，用以解决二者的冲突。

> 我进一步说："那么，我们刚才赋能用的是什么资源？符号资源！我们通过叙事建构了一种意义给对方，以期促进对方更全面地认识自己，尤其是认识到他的优势、他的价值。将符号作为一种文化资源，符号建构作为一种技术，加上空间拓展法和时间拓展法，那么我们平衡多方需求就有三种技术了。"（Case 1）

又如 Case 3 用"替代善意"的概念来解释留守儿童并不像传统刻板印象中那么弱势，原因在于他们从除父母外的其他主体身上获得了替代善意。由于 Case 7~16 是基于案例陈述的教学案例，故其建构性取向并不明显，只能察觉其案例故事的建构性，因缺失分析素材而难以总结出在地知识。

总的来说，社会工作深入生活情境面对的应是鲜活的个案，但当前的案例普遍是基于实务通用模式的演绎式呈现，弱化了从经验层面逐级提炼总结的可能性。本文强调了非虚构写作的优势，其既可以促成在地经验的知识生产与转化，也可以进一步扩大社会服务记录的社会影响力。但是，本文的不足之处在于：一是样本难以穷尽，虽然本文已尽最大可能筛选有概率涉及非虚构写作案例的案例集，但受限于书名、取材和风格差异，仍存在遗漏的可能性；二是由于非虚构写作在社会工作案例中的应用并不成熟，且学界对于非虚构写作的边界定位模糊，本文尝试依据其真实性与建构性的特征进行筛选，考虑到非虚构写作的叙事逻辑，将同时满足这两大特征的非虚构案例纳入分析。具体而言，16个案例都满足真实性特征，但并非都具有文学性色彩，且有的案例主观建构性不足。此外，本文虽然讨论了非虚构写作在社会服务记录知识生产和转化中的表征，但仍需在未来进一步厘清非虚构写作方法的传播渠道，这些都有助于社会工作自主知识的建立和传递，是扩大专业影响力的重要议题。

参考文献

安秋玲，2016，《社会工作知识本土建构：基于实践场域的进路与策略》，《华东师范大学学报》（哲学社会科学版）第6期。

郭伟和，2018，《迈向反身性实践的社会工作实务理论——当前社会工作理论界的若干争论及其超越》，《学海》第1期。

何式凝，2008，《中国社会工作案例》，上海人民出版社。

何雪松、童敏、郭伟和、陈涛、王小兰、吴帆、徐选国，2017，《"社会工作理论：哲理反思与文化自觉"笔谈》，《华东理工大学学报》（社会科学版）第6期。

洪治纲，2021，《非虚构：如何张扬"真实"》，《文艺争鸣》第4期。

侯利文、徐永祥，2018，《被忽略的实践智慧：迈向社会工作实践研究的新方法论》，《社会科学》第6期。

玛丽·埃伦·里士满，2018，《社会诊断》，刘振译，华东理工大学出版社。

米歇尔·德·塞托，2015，《日常生活实践1.实践的艺术》，方琳琳、黄春柳译，南京大学出版社。

任敏，2021，《行走的社工：专业·爱·成长》，社会科学文献出版社。

任敏、吕江蕊、陈政军，2023，《行动案例教学法：打通理论教学与实践行动阻隔的社会工作教学探索》，《社会研究方法评论》第1期。

施旦旦，2017，《社会工作知识生产、扩散以及本土化回应》，《华东理工大学学报》（社会科学版）第3期。

童敏，2024，《生活实践：中国社会工作自主知识体系的考察》，《社会工作》第1期。

吴飞，2009，《"空间实践"与诗意的抵抗——解读米歇尔·德塞图的日常生活实践理论》，《社会学研究》第 2 期。

熊跃根，2016，《后现代主义与社会工作干预：理论和实务的再思考》，《社会科学研究》第 5 期。

徐选国，2023，《新时代中国社会工作发展的逻辑转换与自主知识体系建构》，《学海》第 1 期。

徐选国、陈雪，2024，《专业规范、治理情境与社会工作理论悬浮的形成机制》，《社会科学》第 4 期。

严飞，2021，《深描"真实的附近"：社会学视角下的非虚构写作》，《探索与争鸣》第 8 期。

颜采宜，2017，《"格格"不入：一个侠女社工行走社区江湖的自我叙事》，硕士学位论文，台湾大学。

叶锦成等，2017，《中国取向复元模式实践：精神健康社会工作案例研究》，华东理工大学出版社。

赵丽华，2020，《话语与实践：罗杰·夏蒂埃对阅读研究理论框架的探索》，《现代出版》第 5 期。

赵炎秋，2002，《叙事情境中的人称、视角、表述及三者关系》，《文学评论》第 6 期。

赵毅衡，2013，《广义叙述学》，四川大学出版社。

周利敏，2009，《扩散论：大陆社会工作教育研究的新范式》，《广州大学学报》（社会科学版）第 11 期。

朱眉华、陈蓓丽等，2017，《冲突与弥合：家庭社会工作案例研究》，华东理工大学出版社。

Bakhtin, M. M. 2010. *Speech Genres and Other Late Essays*. Texas：University of Texas Press.

Boxall, K., McKenzie, V., Henderson, G., Aishath, S., & Mazza, D. 2018. "Reimagining Social Work Case Studies：A Social Work-Creative Writing Collaboration." *Social Work Education* 37（7）：881-894.

Burgess, E. W. 1928. "What Social Case Records Should Contain to be Useful for Sociological Interpretation." *Social Forces* 6（4）：524-532.

Calder, M. C. 2004. "Out of the Frying Pan into the Fire? A Critical Analysis of the Integrated Children's System. " *Child Care in Practice* 10（3）：225-240.

Eliot, T. D. 1928. "Objectivity and Subjectivity in the Case Record. " *Social Forces* 6（4）：539-544.

Hamilton, G. 1936. *Social Case Recording*. New York：Columbia University Press.

Hartman, B. L. & Wickey, J. M. 1978. "The Person-oriented Record in Treatment. " *Social Work* 23（4）：296-299.

Hoyle, V. , Shepherd, E. , Flinn, A. , & Lomas, E. 2019. "Child Social-Care Recording and the Information Rights of Care-experienced People：A Recordkeeping Perspective. " *The British Journal of Social Work* 49（7）：1856-1874.

Kagle, J. D. & Kopels, S. 2008. *Social Work Records*. Long Grove：Waveland Press.

Kahle, P. A. & Robbins, J. M. 1998. "Re-authoring Therapeutic Success：Externalizing the Success and Unpacking Marginalized Narratives of Competence. " *Journal of Systemic Therapies* 17（3）：58-69.

Kotišová, J. 2019. "Creative Nonfiction in Social Science：Towards More Engaging and Engaged Research. " *Teorie vědy/Theory of Science* 41（2）：283-305.

Lyotard, J. F. 1984. *The Postmodern Condition：A Report on Knowledge*. Manchester：Manchester University Press.

Munro, M. M. 1951. "Modern Casework Recording：Integrating Casework and Supervision Through Case Records. " *Social Work Journal* 32（4）：184-197.

Ochs, E. & Capps, L. 2001. *Living Narrative：Creating Lives in Everyday Storytelling*. London：Harvard University Press.

O'Rourke, L. 2010. *Recording in Social Work：Not Just an Administrative Task*. Portland：Policy Press.

Polletta, F. , Chen, P. C. B. , Gardner, B. G. , & Motes, A. 2011. "The Sociology of Storytelling. " *Annual Review of Sociology* 37（1）：109-130.

Sheffield, A. E. 1920. *The Social Case History：Its Construction and Content*. New York：Russell Sage Foundation.

Swift, L. B. 1928. "Can the Sociologist and Social Worker Agree on the Content of Case Records?" *Social Forces* 6（4）：535-538.

【禁毒社会工作研究】

网络阻隔与重构模式

——基于社会网络视角的禁毒社会工作模式研究

赵时雨　张　昱[*]

摘　要　禁毒社会工作一直是难度极大的社会工作实践。本文以访谈和参与式观察等方式对吸毒人群、禁毒社工进行了深入沟通交流，以社会结构理论为基础，以上海禁毒社工实践为案例，逐步确立了以吸毒人群社会网络为研究核心。研究认为，吸毒人群在其社会网络中存在关系性需求和制度性需求，如果无法从社会网络获得需求满足，戒毒人员很可能重新回到原有毒友网络并复吸。本文以关系性需求和资源性需求为框架，分析吸毒人员原有和当下的社会网络，提出了基于分析原有社会网络以防止复吸的网络阻断模式和基于分析当下社会网络以获得支持的网络重构模式，用以帮助吸毒人群阻断毒友网络、重构社会支持网络，帮助他们彻底戒除毒瘾，重新融入社会。

关键词　禁毒社会工作　复吸动因　网络阻断　社会支持

---

[*] 赵时雨，华东理工大学社会与公共管理学院博士研究生，主要研究方向为司法社会工作；张昱，华东理工大学社会与公共管理学院教授、博士生导师，主要研究方向为社会工作教育、司法社会工作。

网络　网络重构

一　引言

（一）研究背景和研究问题

禁毒社会工作作为专业性和针对性很强的社会工作领域之一，在实际工作过程中，所遇到的困难和挑战也普遍高于其他领域。笔者在上海调研过程中发现，上海的禁毒社会工作者在禁毒工作中做出了很多尝试，取得了巨大成就，积累了丰富的社会工作实践智慧。他们在与戒毒人员接触过程中，秉持自身专业价值，利用专业技能对吸毒人群开展了一系列社会工作实践，为防止戒毒人员复吸，帮助他们回归社会提供了很多帮助。笔者同时也发现，禁毒社会工作者对于他们遇到的诸多问题缺少一种系统性研究与实践视角，大多将戒毒人员存在的各种问题集中于某一个理论视角来分析，这样可以对单个戒毒人员进行更为全面的分析和帮助。在学界，也有学者认为社会工作实务需要以关系为本（O'Leary & Tsui, 2019）。

本研究依据社会网络的相关理论，通过对吸毒人群毒友网络的分析，发现戒毒人员在吸毒过程中的具体需求，再根据他们的需求和现实情况对有可能开展的社会工作服务进行探索。通过了解戒毒人员在吸毒时的社会网络关系、结构和规则，为社会工作者提供一个新的思路，帮助社会工作者系统性开展社会工作实践。

（二）已有研究综述

国内禁毒社会工作开展的实践研究，主要是社区康复和同伴教育。在社区康复方面，有学者提出构建吸毒人员的社区康复社会工作体系，形成吸毒人员社区康复的理论和方法，从而强化禁毒工作的预防系统，使禁毒工作的禁毒、戒毒、社区康复工作系统功能最优化，以降低复吸率，巩固禁毒成果，促使吸毒人员融入主流社会（张昱，2008）。同伴教育模式有助于推动戒毒人员的社会联结与自我联结均衡发展，促使戒毒人员实现良性社会融入，彰显了同伴教育模式对戒毒人员社会融入的有效性（张昱、闫紫菱，2022）。

学者在政策发展与禁毒社会工作制度方面提出了禁毒政策的三大任务，分别是完善以人为本的戒毒制度、完善禁毒环节间逻辑关系制度、完善禁毒过程链接制度。禁毒社会工作制度的构建可以将上述三种制度的完善串联起来，增强禁毒政策的社会性，其制度构建在宏观层面需要法律政策和相关制度的保障，在微观层面还需要健全和强化禁毒社会工作者的教育、培训、评价和激励机制等（张昱、万艳，2019）。

经过几十年研究和实践，国内外学者构建了基于不同理论的禁毒社会工作模式，探索了不同的禁毒社会工作理论，国内学者也积极实现禁毒社会工作的本土化。但客观地说，学者并没有将社会网络理论视为分析吸毒人群的理论工具，没有系统性分析吸毒人群的社会网络，也没有形成系统性工作模式。

上海自2003年开始在禁毒、戒毒领域引入社会工作的理念和方法，招聘和培训禁毒社工队伍，在中国率先进行了禁毒社会工作制度创新。禁毒社会工作者在工作过程中，遵循专业价值观，运用个案、小组等工作方法，为工作对象提供生活关心、戒毒康复帮助、就业指导、法律咨询和行为督促等多项服务（香港社会服务联会，2004）。范志海（2008）总结了上海禁毒社会工作经验：政府购买服务的理念和框架；政府自上而下主导推动；学界、政府与社工实务界良性互动；社区为本的戒毒策略；禁毒社会工作手法的多元化。

（三）研究方法

笔者对相关人员开展了正式访谈和非正式访谈。鉴于疫情影响和研究选择，笔者在2021年10月至2022年1月间对15名社区戒毒康复人员（包括社会戒毒人员、社区康复人员、三年戒断未复吸人员等有吸毒历史的人员）进行了访谈，同时对负责帮助他们的10位社会工作者进行了深入访谈，每个访谈对象的访谈时间超过1.5小时，累计录音时间超过50小时。为了保护访谈对象的隐私，笔者对访谈对象进行了匿名处理和编码（见表1）。

表1 访谈对象情况

受访对象	性别	出生年份	吸毒种类	开始吸毒年份
吸毒人员				
20211029XDA	男	1958	海洛因	1990
20211101XDB	男	1979	海洛因	1996
20211103XDC	男	1974	海洛因	1996
20211106XDD	男	1964	海洛因	1994
20211107XDE	女	1975	冰毒	1997
20211110XDF	男	1969	冰毒	2016
20211111XDG	男	1960	海洛因	1992
20211111XDH	男	1959	海洛因	1994
20211112XDI	男	1983	摇头丸、冰毒	1999
20211121XDJ	男	1982	冰毒	2015
20211123XDK	男	1962	海洛因、冰毒	1999
20211203XDL	男	1962	海洛因	1993
20220111XDM	女	1970	海洛因	1997
20220112XDN	男	1968	海洛因	1999
20220112XDO	男	1959	海洛因	1993
禁毒社工				
20211029SGA	女			
20211101SGB	女			
20211111SGC	女			
20211123SGD	男			
20211212SGE	女			
20220112SGF	男			
20220113SGG	女			
20220312SGH	女			

续表

受访对象	性别	出生年份	吸毒种类	开始吸毒年份
20220312SGI	女			
20220422SGJ	女			

注：编码中前八位数字代表访谈时间，中间字母代表身份，如"SG"代表社工，"XD"代表吸毒人员，最后字母代表序号。

通过半结构式访谈的方式，了解到戒毒人员在其吸毒时期的社会网络特征、社会网络成员、吸毒历程等相关信息。采用深度访谈的方式了解戒毒人员当时的社会网络特征，并采用非结构式访谈的方式进行深入挖掘，在与吸毒人群沟通的过程中了解其真实的社会网络，这对于研究吸毒人群毒友网络运行规则和运行逻辑来说帮助很大。

二 关系与制度：社会网络的二元属性

（一）社会结构理论下的社会网络二元属性

社会结构是指社会系统或者社会的不同元素之间组织有序的相互关联。社会学的历史就显示了两种不同的社会结构概念：一是制度结构概念，社会结构被认为是由影响人们行为的文化和规范构成的，强调社会中的规则、制度、规范、文化等是社会的主要结构，这些结构影响人们的行为；二是关系结构概念，社会结构被视为由社会关系构成的，强调影响人们行为的关键是人与人之间的关系（洛佩斯、斯科特，2007）。

关系和制度一直是社会学的主要研究领域。涂尔干（2000）在其《社会分工论》中就提到了著名的机械团结和有机团结观点，他提出的社会整合和社会失范理论，也强调规则和关系在社会学研究中存在相关性。

受到涂尔干的影响，之后的学者逐渐形成了两种不同的思想传统。第一种，以齐美尔和滕尼斯为代表人物，他们认为社会学研究应该与社会关系以及社会网络联系起来，正是因为社会网络和社会关系的存在才构建了社会系统；第二种，以帕森斯为代表的结构功能主义学派，他们认为在社会中存在社会制度,在社会制度影响下形成规范性的社会关系。

受到社会结构理论影响,社会网络研究也涉及制度与关系。在关系研究方面,格兰诺维特在研究强弱关系的时候就提出,跨群体的弱关系纽带虽然交往频率、相熟度、亲密感、信任度都不高,但是具有传递非冗余信息的作用,与群体内部的强关系纽带相比,对于目标达成更为有效(Granovetter,1973)。边燕杰在研究强关系过程中,虽然认为以人情、面子、互惠为交往机制的中国人的关系往往是强关系纽带,并且在信息传递方面接近弱关系纽带的效能(Bian,2017),但并没有否认关系的情感性会影响社会网络的工具性。同时,边燕杰也对强弱关系进行了深入研究(边燕杰、张文宏,2001)。

在规则研究方面,黄光国等(2010)提出了人情、面子、"报"和"缘"等概念,认为这些概念组成了中国人在交往过程中的社会机制。边燕杰和马旭蕾(2024)提出了机会增量机制、人情交换机制、餐饮动员机制等一系列社会网络交往机制。

综上,社会结构理论对社会网络研究产生两个重要的影响:提供了研究基础,大多数学者认为,人与人、组织与组织之间的关系是一种客观存在的社会结构,任何主体与其他主体的关系都会影响主体行动(如张文宏,2017);提供了更多研究思路,包括研究社会网络中的成员关系、研究社会网络中的网络规则,以及对网络成员的行动、网络结构规则特征的描述性研究等。

(二)吸毒人群社会网络表征下的二元特征

在与戒毒人员和社工访谈过程中发现,戒毒人员的社会网络特征并不相同,社会网络结构也不稳定且有差异性,呈现明显社会网络表征:需求导向、分配差异和亲密度差异。与影响社会网络结构和特征的主要因素一样,社会网络表征也展现了关系和制度的影响:分配方式不同代表了社会网络中网络制度的不同;亲密度差异则表现为网络成员之间关系的不同。吸毒人员为了满足他们在吸毒时期的需求,会通过改变自身网络的方式来构建能够满足自身需求的社会网络。

具体来说,不同的分配制度意味着吸毒人员从社会网络中获得资源的方式、种类以及数量都会有所不同。当吸毒人员通过改变社会网络分配制度的方式改变社会网络结构时,对现有社会网络资源分配方式产生了不满,这说明他们产生了新的对社会网络资源的需求。这类对资源的需求,本文定义为"资源性需求"。当吸毒人员通过改变与社会网络成员关系亲密度的方式改变社会网络结构时,他们对目前社会网络成员之间关系和交往关系存在不满,又产生了新的对社会网络成员关系的需求。这类对关系和交往的需求,本文定义为"关系性需求"。

三 复吸动因分析：阻断毒友网络

戒毒人员经过两年强制隔离戒毒后,基本实现了生理脱毒,即已经摆脱了对毒品的生理性依赖,但是关系性需求和资源性需求并没有得到满足。及时发现并满足戒毒人员的合理需求,能够有效阻断他们重构毒友网络。

(一) 关系性需求主导下的复吸动因及其应对

在与戒毒人员和禁毒社会工作者访谈过程中发现,戒毒人员在吸毒和戒毒过程中存在不同的关系性需求,包括亲密性需求、安全性需求和身份认同需求。同时,戒毒人员在吸毒期间的社会网络除了提供一些资源置换和资源分配功能之外,他们的关系互动也为其提供很多情绪价值。

1. **亲密性需求**

不同戒毒人员的社会网络中,成员关系亲密程度存在很大的差异性,特别是以亲友为社会网络成员主体的网络——家庭型毒友网络。该类型网络的成员希望能够维系现有家庭,会采取针对性行动以便与亲友之间保持良好的情感互动,甚至在有的时候,愿意听从家庭成员意见进行戒毒。之所以如此,是因为成员依旧希望能够过好日子。只有自己所在的家庭整体过得好,才能安顿自己的生活,例如,M 女士在访谈中就提到她与家里人的互动："家里人肯定不愿意（我吸毒戒毒）,我也知道吸毒不好,我当时就自愿选择去扬州戒毒,家里人也很支持。"另外,戒毒人员都需要从亲友那边获得支持,而获得这些支持的基础就是维持他们与网络成员之间的亲密关系,强关系的存在才能让亲友提供相应的社会资源。

禁毒社工都充分认识到了家庭在戒毒过程中的重要性,他们会充分发挥戒毒人员亲友的作用,利用戒毒人员与他们网络成员之间的亲密关系,构建戒毒人员与亲友互构的支持网络,让戒毒人员在家庭成员的帮助下戒除毒瘾、回归社会。

综上,基于亲密性需求,戒毒人员的复吸可能是基于以下两个方面:第一,吸毒经历造成其与亲友关系亲密度降低,其无法从家庭中获得情感支持和经济支持,想要通过吸毒继续获得原有的情感需求;第二,继续接触还在吸毒中的亲友,在其他亲友影响下继续吸毒。为了防止复吸和阻断毒友网络,禁毒社工需要做到以下三个方面:第一,评估戒毒人员之间的关系亲密程度,了解戒毒人员与亲友的关系、互信程度和互动模式,全面了解亲友对戒毒人员的影响;第二,全面了解戒毒人员的亲友,防止戒毒人员在其他亲友影响下继续吸毒;第三,了解戒毒人员对亲友的态度,避免出现介入方面的错误。

2. 安全性需求

除了亲密性需求之外,戒毒人员关系性需求还来自对自身安全感的担忧,这种安全感需求产生的原因是:第一,对国家司法体系和司法机关的畏惧;第二,自身违法者和吸毒者身份带来的种种不便;第三,较为糟糕的戒毒所和拘留所的生活体验,使他们并不希望再次受到强戒惩处,认为"戒毒所一点也不想多待";第四,担心原有社会网络成员的疏离。B先生聊到进入戒毒所后,自身吸毒人员身份很难隐瞒的情况:"第一次在拘留所的时候,十几天还能跟家人、同事隐瞒说有急事或出差,但是进戒毒所两年的话怎么都瞒不住的。"

从社会工作介入角度出发,禁毒社工可以从国家政策出发,帮助戒毒人员了解目前国家对于吸毒人群的调查和管理手段,努力打消他们复吸的念头。利用戒毒人员对自身安全的重视,让他们了解到一旦复吸就必然会被发现和打击，以及对自身之后生活产生深远影响。同时，戒毒人员了解已有国家措施的有效程度，但是他们知道可以利用这些措施的风险性来获得资源。因此，对于一部分戒毒人员来说，仅仅强调安全性并不能影响他们的复吸概率。

概括起来，基于安全性需求，戒毒人员复吸可能主要有以下两点原因：第一，戒毒人员对于国家措施的了解程度不深，认为他们被发现仅仅是运气问题，而不是自身社会网络安全性不足，他们会继续铤而走险，选择复吸；第二，戒毒人员获得其原有毒友网络成员安全性保障之后，例如，他们得知他们的暴露不是来自朋友出卖，他们会继续和原有毒友网络接触，最后复吸。为了防止复吸和阻断毒友网络，禁毒社工需要做到以下三点：第一，禁毒社工需要强调目前国家禁毒措施，包括发检、定期检查、社区检查等一系列系统性防控手段，让戒毒人员了解到复吸的风险性；第二，禁毒社工需要进一步击碎戒毒人员与原有毒友网络成员的信任关系，例如，通过实例说明，有些吸毒人员就是被他的毒友网络成员连累，最终被发现的；第三，了解戒毒人员对于其社会网络安全性的认知。让戒毒人员了解到，他们的社会网络的核心人物为了减少自身风险，会将风险转嫁到他们头上，同时他们能够获得的资源也只是网络资源的很少一部分，从而帮助他们逐渐断开与核心人物的联系。

3. 身份认同需求

在访谈过程中，戒毒人员表现出了对于身份认同的追求。他们的身份认同需求来自以下几点。第一，毒品的种类和身体成瘾性使吸毒人群产生相对于其他吸毒人群的优越感。社工 A 在谈及不同毒品区别时说道："那些有钱的吸毒人群看不起没钱的，一般来说，有钱人都吸冰毒，他们甚至认为吸冰毒是一种很上流的社交方式，他们看不起吸海洛因的。"第二，一部分经济条件较好的人员不会因为缺少毒资而铤而走险，做一些违法犯罪的活动来筹集资金，从而产生相对于其他吸毒人群的优越感，在访谈 I 先生时，他提及了自身的经济条件："我和我几个朋友一起开了一家投资公司，一年能有个几百万元的收入吧。我本来也就一个月一次的样子，那点钱都不算什么。"（I 先生当时对于笔者对毒资的关注表示不屑）第三，认为吸毒行为和抽烟行为一样，是一种社会交往活动而不是违法行为，赋予吸毒行为"正当性"。例如，在 I 先生开始吸毒之后，多数"毒局"的参与者也都是 I 先生的熟人，以吸毒形式组织的定期社会交往活动一直很受 I 先生的喜欢，他认为这是"必需的社交活动"。

禁毒社工可以从构建身份认同视角出发进行介入，帮助戒毒人员了解成功戒毒能够给他们带来更多的身份认同，努力打消他们复吸的念头。利用戒毒人员对身份认同的重视，让他们了解到一旦复吸被发现，除了网络成员少数人，别人对他们的身份都持排斥态度。当戒毒人员在戒毒期间面临社会排斥等处遇时，他们会认为原因来自社会对他们的身份并不认同。这时他们会积极寻求社会认同和身份认同，如果需求得不到满足，他们就会回归原有毒友网络，最终复吸。为此，禁毒社工需要做到以下两点：第一，打造戒毒明星，戒毒明星可以给戒毒人员带来很强的自我效能感，打造其他人对戒毒人员新的身份认同；第二，开展同伴教育，建立新的戒毒网络，在网络之中，不同成员之间能够有新的身份认同。

（二）资源性需求主导下的复吸动因及其应对

在被强制戒毒之前，戒毒人员有着不同的资源性需求，主要包括：经济资源需求、社会资源需求。

1. 经济资源需求

当戒毒人员的经济条件相对较差时，他们会利用中间商来获得资金支持，哪怕他们知道中间商给予的收购价格极低，甚至会选择以贩养吸的方式来获得资金，铤而走险。之所以愿意承担低价收购损失和以贩养吸的风险，是因为他们自身糟糕的经济条件。H 先生提到了吸毒人员糟糕的经济状况：

> 我认识的一个人，有一次毒瘾上来了，就把家里的电冰箱拉出来给门口的小卖部卖了 50 块钱。冰箱卖废铁都不止 50 块钱，何况还是好冰箱！基本没有理智了。

当经济资源需求无法得到满足时，戒毒人员可能会复吸，可能的原因如下：其一，戒毒人员自身糟糕的经济条件，如果让他们保持这种经济条件状态，那么他们可能会回到原有毒友网络，继续通过承担风险的方式来获得网络资源；其二，戒毒人员也可能在工作一段时间后积累了一定钱财，利用这些钱重新开始吸毒。同时，如果毒品吸引力过大的话，戒毒人员在获得资金之后，他们的复吸概率也会增大。

为了防止复吸和阻断毒友网络，从社会工作介入角度出发，禁毒社工需要做到：评估戒毒人员目前的经济条件，从经济条件入手，了解他们对工作的需求，帮助其谋划职业路线，获得相对合适的工作，让他们在生活希望的影响下戒除毒瘾、回归社会；重视戒毒人员心态变化，特别是注意戒毒人员对于日常生活和吸毒生活的追求；全面了解戒毒人员的生活现状，防止戒毒人员由于生活不如意或者资金充足产生复吸倾向。

2. 社会资源需求

当戒毒人员社会地位较低时，他们既没有相应人情资本能够与毒友网络中的核心人物建立合作关系，也没有足够社会资源进行交换获得足量网络资源，只能被核心人物控制，进行危险活动。E小姐在访谈中就提到其毒资获得渠道：

> 我之前的老大就是这样的人，他不仅贩毒，还收来自吸毒人群家里的东西。例如，洗衣机、电视机什么的，还有一些偷来的电瓶车都交给他。他有出手的渠道，甚至有些时候把东西给到他手里，他直接换成毒品。

该类戒毒人员的复吸原因在于：自身较少的社会资源，使他们无法摆脱核心人物控制，若保持这种社会地位，那么他们可能会回到原有毒友网络，继续通过承担风险的方式来获得网络资源；在工作一段时间后发现，其生活、社会地位并没有得到改善，他们也可能重新吸毒。更有可能的是，对戒毒人员来说，如果社会地位没有晋升希望，他们会丧失前进动力，复吸概率会大为增加。基于此，禁毒社工需要做到以下几个方面：第一，需要评估戒毒人员目前的社会地位，了解他们对社会地位的合理期望，帮助寻找合理的社会地位晋升渠道，让他们重新开始生活；

第二，从戒毒人员社会地位入手，主动帮助戒毒人员摆脱核心人物控制；第三，利用戒毒人员对社会地位的追求，让戒毒人员在追求希望的影响下戒除毒瘾、回归社会；第四，全面了解戒毒人员的生活现状，防止其由于丧失生活期望而继续吸毒。

四 网络分析：重构社会网络

对于禁毒社工来说，戒毒人员需求结构较为复杂，并且具体需求并不会完全外显，很难精准定位戒毒人员的主要需求，也不太可能通过解决他的某一个需求就能阻止其复吸、阻断其毒友网络。因此，需要禁毒社工重构戒毒人员的社会网络。由于戒毒人员的身体需求基本消失，禁毒社工的工作重心可以放在满足关系性需求的关系支持网络和满足资源性需求的资源支持网络上。

（一）重构关系支持网络

从关系性需求分析中可以发现，戒毒人员复吸的原因来自社会信任、家庭信任、身份信任的降低。因此，禁毒社工可以建立由社工、政府相关工作人员、家庭成员等与戒毒人员有关联的人员组成的关系支持网络。

1. 社会信任重构

对于戒毒人员而言，当他们走出强制戒毒机构后，面临变化的社会环境，需要重构他们与社会之间的双向信任。禁毒社工作为重要的衔接力量，能够减轻戒毒资源配置不足、人文关怀不够等问题对戒毒人员日常生活的影响，帮助戒毒人员重构社会信任。在访谈中，很多戒毒人员提到他们接受过来自禁毒社工的帮助，其中 E 小姐提到了一个故事：

> 有天我需要去幼儿园接孩子，但是那天需要进行检查。由于需要长时间排队，接孩子的时间与检查时间出现冲突，这时社工主动帮我排了 2 个小时的队。自那之后我就开始逐渐认同政府的工作。

为此，禁毒社工可以从以下几方面开展工作：首先，禁毒社工在戒毒人员离开戒毒所的第一时间就要接触他们，成为其社会支持网络的支点，让戒毒人员了解到他们能够获得的相关支持；其次，发挥自身的主观能动性，利用自身优势帮助戒毒人员克服困难，与戒毒人员建立信任关系；最后，提供长期专业的陪伴和帮扶，当戒毒人员遇到困难时，能够给予相应的支持，让戒毒人员感受到来自政府的关怀。通过社工的努力，让戒毒人员从强制戒毒状态逐渐适应普通人的生活，重构对社会的信任。

2. 家庭信任重构

复吸率长期处于高位是禁毒工作的重要难题，高复吸率对于戒毒人员的家人和朋友等社会支持产生了深远的影响。可以说，戒毒人员每一次复吸都会影响甚至重构其社会网络，以家人和朋友为关系基础的原有支持网络也会逐渐解体，多次复吸的戒毒人员很难再从家人和朋友那里获得经济和精神上的支持。同样，缺少支持的戒毒人员则更有可能重复复吸的行为。在访谈中C先生谈到家庭和朋友关系时说道：

> 每次都说自己已经戒了，刚开始家人和朋友还相信我，可是反复几次之后家人对我是否戒毒了和这次是否有决心戒毒都不太相信，而我的朋友则是逐渐断了联系。

禁毒社工会发现，高复吸率破坏了戒毒人员与家人和朋友之间的信任关系，但让家庭成员和亲友重新认同他们，并给予帮助的方式，并不能让家属和亲友相信戒毒人员能够戒毒。这时，就需要禁毒社工构建双向信任互构机制：禁毒社工要让戒毒人员理解家庭责任和道德责任，之后再加强其与家人的互动；与戒毒人员家属和亲友沟通，从宽谅解吸毒行为；在一次次的互动中重建家庭信任，最终重构戒毒人员的家庭支持网络。

3. 身份信任重构

一般来说，戒毒人员在戒毒过程中，会与包括家人、朋友、同事等在内的原有社会网络成员逐渐断开联系，原有的社会支持网络也随着联系断开而解体。当戒毒人员开始社区戒毒和社区康复的时候，原有社会网络成员并不能重新建立对戒毒人员的身份信任，甚至戒毒人员对自身的身份认知也会解构。

戒毒人员身份信任丧失的原因有二。首先，身份处遇的特殊性，即受害者、病人、违法者的三重身份。违法者身份让他们在交往中感受到社会疏离，当他们希望重新开始正常生活时，会发现自己在社会中逐渐走向边缘，成为边缘群体，这带来了较差的交往体验。在访谈中提及交往时，K先生这样回复："哪里还有什么朋友，以前的熟人碰见我都绕着我走。我走在路上，有家有小孩的直接推着婴儿车就走了。"其次，戒毒身份标签的特殊化，戒毒人员会被原有社交网络成员打上如危险人群、犯罪人群等标签。基于负面标签，原有社交网络成员会断开或者疏远与戒毒人员的交往，给戒毒人员在准备重构社会支持网络时较差的处遇体验。

这时，禁毒社工可以通过多种方式参与进来。帮助戒毒人员进一步重构社会网络身份，其中主要措施和方法有以下几种。第一，运用朋友式的交往方式。这种方式不会让戒毒人员有疏远感，相反会让其体会到在未戒毒时社会交往的感觉，即平等基础上的交往。这种深度互信关系能帮助禁毒社工和戒毒人员建立并维持良好亲密的专业关系。第二，运用专业性的交往方式。与戒毒人员建立专业关系，即让案主了解到，社工与自身建立了以戒除毒瘾、回归社会为目标的专业关系，相信其可以通过自身努力实现目标，充当让其支持网络了解其下决心戒毒的背书，帮助其他支持网络重构信心。在问及社工帮助过程中，N先生这样回复："有时候我感觉社工老师甚至比我更相信我能戒毒。"第三，保持尊重的态度。禁毒社工在与戒毒人员建立专业关系过程中，要注意戒毒人员的心理敏感性，与戒毒人员互动过程中要保持尊重的态度。而以尊重为原则的社会工作接纳专业价值，就可以确保社工能够维系与戒毒人员的专业关系。

概言之，禁毒社工利用接受身份、平等对待和保持尊重态度来建立戒毒人员对禁毒社工的身份信任，让戒毒人员认为在禁毒社工的帮助下能够满足自身对戒毒成果的期望。更重要的是，禁毒社工帮助戒毒人员重构了社会交往信心，并帮助他们的原有社会网络成员重构对戒毒人员的戒毒信心，最终实现戒毒人员与其社会支持网络重新保持互信的状态。同时，建立以禁毒社工为支点的关系支持网络，帮助戒毒人员满足他们的关系性需求。

（二）重构资源支持网络

除了戒毒人员的关系性需求，他们的资源性需求也成为阻碍他们戒除毒瘾、重返社会的重要因素。禁毒社工需要充分考虑戒毒人员面临的现实困难，从能力重构和资源整合两个方面帮助戒毒人员重构他们的资源支持网络。

1. 能力重构

想要建立戒毒人员的资源支持网络，首先要重构戒毒人员自身能力。一般来说，戒毒人员丧失了两种能力。一是戒毒人员的身体素质。众所周知，吸毒对人的身体有着极大的危害，戒毒人员的身体素质成了重构能力的首要障碍。长时间的吸毒、戒毒过程，让戒毒人员很难从事重体力劳动和长时间劳动，在日常生活和找工作时会不断受挫，也让他们产生自我怀疑。二是戒毒人员的心理状态。目前戒毒人员需要戒除的毒品主要包括海洛因和冰毒。社工 C 说道："海洛因的吸食反应会影响戒毒人员的心理状态，让人昏昏沉沉，这种状态下戒毒人员会对工作表现出懈怠和懒惰。"社工 D 说道："冰毒会影响戒毒人员的大脑和精神，对戒毒人员的神经系统产生影响。"较差的精神状态让戒毒人员很难找到工作，更别提满意的工作，最终降低自身评价，产生自我怀疑。

面对上述情况，上海禁毒社会工作者利用健康性需求重构了戒毒人员的身体需求。在社会工作者的指导下，很多大龄戒毒人员认识到他们的身体健康风险，开始康复训练。面对戒毒人员的心理状态，禁毒社工同样会积极关注他们的精神情况，会经常组织文娱活动，如书画、棋类等有助于戒毒人员精神康复的活动。通过生理和心理康复训练，戒毒人员能够重构自身能力，进而适应社会。

2. 资源整合

在禁毒工作中，虽然各方都能清晰认识到，稳定的工作能够帮助戒毒人员有效戒除毒瘾，但是，帮助戒毒人员找到稳定工作，是一件极为困难的事情。在找工作方面，上海市的做法更为超前。在政府支持下，禁毒社工根据每个戒毒人员自身情况开展有针对性的帮扶工作，帮助戒毒人员增强职业技能，改变心理状态，最终获得工作。

笔者通过参与式观察发现，立体就业帮扶机制包括如下措施。首先，禁毒社工发挥自身链接资源的能力，为戒毒人员链接资源，使戒毒人员有更为多元的职业培训和多样化的职业选择，戒毒人员在职业技能学习过程中的主观能动性更强。其次，禁毒社工可以根据戒毒人员的不同情况，寻找合适的就业岗位。禁毒社工在与戒毒人员日常相处中对戒毒人员有深入的了解，及时的沟通也会保证戒毒人员能够表达自身需求。同时，禁毒社工还拥有戒毒人员没有的社会资源，能够了解和链接工作机会，帮助戒毒人员获得满意的工作。

总体来说，戒毒人员在与社会脱节之后，很难重构资源支持网络、重返社会，其中最重要的是很难获得工作。禁毒社工帮助戒毒人员重构能力自信和重新整合资源，使之获得相对满意的稳定工作，这使戒毒人员能够重构资源支持网络，更好地适应社会。

五 结论：构建系统的禁毒社会工作实践模式

在社会结构视角下，戒毒人员主要需求是关系性需求和资源性需求，为了满足自身的需求，他们的社会网络关系、结构、规则都会基于自身需求发生改变。当戒毒人员的需求无法得到满足时，他们就可能被原有毒友网络吸引而产生复吸行为，毒友网络也会发生较大的变化，而这些变化又深刻影响了吸毒、戒毒人员的行为和交往。同时，戒毒人员和吸毒人员的需求复杂多样，其在身体、心理和社会需求方面都表现出了多样性以及差异性。这种多样性和差异性，给禁毒社工开展戒毒人员社会工作实践带来了极大挑战。

禁毒社工在面临一系列挑战过程中展现出他们丰富的实践智慧，但是禁毒社工在开展相关实践过程中缺少了系统性视角。例如，禁毒社工都认识到吸毒网络对于防止复吸的重要性，而他们对于吸毒网络的阻断模式还是以更换手机号码或者删除微信的方式为主，阻断模式停留在表面。而系统的阻断模式应该基于关系性需求和资源性需求对戒毒人员进行复吸可能性分析，精准分析不同毒友网络成员的需求特征和毒友网络特征，有针对性地满足戒毒人员的合理需求，阻断其毒友网络，防止其复吸。而在网络重构阶段，禁毒社工在实践中能够清楚了解到政府、家庭、工作在戒毒人员回归社会过程中的作用。但是，目前还存在两个问题需要禁毒社工进一步推进。第一，进一步帮助戒毒人员重构系统、全面的社会支持网络。第二，进一步了解戒毒人员目前的相关需求以及需求变化。基于关系性需求和资源性需求，帮助戒毒人员建立以关系支持网络和资源支持网络为主的系统社会支持网络，帮助各类毒友网络成员重构社会网络，回归社会。

总之，网络阻断与重构模式就是从禁毒社会工作实践开始，以社会结构理论为基础，以需求分析和网络分析提供新的理论视角，为社会工作介入提供系统性理论指导，为禁毒社工提供新的介入模式。通过对戒毒人员关系性需求和资源性需求进行层层分析，了解这些需求对他们的影响；通过满足需求、改变需求和重构需求的方式帮助戒毒人员逐渐远离他们之前的吸毒社会网络，建立新的社会支持网络，帮助他们进一步适应社会，最终戒除毒瘾、回归社会。

参考文献

埃米尔·涂尔干，2000，《社会分工论》，渠东译，生活·读书·新知三联书店。
边燕杰、马旭蕾，2024，《中国式现代化与关系社会学理论创新》，《西安交通大学学报》（社会科学版）第1期。
边燕杰、张文宏，2001，《经济体制、社会网络与职业流动》，《中国社会科学》第2期。

范志海，2008，《禁毒社会工作的理论、政策与实践——以上海为例》，《华东理工大学学报》（社会科学版）第1期。

黄光国、胡先缙等，2010，《人情与面子——中国人的权力游戏》，黄光国编订，中国人民大学出版社。

杰西·洛佩斯、约翰·斯科特，2007，《社会结构》，允春喜译，吉林人民出版社。

香港社会服务联会，2004，《减低伤害便览》，香港：香港社会服务联会。

张文宏，2017，《社会网络、职业流动与劳动力市场》，中国社会科学出版社。

张昱，2008，《构建吸毒人员的社区康复社会工作体系——对上海市禁毒工作经验的思考》，《青少年犯罪问题》第1期。

张昱、万艳，2019，《政策发展与禁毒社会工作制度构建》，《江西社会科学》第2期。

张昱、闫紫菱，2022，《同伴教育模式助推戒毒人员融入社会的有效性探究——基于上海市禁毒同伴教育的实践》，《中国人民公安大学学报》（社会科学版）第1期。

Bian, Y. J. 2017. "The Comparative Significance of Guanxi." *Management and Organization Review* 13 (2): 261–267.

Granovetter, M. S. 1973. "The Strength of Weak Ties." *American Journal of Sociology* 78 (6): 1360–1380.

O'Leary, P. & Tsui, M. S. 2019. "The Base of Social Work: Relationship, Client, Evidence or Values?" *International Social Work* 62 (5): 1327–1328.

【社会工作相关议题研究】

新清河实验与社会培育

王拓涵[*]

摘 要 中国社会主义实践的前三十年，计划经济时期国家处于单位化的制度体系建设，社会的方方面面被纳入国家行政管理的体制架构内，行政干预是配置资源的主要方式。而改革开放之后的四十余年，经济体制改革使市场力量逐步释放，单位制解体，社会开始分化重组，但与市场发育、扩张和组织化程度相比，社会发育滞后，社会自主性不足和自组织能力欠缺，新清河实验的核心理念正是重新认识和培育社会，激发社会活力。本研究在梳理社会与社区的理论脉络和逻辑特征后，讲述了清河地区存在的各种社区困境与治理难题，进而展示了新清河实验针对这些现状所开展的一系列社会干预，即通过创建不同方式的社区参与途径创新基层组织和动员方式，推动基层社会治理变革。

关键词 培育社会 社区治理 社会干预 新清河实验

---

[*] 王拓涵，民政部政策研究中心副研究员，清华大学社会科学学院社会学系博士后，主要研究方向为社区治理、社会组织研究。

一 新清河实验的理论背景：关于"社会"与"社区"的讨论

社会学研究者常常需要走出一些已经熟知的社会学理论和思想，而进入田野去探索社会生活的真实面目，清华大学李强教授带领的团队近年来所开展的新清河实验，就是这样一次对"社会和社会生活"的"探索"之旅。实验至今已经有七年多的时间，对田野的了解日渐深入，也积累了一些具有创新意义的治理经验。通过新清河实验，我们确实了解到了关于基层社区治理创新的一些可靠信息，了解到了社区社会组织的作用和政社互动的建构过程，了解到了社区参与的动员机制、社区阶层分化以及集体消费的复杂性等。由于主导社区治理的政策与实践不断进步，总在变化之中，因此常有一些新的东西需要我们去探索。新清河实验的核心致力于"发现和培育社会"，激发潜在的社会活力，那么"社会"的概念便需要深入探讨。

（一）关于"社会"的讨论

社会学通常认为，对于一种大社会的理解，"社会"是由相互联系、相互作用的众多部分构成的统一体，每一部分都对维持社会整体的平衡发挥着一定功能（郑杭生等，1993）。相比这样的"大社会"概念，社会学又试图区分出一个"子系统"的"社会"，比如早期思想家洛克、孟德斯鸠等，都曾分析国家与社会的二元性质。意大利学者葛兰西（2000）分析了由政府、军队、司法等构成的国家，与非强制的、具有自主性质的、由社团/工会/行会构成的社会，这两种体系的差异。后来的学者又进一步提出政府、市场与社会的三元论思考，认为政府、市场与社会三者之间能够彼此维系平衡的"社会"才是合理的，是"社会"和谐的必要条件（李强、王拓涵，2016）。

纵观中国改革开放四十多年来的发展历程，市场经济建设取得了举世瞩目的成就，相比之下，"社会"的建设和发育相对滞后。新清河实验便更注重"社会"建设,之所以始终以"发现和培育社会"为主题,就是想在当前中国的社会生活中,探索出究竟有哪些社会力量、社会资源可以被培育和调动起来,真正发挥"社会"的功能。李强和黄旭宏(2011)曾经在研究中提到过"能动社会"和"被动社会"这两个跟"社会"有关的概念,并提出应该更多发挥群众的积极性,提高广大老百姓参与的热情,从而由"被动社会"转变为"能动社会",而转向"能动社会"以及培育社会更应该围绕老百姓实际的生活日常,更多的是在社区层面完成,新清河实验实现培育社会这一实践探索的载体就是"社区"。

(二)关于"社区"的讨论

那么关于"社区"的讨论,回顾过去二十多年,围绕政府的社区实践和学术界的社区研究,也衍生出了一套丰富而庞杂的"社区"知识和话语体系。诚如既往研究所指出的(杨敏,2007),有关社区话语的解释权无疑掌握在政府和学界手中,二者在一致谋求通过社区来重建单位制解体后中国城市基层管理体制和社会整合机制的目标下,对社区有着不同的理解和关注。政府用"社区"这个地域概念,将其操作为一个城市基层管理单位,以解决市场经济兴起和单位制解体后出现的一系列社会问题,并通过社区建设加强基层政权建设。因此,政府认识"社区"采取的是斯科特意义上的"国家的透视视角",关注的是"社区"的地域范围、人口规模、组织和制度建设。而学者往往从滕尼斯那里寻找对话的基础,关注和研究的问题是在日益分化和疏离的现代城市社会,是否还能在地域基础上建立起社会生活共同体。

追溯和回顾概念的渊源,Society(社会)与 Community(社区)的英文词早在 14 世纪就已经存在,最早翻译自德文的"Gemeinschaft"(共同体),意指一种普遍的和共同的关系。而 17 世纪后,Community 与 Society 这两个词的含义开始变得有所不同,这种变化实际上标志着西方的一个重大社会历史变迁(威廉斯,2005),即伴随着近代资本主义市民社会和理性国家的兴起,西方社会关系以及人们对这种关系的认识都发生了深刻变化：启蒙理性主导下的契约联结开始取代以往基于身份、血缘、传统和习俗等的社会关系。梅因（1959）"从身份到契约"的概括可谓从本质上反映了这种变化。启蒙理性相信通过契约关系可以建立起一种新的、自由而平等的社会关系。同样，德国社会学家滕尼斯的经典名作《共同体与社会》无不表达了对前现代社会共同体同呼吸共命运的赞颂和怀恋。而自从滕尼斯的德文版经典之作《共同体与社会》中的"Gemeinschaft"（共同体）被转译为英文"Community"（社区）后，Community一词开始进入社会学领域而成为社会思想和理论中的核心概念之一。那么Community又是何时进入国内并被译作"社区"的呢？费老在多篇文章中谈及"社区"一词在中国的发明和创造过程：1933年，他把一个没有对应中文含义的英文单词"Community"创造性地翻译成"社区"——"社"字以示人群之意，"区"字作为群体的空间坐落（费孝通，2000a：13）。可见，"社区"在中国，一开始就是杜撰出来用于分析和研究一定地域内人群的社会关系的学术概念。直到20世纪80年代，随着经济体制转轨，过去以单位统合社会的组织和制度体系迅速解体，"社区"成为取代过去单位，吸纳和重组社会力量的重要空间载体而日益受到政府重视。

总体来说，政界将社区作为社会管理的新单位，学界将社区作为中国社会自主性发育的载体。各界对于社区的不同认识和定位，产生了多种社区治理的路径、模式，开展了不同逻辑的社区实践。这些实践之间尽管是建设社区的不同面向，但有时候有矛盾之处，导致合作困境。党的十八大以来，随着社会治理重心不断下移，作为"社会"缩影的社区又日益成为基层社会治理的核心，承载着各种代表"社会"的形态。面对如此局面，新清河实验又是如何开展社区研究和实践的呢？笔者认为，与1928年的老清河实验推进乡村建设运动相比，今天的新清河实验属于系统性、专业性的社会学社区干预实验，通过创新机制、改革基层组织结构，为社区构建起新的支持网络、整合更多专业资源，不断激发社区活力，为社区增能的同时促进社区发展。

综上而言，如果说以往的"社区"研究，本质上是一种自上而下的局外人的视角，总是笼罩在国家与社会关系的理论阴影之下，新清河实验则转换视角，更注重从居民实际的居住生活场景出发，自下而上，内在地观察"社会"，重新认识和培育"社会"。本研究是在以上阐述的社区背景下展开的，笔者的研究问题聚焦于以下几个方面：首先，新清河实验是如何介入当前社区治理之中的？实验"新"在何处？实验在预评估阶段究竟发现了社区现实运作中存在的哪些治理难题和困境？其次，实验又是如何设计应对这些治理难题的方案和路径选择的？最后，实验的过程是否改变了当前社区治理的面貌，如何改变以及实验效果如何？以上一系列研究问题是本文的核心关切。

二 新清河实验预评估

新清河实验选择在清河地区开展，除了有对老清河实验社会学家国情怀的传承，更重要的是立足当前社会发展和时代背景下的探索和创新，社会学界历史上著名的"清河实验"可追溯至20世纪20年代末至30年代，当时的社会学家许仕廉、杨开道先生在北平西北郊外清河镇开展了乡村建设实验，命名为"清河实验"。老清河实验是在20世纪二三十年代乡村建设运动大背景下开展的，其建立与社会学专家服务国家社会发展目标的实现、本土化社会研究和改良研究方法的目的紧密相关。新老清河实验的相同点是实验区的设立将社区研究、学生培养和服务社区建设结合起来，都致力于帮助地方培养社会治理与发展的组织和技能，改善民生，提升社区治理水平，在参与服务地方社会发展中贡献专家智慧。不同点是历史上的老清河实验的关注点为"乡村改造"和"农村经济建设"。老清河实验共维持了七年时间，在这七年里，老清河实验区成功兴办了合作社、推行小本贷款、提倡家庭工业、畜牧业与农业改良，同时也开展妇女儿童工作、社会教育等社会服务，还进行防疫统计、环境卫生、学校卫生、助产和医院等乡村卫生工作，开展社会概况调查、人口调查、乡村诉讼专题研究，留下了大量工作报告、调查报告、学位论文等。令人痛心和遗憾的是，1937年日军侵占北平，老清河实验被迫中断。时过境迁，当今中国的社会和社区已经发生了巨大的变迁，而这些变迁几乎都可以在清河找到踪影。清河作为城乡接合部，已经没有了农田，成为北京市城区的一部分，其内部发展也不均衡，出现了多种复杂的空间类型，社区类型也较为多元，既有高档中产社区，也有后单位制社区，甚至还有尚未转居的城中村平房社区。这些对于处在巨变时期的中国社区来说，具有代表性，也恰恰是中国社会经历剧变的缩影，中国的改革和社会变迁所遇到的问题，在清河都可以找到踪迹。对于这些变化，社会学者只有通过具体的社区研究才能够予以认识。通过调查深入了解清河社区存在的问题和治理困境，便是实验开展的重要前提。

（一）居委会代表性缺失——基层组织变革的诉求与困境

社会学之所以将社区看作类型、规模和特点各异的小社会，是因为一个社区具备构成一个社会的结构、关系、群体、地域空间等要素。但如前文所言，中国的社区有着不同概念。学界定义的共同体意义上的社区，可以是乡村、城镇、城市、小区、工厂、单位、开发区、商业区等，政府定义的社区则是以居委会管辖范围为单位划定的管理单元，更侧重于地域空间，而老百姓真实体验的社区更多的是居住生活的小区概念。按照政府的社区划分，清河街道下辖29个社区。

调研发现，清河29个社区居委会共管辖60个老百姓生活居住的居民小区，新清河实验第一个开展试点的Y社区地处清河中部，属于典型的多种社区类型的混合体，是管辖居民小区最多的一个社区，下辖6个居民小区，分别是2个商品房小区、消防局宿舍、教委宿舍、交通队宿舍、待拆迁改造的平房区。由于6个小区房屋产权、物业公司、居住群体差异很大，整合各小区之间的利益难度很大。正是由于这种情况的存在，居民小区才是居民实际生活的共同体。

此外，在清河街道的29个社区居委会中，仅有4个社区的居委会主任居住在本社区，并且这4个社区均是由家委会转制而来的原国企职工宿舍。在所有新建的商品房社区的居委会成员中，甚至一个本社区居民都没有。清河所有的社区工作者全部来自社会公开招聘，工资出自政府财政。社区居委会日常工作都是在完成街道办事处指令，绝大部分是行政事务，笔者统计了清河社区中任务较轻松的高档商品房 X 社区的工作专用邮箱，以 2014 年为例，X 社区就收到了 477 封街道办事处各个科室发来的工作通知，其中还不包括主管社区工作的居民科布置的日常任务。笔者也广泛访谈了不少居住在该社区的符合公开招聘条件的社区居民，居住在本社区、收入颇丰的中产阶层居民纷纷表示，很难对这样的社区工作找到认同感和兴趣。

归纳起来，笔者认为，以清河为例的基层组织机制运行过程中普遍存在以下具体问题：第一，社区存在"居委会六大委员会"、"居民代表"及"居民代表大会"的三重虚设，居民代表大会半年召开一次，居民听汇报多、议事少，且反映无事可议，因此原来是法律规定的群众性自治组织的社区决策机构被悬置；第二，社区居委会本该发挥"议"的功能，社区服务站是负责落实居民意见和服务社区的"行"的机构，但在社区中，服务站与居委会的功能、组成人员重合，彼此职责不清，"议行不分"问题突出；第三，社区居委会承担行政工作过于繁重，无暇组织和开展居民自治，社区工作人员数量不足，身兼数职情况突出，存在"政社不分"问题。这些问题集中到社区居委会身上，可以概括为"议行不分"和"政社不分"：前者是居委会由于严重的行政化而背离其自治组织的法律定位；后者是居委会疲于应付各项具体事务而无法有效承担代表居民行使决策和议事权利的功能。这充分说明了社区基层组织变革的紧迫性。

（二）熟人社区自发形成的"议事协商委员会"——居民自组织培育的诉求与困境

在清河众多类型社区中，比例最高的是传统单位制社区，达到37.4%。M 社区便是这样一个已经衰落的传统单位宿舍的大院社区，产权单位包括三个效益不佳的国有企业，有 35 栋六层楼房以及 3 栋条件极其简陋的筒子楼，居民达 1 万余人，绝大部分居民是原来工厂的退休职工及家属。

M 社区具有一定特殊性，与前文所述大部分情况不同，社区自治属性较高，居委会成员大部分是本社区居民，社区主任曾是老企业退休的工会主席。在社区主任的号召下,由居民自发组织成立了"议事协商委员会"。目前有11名议事协商委员,包括三个产权单位的负责人3人,居民代表4人,物业公司代表1人,居委会委员1人,商户流动人口代表1人,辖区单位代表1人。这些代表虽然身份各异,但都是居住在小区内的企业退休职工,大部分还是当年单位的老干部、老领导,在社区有一定的影响力,号召力强,是十分典型的社区精英。

对于议事协商委员会成立的初衷,一位当年的发起者告诉笔者:

> 二十年前,我们一个社区的居民由A、B、C三家厂子的职工构成,大家对社区经常存在不同意见,在这样的情况下,我们觉得必须各单位出代表成立议事协商委员会,代表各单位的意见,然后大家聚集起来进行协商和规划。有什么想法都开诚布公地说出来,毕竟我们都生活在同一个小区内,大家感觉怎么能把社区建设好,三者又不发生冲突。不然,居委会的主任是A厂的,经常什么事情大家都说她向着A厂的人,不向着B厂和C厂。我们议事协商委员基本是晚上开会,有时候讨论到半夜12点,都是义务为大家服务。

议事协商委员会2000年刚刚组建的时候只有5名委员,到了2006年,出于加强对社区内商户的管理考量,新增了一名商户代表纳入议事协商委员内,这名代表20多年来在本小区租房经营一家理发店,经常义务为百岁老人上门理发,很受老人欢迎。所以经议事协商委员会讨论,将其纳入议事协商委员,社区内出现需要协调商户的工作,交由其负责。到了2009年,社区又引进了物业公司,新的管理模式给社区工作增加了难度,议事协商委员因为新的变化又再次增加,经协商一致,将社区的物业经理加入议事协商委员会,最终增加至目前的11人。在这个过程中也出现过人员更替,有的委员因为年龄过大,有的委员已经搬离本小区,需要替换时,社区会召开居民代表大会,对议事协商委员进行增选和改选。没有特殊情况,议事协商委员跟居委会同步举行选举,每三年换一届,通常议事协商委员先征求居民意见,各方推荐出工作能力强、表达能力强、有公益心和代表性的候选人,然后社区党组织及社区居委会通过多方调查和考察，进一步确定候选人名单，由98名社区居民代表在换届选举中产生。按照惯例，议事协商委员会在每月的月底召开例会。根据社区情况征求议事协商委员建议，大到社区发展规划、小至居民需要的具体服务，都会讨论和协商。议事协商委员会在对议题达成共识后，由社区书记、居委会主任具体落实和布置工作，协商过的工作包括老旧小区改造、社区重大活动、卫生环境改善、一对一的扶老帮困、游商治理等。

M社区的议事协商委员会，因为议事协商委员的背景具有很强的同质性，并且以原来企业的退休干部、社区中威望较高的老居民为主，有着很好的代表性和群众基础，加之老企业产权单位的配套资源支持，所以议事协商是有效的，但是随着社会的发展变化，社区流动人口和外来人口不断增加，尤其是大量购房的外地年轻人入住后，社区逐渐从传统的熟人社会转向陌生人社会，十几年来，新的成员越来越难吸纳，最重要的是企业衰落，家委会转制为居委会后，基层政府并没有在体制的途径内对议事协商委员会这样的社区自发组织给予资源保障，总是"议而不决"成为议事协商委员会在持续性方面面临的最大难题。如何解决这样的难题，以及怎样将这样的基层治理智慧经验提升完善和制度化，是新清河实验开展初期思考的重要方面。

（三）物业服务管理与业委会运作——服务提升与组织规范的诉求与困境

清河街道包括60个居民小区，分属27家物业公司管理，但物业管理情况各异，情况复杂，近几年通过拨打12345市长热线、接诉即办投诉物业服务矛盾也呈现跳跃式快速增长，与物业公司及业委会相关的问题急剧增多。在这60个居民小区中，仅有9个建立了业委会，而大部分成立业委会的社区存在物业管理服务不到位、经费使用不透明的情况。由于物业公司服务不能满足业主合理需求，并且经费使用不透明，加深业主的抵触情绪，长期下来，业主和物业公司两者之间产生隔阂，矛盾逐渐加深。大部分居民小区业委会成立后，提出更换物业公司的要求，甚至出现清河西北部的D社区筹备成立业委会的居民，因对物业服务不满而要求更换物业公司，成立业委会的诉求。

上述情况在清河不在少数，但清河地区也存在业委会运作较好的个别案例，例如，作为清河地区高档商品房代表的X小区，是一个典型中产阶层社区，其居民大多是大学教授、企业职员、公司老板。居民群体具有较高消费能力，其中也不乏热衷于社区建设的热心人士。他们长期通过业主论坛和微信群沟通和联系。十几年前便成立了业委会，几位委员积极并且是义务为社区居民办了很多实事，例如，协调物业公司进行小区的居住楼群的外窗清理、组织大范围的需求调查，在物业公司提出涨物业费的时候代表业主群体与物业公司进行理性沟通，用公共收益支持小区内各种居民组织的文化娱乐活动及社区自组织建设等。业委会办公室有专职工作者值班，每天都会接到居民打来的各种电话，有的是反映社区存在的问题，有的是对物业服务提出建议，业委会的工作得到了社区居民的普遍认可。

X社区的案例表明，运作良好的业委会其实是基层社区参与的途径之一，业主群体作为一股新兴的社会力量开始日渐凸显，并成为我国城市基层社会治理主体的一个重要组成部分。

由于业委会发展不成熟有待规范，运作中确实发现了各种问题，真正发挥重要作用、管理比较好、对物业公司实施有效监督的业委会比例很低，甚至有些业委会不但不能代表业主的利益，反而从中谋私、造成复杂的治理难题。社区的业主大会和业委会是很重要的制度创新。其目的是让全体业主参与到社区治理中来。这些与新清河实验培育社会的目标是一致的。

因大部分业委会成立的初衷是监督和改善社区物业服务，那么将实验的另一方面重点置于提升物业服务管理水平，即为解题之道。我们反观清河地区物业管理服务存在的问题，归纳起来主要有以下三个方面。第一，物业管理的主客体错位。物业管理本质上是业主行使共同管理权利的体现，业主作为物业的所有人，是物业管理的主导者和物业服务的消费者，并通过业主大会行使物业管理的权利。但在实际物业管理中，业主的主体地位和权利被漠视，物业公司越俎代庖，成为物业管理活动的主导者。这种主体角色的错位，客观上导致社会对物业管理产生了错误的认识，限制了业主对物业管理方式的自由决策权和选择权的行使，也为业主怠于行使共同管理权利、不履行义务留下了制度上的误解。

第二，硬件先天不足，后天缺乏养护。清河老旧小区居多，有些住宅小区开发建设之初，规划简单，配套设施不齐全，基础设施比较薄弱，比如，房屋质量参差不齐，绿化面积少、停车位不足；房屋本体和基础设施陈旧；老楼道内墙面、楼梯扶手脱落锈蚀，没有公共照明；多层楼房顶层防渗漏功能退化，房屋前后下水管道破损、堵塞，雨水、污水混流；小区道路老化，路面破损甚至没有路灯；消防设施设计标准低，高层楼房没有专用消防泵和消防控制柜，消防设施自然损坏、人为破坏和被盗现象严重。部分管道、安保、监控等公共设施设备因为物业公司疏于管理等快速老旧损坏，直至无法正常使用和废弃。

第三，业主缺乏业务管理消费认知意愿。有些社区的居民以老年人、低收入家庭居多。这决定了小区居民的消费能力较低，消费观念亦较为陈旧。清河地区大多数住宅小区并没有成立业委会，居住在此小区的居民，多数业主没有确立有偿购买物业服务的意识，其思维仍然停留在计划经济时期"国家管修房，自己管住房"的福利住房阶段。在清河，传统的单位制社区比例很高，物业公司连只收取居民每月 6 元的卫生费都困难重重。居民对物业公司不满，认为物业公司管理不到位，并反复通过 12345 热线反映问题，导致矛盾激化甚至形成恶性循环，使物业公司客观上不能、主观上不愿改善服务，即使已经进驻的物业公司，由于低廉的收费标准以及较为严重的收费难等问题，亦有退出此小区的打算。

综上分析，在基层治理中，如何更好地规范业委会发展以及提升社区物业管理服务水平，成为新清河实验重点思考的内容之一。

三 社会干预和实验设计：社会培育路径

众所周知，中国社会的突出特征是政府调动协调资源的能力十分强大，市场在资源配置中也发挥了突出的作用，三者相比之下，社会的力量明显弱小，期望依靠社会自发力量、自我发展起来是十分艰难的过程，社会活力需要被激发，组织体制或组织形式需要创新，而这些迫切需要外力的干预和培育。新清河实验启用一种社会干预和改良的方式进行社会培育，那么什么是社会干预呢？社会干预是社会自身重要的调节和代偿机制，分为很多种类型，可以是多种表现形式的，也可以是多主体性的，按照干预的表现形式可以分为行政干预、公众干预、市场干预、法律干预等（周光礼，2003），按照干预主体可以分为政府干预、组织干预或者专家干预等，都属于干预的方式，而新清河实验则属于社会科学领域专家学者类型的社会干预，即运用社会科学的实证方法、社会学的理念思路进行社区组织管理干预的实验过程。新清河实验在充分了解社区治理的诉求和困境后，运用了三种不同的方式进行社会干预，分别通过选举社区议事委员、运营社会组织"社区提升与社会工作发展中心"、组建"物业管理中心""物业管理委员会"等一系列组织创新、再造与变革，完善体制机制，动员社会参与，激发社会活力，多方面培育社会。

（一）改革基层组织，恢复自治功能——选举"社区议事委员"

新清河实验第一步寄希望于在体制内寻求改变的路径，侧重于激发既有制度的活力和有效性。结合以上调研发现的问题，实验团队将实验第一步的重点进一步聚焦于社区居委会的组织格局创新，目标是创建以利益共同体为基础，以功能调整为改革方向的新型社区居委会组织架构。在不改变目前基层社会组织结构和治理组织体系的基础上，创造一种新的基层社区组织形式——在社区中选举居委会议事委员。其核心要义其实是在承认原有的基层自治组织的基础上扩大其成员队伍，增强其作为法定自治组织的代表性。实验的过程证明议事委员在选举和后期参与社区提升的过程中确实有很强的积极性、参与性和代表性。

2014年，议事委员的选举工作正式启动，前期团队就实验的设想和实施方案与街道、社区居委会、居民代表等多方进行了反复沟通，联合制定发布了《选举公告》《选举办法》等相关文件，实验团队通过居民代表座谈、入户调研、组织社区活动、张贴横幅海报、制作视频宣传片等多种形式，积极向居民广泛宣传议事委员选举的重要意义，并定期发布《新清河实验简报》通讯，宣传记录工作进展及成果。议事委员选举工作在第一批的三个试点社区共动员了 55 名社区积极分子、居民代表报名成为候选人，并通过召开居民代表大会选举产生了 34 名议事委员，差额比例高达 38%。选举大会由笔者主持，候选人逐一现场发言进行拉票演讲，李强教授向广大居民代表强调了支持居民参与、推动居民自治的重要意义，街道领导为竞选成功的议事委员颁发了工作证及荣誉证书，社区居委会成员、居民代表、政府代表共 200 余人参加了第一批试点社区的选举，场面非常热闹。

按照实验的基本思路，改组后的社区居委会应既是"议"的机构，同时也是"行"的机构，新增的议事委员，定期开会对社区公共事务进行讨论。讨论的议事议题范围是事前经过居民需求调查确定好的。实验团队对议事委员进行一系列的能力建设培训，教大家学会运用一些专业技术开展居民意愿和居民需求调查，更科学地了解居民反映出来的社区问题。专业技术包括问卷调查、访谈、组织居民召开参与式的议事协商讨论会等。只有带着居民的需求和意见参与讨论，议事委员才能具有代表性，团队还进一步明确了决策机制，后续落实过程接受居民的集体监督。

（二）激发参与活力，培育自组织——成立"社区提升与社会工作发展中心"

自党的十八大以来，越来越多的政策文件强调"激发社会组织活力"，还特别提出要重点培育"城乡社区服务类社会组织"。新清河实验团队在前期调研中，一方面，深刻体会到社区自组织对社区治理的重要性，其可弥补市场与政府的不足，提供社会服务，满足社会需求，促进居民自治，等等；另一方面，对于新清河实验这种典型的专家参与型的社区治理模式而言，前两年参与大部分具体推进工作的为在校研究生及博士后人员，实验需要将理论应用于实践的专业性组织来协力合作。

因此，在当地党政的支持下，实验团队在民政部门正式注册成立"社区提升与社会工作发展中心"（以下简称社区提升中心），旨在结合中国本土特色及社会现实，基于现有城乡社区发展的基本情况，进行社区环境、服务、保障等各方面的提升工作。社区提升中心只服务于新清河实验，中心理事会、管理团队由实验团队的12名核心骨干成员组成。另外招募到社会工作相关专业学科背景的专职社工4名与兼职社工5名，负责配合协助新清河实验的具体落实。作为孵化社区自组织的枢纽型平台，社区提升中心在培育社区自治理念、提升社区自治能力、孵化居民自组织方面做了大量工作，也针对不同社区类型开展了精细化、个性化的社区治理项目，有效弥补了当地社会组织的缺失，为完善基层社会治理创新提供了许多有价值的启示。

对于社区居民而言，社区提升中心是居民与基层政府、辖区单位的沟通渠道，对于政府各项政策落地、社区建设有重要意义。在传统的社区管理中，行政需求与社区需求很难达成一致。社区提升中心能专注于社区实际需求的挖掘，而政府则是以项目支持等方式服务于社区需求，能充分利用行政与社会资源，也能促进社会组织的社区治理参与有效性。新清河实验通过几年来亲力亲为运营一个社会组织的经历，进一步证实，枢纽型社会组织的支持是建构社区社会组织与社区自治的基础，而这个初具规模的社会组织，一步步的成长过程凝聚了实验团队全体成员的心血与期望，实践证明，很好地运营一家社会组织需要很强的专业性，并不是一件易事，需要团队大量投入。

（三）创新动员形式，规范组织运作——组建"物业管理委员会"及物业管理中心

如前言所述，清河地区老小区多，普遍存在人口老龄化、设施老化、居民支付能力不足、产权关系不清晰、产权单位（责任主体）不作为、物业公司缺乏监督等问题。2020年5月1日，《北京市物业管理条例》正式施行，明确提出组建过渡性质的"物业管理委员会"（以下简称"物委会"），为破解清河地区老旧小区物业管理难题、规范物业管理工作、完善和创新基层社区治理体系奠定了重要法律基础。实验团队认为，"物委会"是一种组织形式创新，其成立的程序比业委会要简单，其主要成员是业主，特点是有基层管理者的介入，这对社会的培育与新清河实验的目标不谋而

合。所以，新清河实验也在积极推动"物委会"及规范物业管理的相关改革。其实早在 2017 年 6 月，印发了《中共中央　国务院关于加强和完善城乡社区治理的意见》（中发〔2017〕13 号），这是新中国历史上第一个关于城乡社区治理的纲领性文件，此文件早已对如何提升物业管理服务水平指明了方向。实验团队以此文件为指导，提出通过成立街道地区级"物业管理中心"；扩大业主委员会、物业服务企业党组织覆盖，强化街道对物业服务管理工作的全面领导；通过社区居委会主任或副主任兼任业委会成员，理顺社区居委会及业委会这两个基层群众性自治组织的关系；通过在居委会下设"物委会"，增强社区统筹协调物业管理能力，将改善社区物业管理作为完善基层社区治理体系和提升社区服务水平的重要内容。

通过新清河实验团队的支持，2019 年街道通过党政下发文件，建立了地区级的"物业管理中心"，主任由街道社区建设办公室主任兼任，具体工作人员由党群工作办公室、社区建设办公室、房管六所相关工作人员以及新清河实验专家团队、街道法律顾问组成。工作内容主要是组织召开物业服务圆桌会及业委会联席会，指导业主大会的召开及业委会成立，规范业委会履职；组织地区物业服务企业的日常考评工作，对服务质量与服务标准进行规范管理，督促物业服务有关问题的整改；为物业服务企业提供咨询工作；指导完善社区议事委员制度，全面推行社区议事机制，营造社区民主协商氛围、提升社区治理水平。

2020 年 6 月，通过社区党委和产权单位推荐、业主自荐等方式，海淀区成立的首家物业管理委员会在新清河实验的试点社区 B 社区组建成立。物委会由社区居民委员会代表 1 人、产权单位代表 1 人、业主代表 3 人和物业使用人代表 2 人组成。新清河实验将社区议事委员制度与之相结合，同时又组建了社区专家委员会，三者共同构成较为完整的老旧小区物业管理与居民自治的社区治理体系。社区议事委员制度是结构化的基层民主协商形式，主要职责在于更广泛地代表居民，协商讨论、征集居民意见建议并代为反映，为社区物委会做出的相应决定提供民意基础和决策建议，为物委会有效运行起到支撑作用；社区专家委员会由具有园林绿化、排水工程、物业管理等不同专业背景的本社区居民或者外部专家志愿者构成，提供专业决策参考；物委会则严格按照法律授权的职责范围解决小区物业管理的公共问题。三方互相制约、互相支持、互相支撑。在这种组织架构下，物委会在获得居民支持的同时也接受居民监督，物业服务企业参与议事会议，共商解决小区问题，社区居民参与社区治理、监督物业服务。

关于新清河实验的模式总结，我们认为，需要改革束缚社会活力、社会发展的旧体制和机制，在社会治理中，让更多人有机会发挥主动性。具体到社区治理，重要任务是培育以地域为基础的真实的社区生活共同体。这需要以深入基层调查研究为基础，总结现有的众多成功的社区治理模式的经验，在实践中摸索出一套处理基层社区事务的、行之有效的组织运行、资源配置、社会参与的方式，并协调多种社会力量参与社区建设。目前，全国各地基层社区治理已有很多创新，积累了很多经验，当然也需要继续提升，社会学应为理论提升、总结创新模式做出贡献。这就是重启清河实验的基本思路。正是基于此种思路，新的实验团队以搭建参与平台、重塑政社关系、激发社会活力、优化社会秩序为核心，通过充分发挥大学的智库作用，探索党建引领基层社会治理创新机制。实验以清河地区为重点，以推动社会再组织与社区提升为目标，十年来接续开展了基层组织改革、社区空间改造、社会组织培育、物业管理提升、老旧小区改造、社区民生保障等多方面工作，努力打造了一种专家主导型的社区综合提升的基层社会治理创新模式。

由于现代化进程起步晚，区域发展差异巨大，中国的社会建设遇到的困难和压力不言而喻，我们正在探索一条将矛盾和危机化解于内部的社会发展与社会建设新路（李强、杨艳文，2016）。而新清河实验所做的正是，应用社会学理论，帮助基层政府优化体制机制，不断创新动员和组织居民的方式，激发社区自身动力，培育社会的参与活力及自治能力，使广大社区居民能够真正有序、广泛参与到社区治理中来。

参考文献

费孝通，2000a，《当前城市社区建设一些思考》，《群言》第 8 期。

费孝通，2000b，《社会自理开篇》，《社会》第 10 期。

葛兰西，安东尼奥，2000，《狱中札记》，曹雷雨等译，中国社会科学出版社。

李强、黄旭宏，2011，《"被动社会"如何变为"能动社会"》，《人民论坛》第 10 期。

李强、王拓涵，2016，《发现社会》，《社会政策研究》第 1 期。

李强、杨艳文，2016，《"十二五"期间我国社会发展、社会建设与社会学研究的创新之路》，《社会学研究》第 2 期。

李荣山，2015，《共同体的命运——从赫尔德到当代的变局》，《社会学研究》第 1 期。

梅因，1959，《古代法》，沈景一译，商务印书馆。

孙立平，2007，《以社会重建推动和谐社会的构建》，《社会学研究》第 2 期。

威廉斯，雷蒙，2005，《关键词：文化与社会的词汇》，刘建基译，生活·读书·新知三联书店。

杨敏，2007，作为国家治理单元的社区，《社会学研究》第 4 期。

郑杭生、李强等，1993，《社会运行导论——有中国特色的社会学基本理论的一种探索》，中国人民大学出版社。

周光礼，2003，《学术自由与社会干预——大学学术自由的制度分析》，华中科技大学出版社。

Table of Contents & Abstracts

The Application of Artificial Intelligence Technology in Social Work Education: The Case of "Digital Life" Software

Wu Shiyou, Zhou Jun, Han Hui / 1

Abstract: With the rapid development ofscience and technology, various AI-based applications have emerged. This paper uses the "Digital Life" software as an example to briefly introduce its development background, functional modules, and operational processes. Guided by the theoretical framework of "Technological Pedagogical Content Knowledge" (TPACK), this paper introduces how this software can be applied in social work education. This software simulates social work scenarios and creates diverse "virtual clients" to help students develop core competencies, supporting personalized and self-directed learning. The software allows for multi-role settings, enabling the contextual editing of clients' social backgrounds, personalities, and needs to facilitate interactive interview training. However, there are limitations, including response wait times, hardware installation requirements, privacy concerns, emotion recognition accuracy, and diversity of character types. Additionally, training with standardized clients presents challenges to the scientific, artistic, and innovative aspects of social work. Further exploration is needed to deepen the integration and application of AI in social work education.

Keywords: Artificial Intelligence; Social Work Education; Educational Technology; Virtual Clients; Digital Life

Application Scenarios, Realistic Challenges and Promotion Strategies of Artificial Intelligence Empowering the High-quality Development of Social Work

Liu Fang, Lyu Hong / 19

Abstract: This study investigates the application scenarios and promotion strategies of artificial intelligence facilitating the high-quality development of social work. Firstly, the application of artificial intelligence in the domain of social work and the key technologies from which social work can benefit are analyzed. Then, three application scenarios of AI facilitating the high-quality development of social work are presented: Social work education and research, social work service and practice, as well as grassroots social governance and development. Simultaneously, it highlights the practical challenges during the process of AI empowerment, covering the unfulfilled core technology, the shortage of compound talents, the alienation of science and technology, and the violence of science and technology. Finally, in response to the practical challenges mentioned above, three promotion strategies are put forward, namely, technological innovation, talent cultivation, and empathy, with a view to facilitating the high-quality development of artificial intelligence-enabled social work. With the advancement and implementation of new technologies, AI-enabled social work is an inevitable trend to advance the high-quality development of social work. It is requisite to reinforce interdisciplinary research and practice, enhance the technical literacy of social workers, and facilitate the application of artificial intelligence technology in social work.

Keywords: Artificial Intelligence; Social Work; Empowering

AI Exposure: Challenges and Responses for Social Work Educators

Sun Linghan / 40

Abstract: Social work teachers rank among the professions with high levels of AI exposure. This paper attempts to analyze the complex impacts of this exposure and proposes a response framework. Faced with AI exposure, social work teachers encounter the following challenges: Underestimating the impact of AI, being unprepared for its implications, exacerbating existing problems within the teaching staff, and weakening the social contract. To address these challenges, it is necessary to shift from collective knowledge to personal knowledge, expand from propositional knowing to experiential, presentational, and practical knowing, commit to practice-sensitive professional education, advocate for participatory AI, and lead the development of AI social work.

Keywords: AI Exposure; Social Work; Educators; Response Framework

Parenting and Authentic Emotions: Mothering Practices of Women with Mental Illness—An Analysis with N Community Mental Rehabilitation Institution as the Main Field Point

Zhu Peiyi, Yang Zeng / 59

Abstract: What kind of mothering experiences do people with mental illness have? Based on the participant observation and in-depth interviews with women with mental illness in a psychiatric rehabilitation clubhouse in Guangdong Province, this paper explores the meaning of motherhood for people with mental illness from the perspective of empowerment, presenting their mothering dilemmas and stigmatization experiences, and then revealing the essence of mothering practice as ethical action. This paper examines that despite the parenting stress and stigmatization experiences, the mothering practice bring great power to mothers with mental illness, transcending others' expectations and demands. What's more, the mothering practice is good for their social adaptation. Their mothering practices, in the case of mental illness, are ethical life pursuits that emphasize the process of reshaping life meaning and self-empowerment.

Keywords: People with Mental Illness; Motherhood; Stigma; Subjectivity

Social Connectedness: A Community-based Rehabilitation Pathway to Improve the Marginalized Situation of Persons with Mental Disorders in Urban Areas

Gao Wanhong, Wang Menghu / 83

Abstract: People with mental disorders are in the plight of social marginalization, which hinders the development of community rehabilitation services and is not conducive to their social integration. Based on the Kunming Community Mental Disability Rehabilitation Project, this paper explores feasible the pathways of social connectedness to promote the marginalized situation of people with mental disabilities in urban areas through action research. This study found that urban people with mental disorders are in the dilemma of both psychological and structural marginalization. Social work can effectively improve the psycholo-gical and structural marginalization of people with mental disorders and their families by promoting their self connectedness, enhancing family connectedness, expanding peer connectedness, and advocating community connectedness. It has achieved remarkable results in service compliance, social interaction, family relationships, and social participation. In addition, this study also puts forward suggestions on how to optimize the community rehabilitation path in urban communities, i.e., focusing on enhancing the subjectivity of people with mental disorders, promoting the organizational connect between different rehabilitation subjects as well as facilitating the combined development of rehabilitation services.

Keywords: Mental Disorders; Marginalization; Social Connectedness; Community Rehabilitation

Medical Social Work Intervention under the Framework of "Cooperation Between Doctors, Patients, and Social Work" and Self-Adaptation of Diabetes Patients: A Survey and Analysis Based on Hospital E

Liang Bo, Wu Jiangyu / 108

Abstract: How patients adapt to medical treatment and "sickness" life after being diagnosed with a disease is an important topic in medical sociology and healthcare social work. This paper examines the impact of the Medical Social work intervention under the Framework of "cooperation between doctors, patients, and social work" on the self-adaptation of diabetes patients based on a survey conducted at hospital E. This study found that the intervention of medical social work played a positive role in alleviating the physical pain of diabetes patients, improving their psychological burden, and enhancing their social support. It helps diabetes patients achieve self-adaptation through three specific systems: Cognitive system correction, explanation system reconstruction, and social resources system reconstruction. This study provides a sociological analysis path of Social work for understanding the self-adaptation problems of diabetes patients.

Keywords: Cooperation Between Doctors, Patients, and Social Work; Diabetes Patients; Self-Adaptation; Medical Social Work

Emotional Labor among Medical Social Workers Mechanisms Influencing Turnover Intentions—The Mediating Effect of Work Engagement and the Moderating Effect of Positive Psychological Capital

Dai Hao, Cui Juan, Lei Yuhong, Mo Yaqi / 129

Abstract: The issue of reducing the turnover rate of medical social workers has become a matter of urgency for the medical social work profession in

China. This study, which is based on the job demands-resources model and the perspective of emotional labor, explores the effects of deep acting on turnover intention in emotional labor. It also examines the mediating role of work engagement and the moderating role of positive psychological capital. The findings are based on a questionnaire survey of 391 medical social workers. The results demonstrated that: Deep acting had a significant negative effect on medical social workers' turnover intention; deep acting had a significant positive effect on work engagement; work engagement had a significant negative effect on turnover intention; work engagement played a partial mediating role between deep acting and turnover intention; and positive psychological capital positively moderated the positive effect of deep acting on work engagement.

Keywords: Medical Social Workers; Deep Acting; Turnover Intention; Work Engagement; Positive Psychological Capital

Research on Older Adults' Loneliness: From the Integrative Perspective of the Socio-ecological and Life Course Model

Yang Fang, Gao Yourong, Zhou Xiang, Gu Danan / 152

Abstract: Loneliness among older adults is an increasingly severe pubic health issue in society, and the psychological health of older adults has become one of the key points in the affairs of the aging population in the new era. This article aims to systematically review the literature on the correlates of the loneliness among older adults from the perspectives of social ecology and life course model, and attempts to propose a theoretical framework to further explore the factors that influence the loneliness of older adults. This paper argues that life-course resources and risks coexist. The primary reason for loneliness is that individuals experience a loss or decline in multidimensional status such as health conditions, socio-economic status, family/social support at different life stages, and they do not have sufficient resources in terms of quantity or structure to cope with these losses. The quantitative imbalance between resources and needs, or a structural disharmony or dislocation between resources and needs, makes older adults' social relationship needs unmet, which in turn triggers a sense of loneliness. This paper argues that it is necessary to provide a full life cycle of psychological health services to enhance older adults' ability to cope with life-course risks, thereby enhancing their resilience. In addition, policies and services should pay attention to the subjectivity of older adults, and a multi-level psychological health service system is needed to fulfill their needs. Moreover, an aging-friendly society should be created to show more concern and emotional care for older adults.

Keywords: Loneliness; Life-Course Resources; Life-Course Risks; Socio-Ecological System Theory; Life Course Perspective

A Practical Exploration of the Application of the Standardized Case Manager Methodology to Teaching Social Work Interns in a Children's Hospital

He Shanshan, Chen Yihua, Chen Shufan / 182

Abstract: In the context of the "Healthy China" strategy, the government is vigorously promoting the building of a talent team of medical social workers, and considers medical social worker trainees as reserve talents. Therefore, their cultivation and career transformation is an important part of building the talent team of medical social workers. In the process of career transformation, medical social work interns face challenges such as the transformation of teaching field into clinical field, the transformation of student identity into professional role, and the transition of theoretical knowledge into practical experience. Children's hospitals place higher demands on the development of the casework skills of children's medical social work interns. From the perspective of experiential learning theory, this paper uses the standardised case master method to conduct practical research in the field of children's hospital. Based on children's hospital social work interns case work ability training needs assessment and existing teaching mode analysis, this paper to improve the interns case work ability as the anchor, formed the "case and estimates, planning and intervention, evaluation and case" six general process, "early admission, hospitalization, hospital early" three hospitalization phase, multiple group types, teaching plan. Through the implementation of pre-experiment and two rounds of intervention experiment and teaching effectiveness, the teaching path based on standardized case method is formed, providing practical support for the localization research of standardized sponsor, method reference for the cultivation of child medical social worker interns, and experience support for the teaching field expansion of standardized case method.

Keywords: Standardized Case Manager Methodology; Children's Medical Social Worker; Internship Teaching

The Production and Transformation of Social Service Records as Knowledge: Based on a Narrative Analysis of 16 Non-fiction Cases

Yan Yiwen / 208

Abstract: Extracting effective localized knowledge from templated social service recordings is difficult. However, nonfiction writing methods can address the challenge. This research constructs an analytical framework of "writing-transformation-reading" and selects 16 cases featuring nonfiction writing characters from 277 books for narrative analysis, exploring the nature of knowledge production and transformation. The result shows that, first, differences in knowledge transformation exist in terms of personal perspective, story presentation format, and narrative logic, categorizing knowledge transformation into four types: Phenomenon extraction, interview summarization, self-narration, and case-based teaching. Second, temporal aggregation connects story plots, while spatial aggregation integrates the meanings expressed by both the writer and the reader, together constructing the path of knowledge transformation. Overall, the role of nonfiction writing in knowledge production lies in its ability to clarify vague expressions of practical information, address the imbalance between subjective and objective descriptions, and avoid redundant verification of a priori theories.

Keywords: Non-Fiction Writing; Social Service Records; Social Work Cases; Knowledge Production; Knowledge Transformation

Network Blocking and Reconstruction Mode—Research on the Anti Drug Social Work Mode from the Perspective of Social Networks

Zhao Shiyu, Zhang Yu / 230

Abstract: The anti drug social work has always been a highly challenging social work practice. This article conducted in-depth communication and exchange with addicts and anti drug social workers through interviews and participatory observation. Based on the theory of social structure and taking the practice of anti drug social workers in Shanghai as a case study, the research gradually established the social network of addicts as the core. It is believed that addicts have relational and institutional needs in their social networks. If their needs cannot be met in social networks, addicts are likely to return to their original drug friend networks and relapse. Based on the framework of relational and institutional needs, this study analyzes the existing and current social networks of addicts, proposes a network blocking model based on analyzing the existing social network to prevent relapse, and a network reconstruction model based on analyzing the current social network to obtain support, in order to help addicts block their drug friend network, reconstruct their social support network, and completely quit drug addiction and reintegrate into society.

Keywords: Anti Drug Social Work; Motivation for Relapse; Network Blocking; Social Support Network; Network Reconstruction

New Qinghe Experiment and Cultivating Society

Wang Tuohan / 248

Abstract: In the first three decades of China's socialist practice, the state, through the construction of a unitized system, incorporated all aspects of society into the institutional framework of state administration, and administrative intervention was the dominant approach of resources allocation. In over forty years since the reform and opening-up, the reform of the economic system has gradually released the market forces, disintegrated the society with unit system, and the Chinese society has begun to divide and reorganize, but compared with the degree of market development, expansion and organization, the social development is seriously lagging behind, lack of social autonomy and capacities of self-organization, and the core idea of the Qinghe experiment is to re-understand and cultivate society and stimulate social vitality. After combing the theoretical context and logical characteristics of society and community, this study describes the various community dilemmas and governance difficulties existing in Qinghe area, and then shows a series of social interventions carried out by new Qinghe experiment in response to these current situations, that is, by creating different ways of community participation-electing councillors, etc., to innovate grass-roots organizations and mobilization methods and promote the reform of grass-roots social governance.

Keywords: Cultivating Society; Community Governance; Social Intervention; New Qing He Experiment

《都市社会工作研究》稿约

为推进都市社会工作研究和实务的发展，加强高校、实务机构和相关政府部门的专业合作，上海大学社会学院社会工作系与出版机构决定合作出版《都市社会工作研究》集刊，特此向全国相关的专业界人士征集稿件。

一 出版宗旨

1. 促进都市社会工作研究的发展。社会工作系希望通过本集刊的交流和探讨，介绍与阐释国外都市社会工作理论、方法和最新研究成果，深入分析国内社会工作各个领域里的问题和现象，探索中国社会工作发展的基本路径，繁荣社会工作领域内的学术氛围，推动社会工作的进一步发展。

2. 加强与国内社会工作教育界的交流。社会工作系希望通过出版集刊，强化与国内社会工作教育界交流网络的建立，共同探讨都市社会工作领域的各类问题，共同推动中国社会工作教育和专业人才培养的深入开展。

3. 推动与相关政府部门的合作。社会工作系希望通过出版集刊之契机，携手相关政府部门共同研究新现象、新问题、新经验，并期冀合作研究成果对完善政策和制定新政策有所裨益。

4. 强化与实务部门的紧密联系。社会工作系希望通过出版集刊,进一步加强与医院、学校、工会、妇联、共青团、社区管理部门、司法部门、老龄与青少年工作部门,以及各类社会组织的密切联系与合作,通过共同探讨和研究,深入推动中国社会工作实务的开展。

5. 积累和传播本土社会工作知识。社会工作系希望通过出版集刊,能够更好地总结中国社会工作理论与实务的经验,提炼本土的社会工作专业服务模式,从而推动社会工作专业的健康发展。

二 来稿要求

1. 稿件范围。本集刊设有医务与精神健康社会工作、老年社会工作、儿童与青少年社会工作、城市社区社会工作、城市家庭和妇女社会工作、学校社会工作、社区矫正、社区康复、社会组织发展、社会政策分析及国外都市社会工作研究前沿等栏目,凡涉及上述领域的专题讨论、学者论坛、理论和实务研究、社会调查、研究报告、案例分析、研究述评、学术动态综述等,均欢迎不吝赐稿。

2. 具体事项规定。来稿均为原创,凡已经公开发表的文章不予受理。篇幅一般以 8000~10000 字为宜,重要的可达 20000 字。稿件发表,一律不收取任何费用。来稿以质选稿,择优录用。来稿请发电子邮箱或邮寄纸质的文本。来稿一般不予退稿,请作者自留稿件副本。

3. 本集刊权利。本集刊有修改删节文章的权利,凡投本集刊者被视为认同这一规则。不同意删改者,请务必在文中声明。文章一经发表,著作权属于作者本人,版权即为本集刊所有,欢迎以各种形式转载、译介和引用,但必须遵照《中华人民共和国著作权法》及有关国际法规。

4. 来稿文献引证规范。来稿论述(叙述)符合专业规范,行文遵循国际公认的学术规范。引用他人成说均采用夹注加以注明,即引文后加括号说明作者、出版年份及页码。引文详细出处作为参考文献列于文尾,格式为:作者、出版年份、书名(或文章名)、译者、出版地点、出版单位(或期刊名或报纸名)。参考文献按作者姓氏的第一个拼音字母依 A—Z 顺序分中、英文两部分排列。英文书名(或期刊名或报纸名)用斜体。

作者本人的注释均采用当页脚注,用①②③④⑤……标明。稿件正文标题下分别是作者、摘要、关键词。作者应将标题、作者名和关键词译成英文,同时提供 150 词左右的英文摘要。文稿正文层次最多为 5 级,其序号可采用一、(一)、1、(1)、1),不宜用①。来稿需在文末标注作者的工作单位全称、详细通信地址、联系电话、邮政编码,并对作者简要介绍,包括姓名、职称、学位、研究方向等。

图书在版编目(CIP)数据

都市社会工作研究.第16辑/范明林,杨锃,陈佳主编.--北京:社会科学文献出版社,2024.12.
ISBN 978-7-5228-4601-9

Ⅰ.D632

中国国家版本馆CIP数据核字第2024P06J69号

都市社会工作研究 第16辑

主　　编／范明林　杨　锃　陈　佳

出 版 人／冀祥德
责任编辑／杨桂凤
文稿编辑／张真真
责任印制／王京美

出　　版／社会科学文献出版社·群学分社（010）59367002
　　　　　地址：北京市北三环中路甲29号院华龙大厦　邮编：100029
　　　　　网址：www.ssap.com.cn
发　　行／社会科学文献出版社（010）59367028
印　　装／唐山玺诚印务有限公司

规　　格／开　本：787mm×1092mm　1/16
　　　　　印　张：17.5　字　数：262千字
版　　次／2024年12月第1版　2024年12月第1次印刷
书　　号／ISBN 978-7-5228-4601-9
定　　价／118.00元

读者服务电话：4008918866

版权所有 翻印必究